前言
FOREWORD

中华传统文化如滔滔江河奔涌于天地之间，在滋润中华大地的同时，对世界历史与文明进程也产生了重大影响。正如英国哲学家怀特海所指出的那样，"就文明的历史之悠远和影响之深远来看，中华文明是世界上自古以来最伟大的文明"。中华文明也必将对今后的中国和世界产生更大、更深远的影响。

中华传统文化以其博大精深、灿烂辉煌、兼容并蓄、传承不衰的智慧，为中华民族五千多年的存续与发展提供了强大的精神动力和丰富的文化源泉。对中华优秀传统文化的学习研究、传承发扬，能全面提升人民群众文化素养，维护国家文化安全，增强文化软实力，也能为实现中华民族伟大复兴的中国梦提供优质的文化资源和精神财富。

2014年，教育部印发《完善中华优秀传统文化教育指导纲要》，强调要分学段有序推进中华优秀传统文化教育，把中华优秀传统文化教育系统融入课程和教材体系；2017年，中共中央办公厅、国务院办公厅联合印发《关于实施中华优秀传统文化传承发展工程的意见》，为各级各类学校开展中华传统文化教育指明了方向。党的二十大报告指出："坚持和发展马克思主义，必须同中华优秀传统文化相结合。只有植根本国、本民族历史文化沃土，马克思主义真理之树才能根深叶茂。中华优秀传统文化源远流长、博大精深，是中华文明的智慧结晶，其中蕴含的天下为公、民为邦本、为政以德、革故鼎新、任人唯贤、天人合一、自强不息、厚德载物、讲信修睦、亲仁善邻等，是中国人民在长期生产生活中积累的宇宙观、天下观、社会观、道德观的重要体现，同科学社会主义价值观主张具有高度契合性。"开设好"中华传统文化"课程，是贯彻落实党的二十大精神，以及党中央、国务院关于加强中华优秀传统文化教育的重要决策和战略部署，从教师到学生都需要一本既系统全面又简明扼要的教材，这正是我们编撰这本《中华传统文化》的初衷。

本教材力求突出四大特色。第一，内容贴近生活，生动易学。在教学内容上，主要选取思想、文学、艺术、民俗、科技等知识，这些知识与生活息息相关，能开阔学生视野，陶冶学生情怀，培养德智体美劳全面发展的时代新人。第二，编排图文并茂，直观有趣。教材编排时，按照"以图达意、以图释意、图文共意"的思路，采用大量的插图，追求形象直观呈现，激发学生阅读兴趣。第三，资源丰富多彩，智能呈现。每章均配置了二维码形式搭载的视频、音频等数字资源，对于在移动互联网时代实现因材施教和提升教学效果具有重要的意义。第四，体验别开生面，浸润化人。每章末都设计有"体验活动"，创新体验式教学形式，通过唱戏、写对联等体验活动增强学生的直观感受，从而提升学习效果。

本教材是集体智慧的结晶，由重庆电子工程职业学院沈雕、杨莉、蓝菊、叶玉霞、赵宇、周迪、王春艳、尹燕、闫桂萍、墙薇、黄春、马率帅、冉槐编撰而成。教材的大纲编写由"巴渝学者"青年学者沈雕教授负责；统稿由沈雕、杨莉、蓝菊、叶玉霞、周迪、马率帅、冉槐负责。尹燕编写绪论，蓝菊编写第一章，叶玉霞编写第二章第一讲及第二讲中的古代神话、古代诗词、古代散文，闫桂萍编写第二章第二讲中的古代小说以及第四章第三讲，王春艳编写第二章第二讲中的古典戏剧以及第四章第二讲，周迪编写第三章第一讲，杨莉编写第三章第二讲中的书法艺术、绘画艺术、建筑艺术，黄春编写第三章第二讲中的音乐艺术，墙薇编写第四章第一讲，赵宇编写第五章。

本教材是高职院校开展传统文化通识教育的公共课教材。在编写过程中，编者广泛研究了各种相关学术著作和同类教材，搜集了大量文献和图片资料，为此，向有关专家、学者表示衷心的感谢。同时，也感谢高等教育出版社对本教材出版提供的大力支持和悉心指导。因时间和能力所限，本教材尚有不尽如人意之处，敬请广大读者和专家学者不吝赐教。

编 者

2023年1月

目录
CONTENTS

文化 中华传统

高等职业教育『双高』建设成果教材

高等职业教育新形态一体化教材

主　编

沈　雕　杨　莉

副主编

蓝　菊　叶玉霞

赵　宇

中国教育出版传媒集团

高等教育出版社·北京

内容简介

　　本教材为高等职业教育"双高"建设成果教材，也是高等职业教育新形态一体化教材。

　　本教材以弘扬中华优秀传统文化为主旨，以提升学生综合人文素养为目的，兼顾传统与现实，深入挖掘中华传统文化的育人功能和实践价值，贯彻立德树人根本任务，体现职业教育特色。

　　本教材共五章，分别为博大精深的思想文化、浩如烟海的文学世界、瑰丽多姿的艺术成就、代代相传的民俗文化、光辉灿烂的科技文化。每章结构合理，内容丰满，既以时间为线索进行宏观概述，又选取具有代表性的杰出文化成果进行精析，每章结尾均设有体验活动，可以帮助教师丰富课堂活动形式，加深学生对所学知识的理解。

　　本教材既适用于高等职业院校学生，也适用于社会各类相关人员学习和了解中华传统文化。

图书在版编目（ＣＩＰ）数据

　　中华传统文化 / 沈雕，杨莉主编． -- 北京：高等
教育出版社，2023.9
　　ISBN 978-7-04-060225-8

　　Ⅰ.①中… Ⅱ.①沈… ②杨… Ⅲ.①中华文化-高
等职业教育-教材 Ⅳ.①K203

　　中国国家版本馆CIP数据核字（2023）第049484号

Zhonghua Chuantong Wenhua

| 策划编辑 | 李伟楠 | 责任编辑 | 李伟楠 | 封面设计 | 王　鹏 | 版式设计 | 于　婕 |
| 责任绘图 | 杨伟露 | 责任校对 | 刘丽娴 | 责任印制 | 耿　轩 | | |

出版发行	高等教育出版社	网　　址	http://www.hep.edu.cn
社　　址	北京市西城区德外大街4号		http://www.hep.com.cn
邮政编码	100120	网上订购	http://www.hepmall.com.cn
印　　刷	北京市联华印刷厂		http://www.hepmall.com
开　　本	787mm×1092mm 1/16		http://www.hepmall.cn
印　　张	12.5		
字　　数	260 千字	版　　次	2023 年 9 月 第 1 版
购书热线	010-58581118	印　　次	2023 年 9 月 第 1 次印刷
咨询电话	400-810-0598	定　　价	42.80 元

绪论

通过论述中华传统文化的含义和基本精神，介绍学习中华传统文化的意义与方法，使学生对中华传统文化有一个简要认识，为后面深入学习中华传统文化打下坚实基础，进而激发学生对学习中华传统文化的浓厚兴趣，以及对弘扬中华文化精神的使命担当。

一、文化与中华传统文化

（一）文化的内涵

文化，是当今社会的一个热词，凡婚丧嫁娶、居家休闲、艺术形态、民族交往、国策政纲、文化教育、科学技术等莫不与文化二字密切关联。那么文化到底应该怎么定义呢？

"文化"是中国语言系统中古已有之的词汇。

从汉字字源学的角度来看，许慎的《说文解字》认为，"文，错画也。""仓颉之初作书也，盖依类象形，故谓之文。"《礼记·乐记》中则有："五色成文而不乱。"所以，在中国古代典籍中，"文"的基本字义为各色交错的纹理、纹路。"化"，古字为"𠤎"，是会意字，模仿二人相倒背之形，一正一反，以示变化，引申为变易、生成、造化等。"文"与"化"二字在一句话中同时出现，见于《周易》之《贲卦》："观乎天文，以察时变。观乎人文，以化成天下。"而"文化"作为一个词出现，是在西汉刘向的《说苑·指武》中，"凡武之兴，为不服也；文化不改，然后加诛。"由此可以看出，中国古代对"文化"一词的使用有两个维度，第一个维度与"天文"相对应，指社会秩序；第二个维度与"武力"相对应，指文治教化，具有精神方面和人文方面的多重指向。

梁漱溟在《东西文化及其哲学》中说："文化并非别的，乃是人类生活的样法。"他认为文化包含物质生活、社会生活和精神生活三大领域。梁漱溟在《中国文化要义》中认为，文化涵盖了人类各民族如何进行生产及其所有器具、技术及相关社会制度、宗教信仰、道德习惯、教育设施乃至语言、衣食、家庭生活等。

在西方，"文化"的定义源自拉丁文"cultura"一词。大意是指人类为栽培植物所采取的耕耘和改良措施，隐喻人类具备的某种才干和能力，侧重表现无形的东西，译为"文化"。1871年，文化学奠基人——英国人类学之父泰勒在《原始文化》一书中对文化下了一个定义："文化是一个复杂的总体，包括知识、信仰、艺术、道德、法律、风俗以及人类在社会里所获得的一切能力和习惯。"这个定义基本表达了西方社会对于文化内涵的阐释。

古今中外，对"文化"这个词的界定很多。总的来说，我们可以将"文化"从"广义"和"狭义"两个维度来定义。广义的"文化"泛指人类创造的一切非自然的成果，可归纳为三种类型：物质文化、制度文化和精神文化。狭义的"文化"特指人类创造的"精神文化"。

本教材采用广义的文化概念，即围绕物质文化、制度文化和精神文化三个方面进行叙述。

（二）中华传统文化的界定

民族性是文化的重要属性之一，世界上所有民族和国家的社会生活都深受本国家、本民族文化的影响。

文化是一个生生不息的运动过程。任何一种民族文化，都有它发生、发展的历史，都有它的昨天、今天和明天。本书所论中华传统文化是中华文化的"昨天"，具体而言，是指1840年鸦片战争以前的中华文化。中华传统文化，是指中华民族及其祖先在自己脚下这块土地上，创造出来并传播到世界各地的文化的总和，是民族历史上道德传统、各种文化思想、精神观念的总体，是中华文明成果根本的创造力，主要由儒、佛、道三家文化构成，为中华儿女提供了立身处世的行为规范及最终的精神归宿。在儒、佛、道三家文化基础上派生出的各种艺术风俗（如文学、绘画、雕塑、书法、戏剧、民俗等），是其具体表现形式。

中华传统文化是我们的祖先传承下来的丰厚遗产，曾长期处于世界领先的地位。传统文化所蕴含的思维方式、价值观念、行为准则，一方面具有强烈的历史性、遗传性；另一方面又具有鲜活的现实性、变异性，它无时无刻不在影响着今天的中国人，为我们开创新的文化提供历史的根据和现实的基础。

综上所述，中华传统文化是诞生、发展于古代中国，并延续至今，包括博大精深的思想文化、浩如烟海的文学经典、瑰丽多姿的艺术成就、代代相传的民俗文化、光辉灿烂的科技文化等在内的丰富物质文明以及精神文明成果。

二、中华传统文化的基本精神

民族文化的主导思想就是民族精神。张岱年认为："民族精神必须具备两个条件：一是有比较广泛的影响；二是能激励人们前进，有促进社会发展的作用。"民族精神反映了民族文化的本质特点，从总体上说，它凝聚了民族文化的精华。作为中华儿女应当对民族精神风貌有比较正确的自我认识。中华传统文化的基本精神包含天人合一、贵和尚中、人伦精神、爱国主义精神等。

（一）天人合一

在人与自然的关系上我们中国人讲协调合一，因而在哲学上产生了天人合一、物我一体等观念，这对中国人的心理结构、风俗习惯、文学艺术等都产生了重要影响。

作为中华文化的主体精神之一，"天人合一"思想在几千年的历史流变中，不但塑造了中国人普遍持久的和平文化心理，而且对于今天人类追求和平与发展以及社会和谐仍具有重要意义。"天人合一"的观念认为，人类只是天地万物中的一个部分，天地自然按一定的规律运动，人也必须遵照天地规律去认识和改造自身，才能适应天地规律。"天人合一"思想为人类与自然界的和谐相处指明了方向。

中国人"天人合一"的思想，对文学艺术的影响也十分深远，表现在作品直接或间接地反映自然，常能情景相融，浑然一体，特别是在古诗词里，反映更强烈、更完美，宋代理学家程颢有言："万物静观皆自得，四时佳兴与人同。"诗人表达的就是只要静下心来，静观万物，便可以从中获得无限的乐趣，一年四季的美妙风光与我们的兴趣是一致的。此处说的就是客观的自然和主观的思维相融合。

（二）贵和尚中

在人与社会的关系、人与自然以及人与人的关系上，中国人讲"调和""持中"。中华传统文化的精神内核之一即是以"意欲自为、调和、持中为其根本精神"。"和"是中国古代哲学的一个重要范畴。古代思想家历来注重宇宙间一切事物的和谐统一，包含自然界的和谐统一、人与自然之间的和谐统一、人与人之间的和谐统一。故而老子说："万物负阴而抱阳，冲气以为和。""和"在中国文化的发展过程中起着独特的作用，它不仅是一种思想观念，也是中华民族的基本精神。

中庸之道

中庸之道是中国传统的思想方法，是为人处世的基本道德原则。它特别强调事物的"度"，强调解决矛盾的适度原则，强调为人处世做到不偏不倚，无过无不及。儒家经典《中庸》以"致中和"为修养的最高境界，孔子创立儒家重"刚"，但也不失"柔"。道家经典《道德经》同样贵柔："天下之至柔，驰骋天下之至坚。"中华传统文化特别强调"阴阳互补"，即阳刚需与阴柔适当配合，刚柔相济也是中和思想的一种表现。

"中和"的理念早已被广泛运用，城市的规划、房屋的设计、室内的摆设等都讲究对称；书法和绘画讲究结构的对称与力度的平衡，作诗讲究对偶，审美讲究"乐而不淫""哀而不伤"；做人要兼顾文和质两方面，《论语·雍也》里孔子有言："质胜文则野，文胜质则史。文质彬彬，然后君子。"意思是质朴超过文采就粗野了，文采超过质朴就浮华了，两方面要配合适当，"文质彬彬"才称得上君子；中医讲究阴阳平衡，认为人体的各个器官及其功能达到平衡和协调，就可祛病延年。这些都是强调把握一个恰当的度，以求得均衡，均衡才能稳定，均衡才能体现美。

（三）人伦精神

在人与人的关系上，中国人讲人伦、讲凝合、讲依存。家庭的凝合、宗族的凝合、乡里的凝合；亲属间的依存，朋友间的依存以及同事间的依存等构成中国人特有的群体关系。侨居国外的中国人总喜欢族聚一处，形成所谓的唐人街，而离乡背井的中国人总是思乡、怀旧、寻根、问祖，以人伦关系为基本思想的伦理特性——中华文化讲究父慈子孝、兄友弟恭、君贤臣忠等，追求群体的互助而不同于西方的"个人本位"和"自我中心"。

伦理是指人与人的关系。在中国古人的观念里，人与人的关系主要有五种，即君臣关系、父子关系、夫妇关系、兄弟关系、朋友关系。其中家族关系占了三种，而君臣关系又可看作是父子关系的扩大，朋友关系又是兄弟关系的延伸。中国社会中，家庭是基本单元。中国人就是以家为单位，家和国家、社会的关系，重于个人和国家、社会的关系。在伦理观念中，孝是重要的，首先是君臣关系、父子关系，即忠君爱民、父慈子孝；其次是兄弟关系、夫妻关系，即兄友弟恭、夫妻和睦。

宋皇室谱牒

党和国家领导人围绕家庭、家教、家风建设等发表过一系列重要论述，立意高远，内涵丰富，思想深刻，对于动员社会各界广泛参与家庭文明建设，努力使千千万万个家庭成为国家发展、民族进步、社会和谐的重要基石，把实现个人梦、家庭梦融入国家梦、民族梦之中，汇聚起全面建设社会主义现代化国家、实现中华民族伟大复兴中国梦的磅礴力量，具有十分重要的意义。

（四）爱国主义精神

爱国主义是中华民族精神的核心。中华传统文化中的爱国主义精神是中华民族在长期与周边国家和民族的交往融合过程中，在其身上所表现出来的一种特有的精神品格。它源于自然，经过儒家的总结与提炼，在与外族入侵的不断抗争中得到升华——由对自然的朴素的爱转化为一种对祖国、对民族的深深眷恋之情，它为维护华夏统一和民族团结作出了巨大的贡献。"一寸丹心图报国，两行清泪为思亲""感时思报国，拔剑起蒿莱""以国家之务为己任"等，都反映出古人丹心报国的志向，经过长期的历史积淀，逐步形成了以"精忠报国"为核心的崇高理想。"富贵不能淫，贫贱不能移，威武不能屈"，练就了铮铮铁骨、傲然正气，成为中华民族不屈的脊梁，这句话将爱国主义精神表现得淋漓尽致。南宋将领文天祥被俘后，不为威胁利诱所动，发出"人生自古谁无死，留取丹心照汗青"的心声，既表现出自己高尚的节操，更唱响了中华民族几千年不屈的正气之歌。一个崇尚气节的民族才能自立于世界，才能自强于世界。有气节，才能坚持真理，才能坚定信仰，才能拼搏奋斗。从"谁知盘中餐，粒粒皆辛苦"到"安得广厦千万间，大庇天下寒士俱欢颜"，表现出古人对国家的刻骨之爱与对国家前途的忧虑；"位卑未敢忘忧国""僵卧孤村不自哀，尚思为国戍轮台"，则又凸显出古人对国家责任的勇于担当和义不容辞。正是这种将个人的宠辱置于国计民生之下，才有了"先天下之忧而忧，后天下之乐而乐"的升华，成为传统文化所赞扬的爱国主义精神的崇高境界，千百年来为有志之士所传颂、继承，是古人所极力追求的人生价值。

爱国主义精神深深植根于中华民族心中，是中华民族的精神基因，维系着华夏大地上各个民族的团结统一，激励着一代又一代中华儿女为祖国发展繁荣而不懈奋斗。中华民族之所以能够经受住无数难以想象的风险和考验，始终保持旺盛生命力，生生不息，薪火相传，同中华民族有深厚持久的爱国主义传统是密不可分的。

三、学习中华传统文化的意义

（一）可以增强民族自豪感和爱国情怀

博大精深的中华优秀传统文化就是我们最深厚的软实力，就是我们文化自信的坚实根基和突出优势。中华优秀传统文化中蕴含着"仁义""和合""和平""均等"等思想；承载着"大道之行也，天下为公"的社会理想；"天下兴亡，匹夫有责"的爱国理念；"以和为贵，和而不同"的处世哲学；"天人合一，道法自然"的生命境界；"革故鼎新，与时俱进"的改革精神；"己所不欲，勿施于人"的道德规范；"天行健，君子以自强不息"的奋进精神；"正心诚意，修齐治平"的心性修养……因此更容易为不同国家、不同民族所理解接受。中华文化独一无二的理念、智慧、气度、神韵，增添了中华民族内心深处的自信心和自豪感。在当今多元文化冲击的时代背景下，学生通过深刻认识中华文化的独特魅力，从而更加富有中国心、饱含中国情、充满中国味。

文化是民族的血脉，是人民的精神家园。今天，我们这个民族和国家正经历着东西方文化前所未有的碰撞和交流，文化自信是我们更基本、更深层、更持久的力量。那些代代相传的经典著作，象征着我们民族所独有的精神追求、人文精神和智慧力量，是我们走向中华民族伟大复兴的源源不断的力量之源。

（二）可以提高人文素养和思想境界

中华传统文化底蕴厚重，格调高雅，哲理深邃，意境高远，具有强烈的感染力。即使是一家一派、一人一事，乃至一篇一章、一则格言、一首诗歌、一幅绘画、一段乐曲、一帧书法……往往都给人以巨大的艺术享受或深刻启迪，从而使人产生强烈的共鸣，甚至回味无穷，终生难忘。在不知不觉中，达到陶冶情操、修养道德、摆脱庸俗、提高境界的功效。万物的发展都有相通之处，数千年的文化史，也是中国人数千年的思想和行为演变史，以史鉴今，可以提高我们的思想深度和广度。

一个人的文化修养，往往与精神气质、言谈举止、仪表风度等密切相关，作为一个中国人，尤其是大学生，如果对于中华传统文化知之甚少，那不仅是莫大遗憾，还有可能被人看作是浅薄的表现。因此，仅从提高个人的文化素养和思想品位来说，也应该注意学习和研究中华传统文化。

（三）可以学习为人处世的规范

中华传统文化博大精深，学习和掌握其中的各种思想精华，对树立正确的世界观、人生观、价值观很有益处。学史可以看成败、鉴得失、知兴替；学诗可以情飞扬、志高昂、人灵秀；学伦理可以知廉耻、懂荣辱、辨是非。讲仁爱、重民本、守诚信、崇正义、尚和合、求大同等传统文化核心思想理念与社会主义核心价值观相融合，促进和谐，鼓励学生向上向善，有助于处理与自己、与他人，与社会之间的关系。学习中华民族的优秀传统文化有利于我们更加自信地面对未来的挫折和挑战，有利于大学生形成优良的道德品质，进而使社会主义核心价值观深植心中。

中华传统文化犹如波澜壮阔的长江大河，滋润了中国人民的心田，陶铸了中华民族的性格；又如宏大的历史画卷，具体生动地反映了我们民族的荣辱兴衰，蕴含着丰富的历史经验和教训。从一定意义上讲，传统是社会的一种生存机制和创造机制，借助于它，历史才得以延续和发展，社会的精神成就和物质成就才得以保存和实现。正因为如此，文化传统并非仅滞留于博物馆的陈列品和图书馆的线装书内，它还活跃在今人和后人的实践中，并在这种实践中不断改变自己。每一个有志于为民族的未来贡献心智和汗水的中国人，都应该努力熟悉历史、分析文化、变革传统。而学习、研究中华传统文化，正是培育这种理性态度和务实精神的最好课堂之一。

四、学习中华传统文化的方法

《中庸》一书，相传为孔子的孙子孔伋（即子思）所作，其中有关治学方法的系统论述，可以说是中华传统文化中有关学习方法的精华，其为孙中山所发现，并于1924年亲笔题写，作为当时广东大学（中山大学前身）的校训：博学、审问、慎思、明辨、笃行。现在中山大学的校歌中还有"博学审问，慎思不罔，明辨笃行，为国栋梁"的歌词。

"有弗学，学之弗能，弗措也。有弗问，问之弗知，弗措也。有弗思，思之弗得，弗措也。有弗辨，辨之弗明，弗措也。有弗行，行之弗笃，弗措也。""弗"即"不"，"措"有停止的意思，唐代孔颖达对其的解释是："学之弗能，弗措也。"学、问、思、辨、行，这五步，每一步都马虎不得，都要严肃认真地进行。因而，我们提倡以古人的方式学习中华传统文化，将读与问、思与省、辨与行相结合。

（一）读与问

"读书百遍，其义自见。"读书上百遍，书意自然领会。指书要熟读才能真正领会其中的知识。这是古人学习典籍的方法。古人通常采用什么读书方式呢？

首先，吟诵是汉语诗文传统的读书方式，也是中华文化的重要传承方式和民族文化的重要组成部分。吟诵从本质上讲乃是一种声音的表现方式，是将汉语诗文的韵律之美、意蕴之美，通过"吟"或者"诵"的方式表达出来，从而强化人们对它的理解和认识。一首诗或一篇文章想要通过吟诵的方式获得听的效果，吟诵者就必须掌握基本的规则。这种规则大体上有三个方面：第一是对汉语文字读音的掌握，包括对发声发音方法的正确掌握；第二是对作品内在结构、节奏、韵律的准确把握，对作品内容的深刻理解；第三是正心诚意的态度。在此基础上，经过反复琢磨、不断实践，才能优美地吟诵一篇诗文。

吟诵的重要性及现代价值

其次，我们来看看南宋理学家朱熹是怎么读书的。第一，循序渐进。朱熹说："读书之法，莫贵于循守而致精。"就是说，读书要有个先后顺序，读通一书，再读一书。就读一书而言，则要逐字逐句逐段按顺序读，先读的未弄通，就不能读后面的。这样才不会生吞活剥或杂乱无章。第二，熟读精思。他认为有些人读书收效不大，是由于在"熟"和"精"二字上下功夫不够。他还批评那种读书贪多的倾向，一再讲"读书不可贪多，且要精熟。如今日看得一板，且看半板，将那精力来更看前半板"。第三，虚心涵泳。朱熹主张读书必须虚怀若谷，静心思虑，悉心体会作者本意。朱熹强调读书要耐心"涵泳"，就是要反复咀嚼，深刻体会其中的旨趣。第四，切己体察。朱熹主张"读书穷理，当体之于身。"就是要心领神会，身体力行。从读书法的角度来看，朱熹强调读书必须联系自己，联系实际，将学到的理论转化为行动。第五，着紧用力。"着紧用力"，包含两个意思：一是指时间上要抓紧，要"饥忘食，渴忘饮，始得。"二是指精神上要振作，要有刚毅果决，奋发勇猛的精神。第六，居敬持志。所谓居敬持志，就是读书必须精神专一，全神贯注，还要有远大的志向，顽强的毅力。这也是朱熹读书之法的最基本精神。

再次，学与问结合，凡学必有问。要想真正学到知识，除了刻苦还应该有孔子提倡的"切问""每事问"的精神。孔子在治学中是非常重视"问"的，是"问"的身体力行者。

（二）思与省

子曰："学而不思则罔，思而不学则殆。"孟子曰："尽信《书》，则不如无《书》。"这些都强调了学思并重，把思考建立在读、学的基础之上，我们才能更好地理解、掌握甚至升华所学内容。这话极其概括地道出了"学习"与"思考"的辩证关系：只学习，不思考，是学不到知识的；只思考不学习，就会陷入空想的境地，最终一无所获。"学"离不开"思"，"思"必须有利于"学"，只有将两者紧密结合，才能在良好的阅读基础上，根据学习者已有的知识基础、经验阅历，经过"去粗取精，去伪存真，由此及彼，由表及里"的比较分析、归纳综合、抽象概括等思维活动，从而获得真知灼见。可见，学与思是鸟之双翼，车之两轮，缺一不可。所以孔子在教学实践中主张"不愤不启，不悱不发；举一隅而不以三隅反，则不复也"。倡导启发式教学，要求学生独立地积极地进行思考，能做到举一反三，"告诸往而知来"。

曾子曰："吾日三省吾身，为人谋而不忠乎？与朋友交而不信乎？传不习乎？"从曾子的"吾日三省吾身"到孟子的"人告之以有过则喜",再到《大学》的"君子慎独",刘备的"勿以恶小而为之,勿以善小而不为",以及唐太宗李世民的"以铜为镜,可以正衣冠;以古为镜,可以知兴废;以人为镜,可以明得失",都是中华民族善于反躬自省的表现。自省,明志养性,保持良好的精神状态,是古人内在修行的方法。

(三)辨与行

"博学之,审问之,慎思之,明辨之,笃行之"。明辨,形成清晰的判断力;笃行,用学习得来的知识和思想指导实践。明辨是非即为智。"见贤思齐焉,见不贤而内自省也",人应该能明辨是非,看到贤人就向他学习,希望能和他一样做得好;看到不贤的人要从内心反省自己有没有和他类似的毛病。

子曰:"行有余力,则以学文。"意思是说,在履行"孝、悌、信、仁"等道德行为的同时,要学习文化典籍。他认为"学"是为了"行",而且"行"是首要的。孔子还曾强调指出:要"讷于言而敏于行"。他的话就字面意思看,是说话要谨慎,行动要果敢,实际上是在强调学与行的结合——即子思所说的"笃行之",也就是要踏踏实实地把学到的知识运用到实践中去,在接受实践检验的同时,使理论知识得到丰富、发展。

因而学习中华传统文化,要将典籍研习和社会考察相结合。中国古代典籍、近现代学者的文化研究著作可谓汗牛充栋,学习中华传统文化,不只是在课堂上、教材上,更需要在课后阅读学习,在此基础上,将知识化为己用。诸如民俗文化、思想文化等,还需要将视野拓展到广阔的社会生活中,学会正确看待、分析种种社会文化现象,理论联系实际,实现自我提升。

📖 体验活动

活动名称:寻找"中国"

活动目标:

1. 知识目标

让学生深入了解中华传统文化的概念、分类、基本精神及其对当今社会的影响。

2. 能力目标

培养学生的组织协调、团队合作能力以及信息整合、语言表达能力。

3. 素养目标

培养学生的爱国精神和民族自豪感,坚定文化自信。

活动步骤:

1. 材料准备

最能代表"中国"的事物或图片。

2. 具体步骤

(1)以小组为单位,寻找最能代表"中国"的事物或图片。

(2)各小组分享最"中国"的事物或图片,并描述原因。

第一章
博大精深的思想文化

　　中华传统思想文化以儒、释、道三家为代表，兼收并蓄，衍生迭代，在漫长的历史发展过程中不断成熟，形成了独具特色的博大精深的思想体系。

　　"儒"指的是儒家，由孔子开创，汉代以后居于社会的主流思想体系地位，儒家的主要功能是"治世"，它确立了中国传统社会的礼仪规范与典章制度。"道"是以老、庄等为代表的朴素的道家思想。"释"指的是古印度乔达摩·悉达多创立的佛教，悉达多又被称为释迦牟尼佛，故又称"释教"，是现今世界三大宗教之一；上述三家思想统称"儒释道"，始于北周时期，约在公元6世纪中后期，中国文化逐渐形成儒、释、道三足鼎立之势。儒、释、道三家共同影响着中国思想文化的走向。

第一讲　儒家思想

儒家思想是中国传统思想中的重要组成部分，甚至在很长一段时间中占据主导地位。从狭义上讲儒家思想是由孔子确立其基本思想格局，经由孟子、荀子改造发展而渐为成熟的思想体系；从广义上讲，儒家思想是源远流长的儒家学派的思想，纵观中国历史，从西汉武帝时期至清朝结束，无论是国家的正统理论，还是治国安邦的指导思想，儒家思想都占据着其中的首要位置。儒家思想的起源和发展经历了漫长的过程，涌现了大量具有代表性的人物和著作，"仁"与"礼"、格物致知、知行合一等思想主张构成了儒家思想的主要精神内核。

一、儒家思想的发展历程

《中国思想史》中提出，"儒家可分先秦儒、汉唐儒、宋元明儒、清儒四期。汉唐儒、清儒都重经典，汉唐儒功在传经，清儒功在释经。宋元明儒则重圣贤更胜于重经典，重义理更胜于重考据训诂"，而先秦时代的儒家学者及其主张则在一定程度上为整个儒家奠定了思想理论的基础。

《论语》故事三则

（一）先秦

先秦时期的儒家思想主要体现在决定儒家走向的关键性人物的出现，并辑成相应的著作。在先秦时期，儒家思想得以基本成型。

先秦时期，即春秋战国时期，是中国历史上最辉煌的一页，这是一个思想开放的时代，百家争鸣，百花齐放。儒家思想是先秦诸子百家学说之一，是对后世中国影响最大的流派，自诞生后逐步发展为以"仁"为核心的思想体系，成为中国古代的主流意识，对中国、东亚地区乃至全世界都产生过深远的影响。先秦儒家围绕"仁"的思想，从不同视角和层面，对"仁"的内涵进行了剖析，形成了以"仁"为内核的理论体系，丰富了先秦儒家德育思想。《论语·颜渊》载："樊迟问仁，子曰：'爱人'。""泛爱众，而亲仁。"先秦儒家的理想道德楷模是圣人，现实社会的道德模范是仁人，"仁"的根本出发点是指人必须有真性情，并且要通过道德范畴来展现，主要表现在以下几个方面：首先，"礼"的实施是"仁"的要求；其次，"忠""恕"是"仁"的体现；最后，"恭、宽、信、敏、惠"是"仁"的内在要求。先秦儒家思想对封建社会的影响很大，被封建统治者长期奉为正统思想，其以伦理思想为内核，坚持"亲亲""尊尊"的立法原则，维护"礼治"，提倡"德治"，重视"仁治"。孔子以"仁者爱人"的人道主义为根本出发点，坚持以"仁"为核心，不断完善其思想体系；孟子继承并从内在心性方面发展了孔子的学说，建立了以"民贵君轻""行王道""制民之产"为基本内容的"仁政"说，推动了儒家文化继续向前发展；荀子是先秦时期最后一位儒家大师，他综合百家，改造儒学，丰富儒学，言性恶，主张理天下以礼为本，礼法结合，形成了"隆礼尚法"的政治学说。

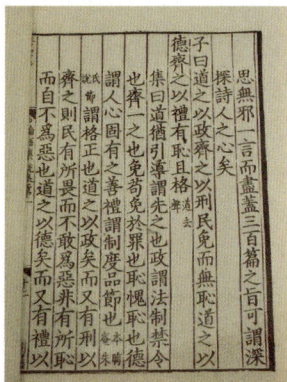 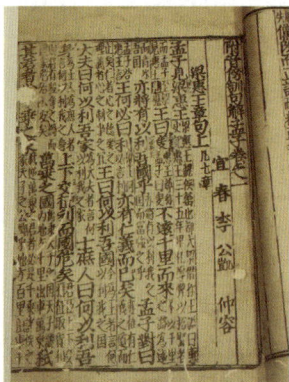 

宋刻本《论语集说》　　　　明刻本《孟子》　　　　　　孟子

（二）汉唐

到了汉代，董仲舒将儒学加以改造，使儒家思想得到进一步发展。董仲舒是汉代儒家的代表人物。他把诸子百家中道家、法家和阴阳五行家的一些思想糅合到儒家思想中，形成了新的儒学体系。董仲舒在荀子和邹衍的基础上，进一步承继儒家思想，形成西汉经学，使之呈现"内圣外王"的特点。

随着秦朝的瓦解和新政权的建立，包括儒家在内的汉初诸家学说皆在努力建立适应时政需要的思想体系，以谋求自身在新的政治舞台上获得更大的生存空间。在这一过程中它们既有冲突，又有融合，彼此在借鉴他说之长的基础上丰富了自己的理论体系。汉代儒学的形成正体现了这一时代的特色。

儒学自汉代以后其本身在学术形态及思想内容上发生了深刻的变化，使得儒家教义作为政治指导思想与现实政治和社会生活更为紧密地交织在一起了。儒学在汉代发生的变化主要表现在以下两个方面：一是学术形态上由先秦诸子一家之学而演化为系统的经学；二是政治观念的法家化。

董仲舒杂糅了道、法、墨、阴阳五行等诸子各家的学说后形成的儒学理论，实际上就是他政治思想的体现。因为以儒法合流为主，同时吸收了先秦道家、阴阳家以及商周以来的天命神权等思想因素的学说，这对于古代传统政治思想的形成和发展有着重大影响，其理念前承孔、孟，后启朱、王。维护君权至上是董仲舒的基本政治主张之一，在治理国家方面提倡德刑兼备，但以"德治"为主。

董仲舒将他所崇尚的政治原则称为"道"，认为道是万世不易的永恒法则，在坚持道的前提下，统治者应根据政治运行的实际情况进行适当地局部调节，这就是经、权和更化的思想，这可以说是汉代统治阶级政治成熟的体现。儒家政治理论经过董仲舒的一番加工，更具坚定的原则性和灵活的调节性，增强了统治阶级的政治应变能力。

董仲舒以神化了的"天"为最高范畴，以天人感应作为基本方法论，以君权神授和天谴论作为主体理论构成，构筑起庞大完整的汉代儒家思想体系。但是，这种理论特点促成了谶纬之学的发展，把政治学说神秘化，不仅深刻影响了西汉中期以后的政治思想，也给后世君主政治统治的合法性论证打上了神秘化印记。

董仲舒

（三）宋元明

宋元明时期的儒学发展，和汉唐时期的儒学相比呈现出一定的区别。这一时期的儒学更加注重圣贤和义理，佛教禅宗的思想深刻地进入了此时和之后的儒学中。宋元明时期的儒家主要代表人物有周敦颐、邵雍、张载、程颢、程颐（程颢、程颐是兄弟关系，因此后世将其合称为"二程"）、朱熹、陆九渊与王守仁等。

宋元明儒学是整个儒家思想发展的第三个重要阶段，在这一阶段中，理学和心学占据着重要位置，同时儒释道在整个中国文化中得到了极其有效的融合。

东晋以后，玄学式微，在意识形态领域存在着三种力量：儒、道、释三教。三教之间不断斗争，不断融合，展示了传统思想与外来思想在中国土地上交会更新、向前发展的丰富内容。在斗争中，三教逐渐实现了融合。佛教本不敬王者，不尽孝道，但在中国封建宗法君主专制的环境下，这些是行不通的，于是它改变态度，向儒家三纲五常靠拢，申明自己忠君尊王，维护世俗政权；宣传佛徒须遵行孝道，唐代高僧宗密把孝说成贯通古今儒释的根本大道；并且尽量把儒佛两家道德观相比附，如以慈悲与仁道相比附。道教一方面继续效忠王权，依傍儒家，同时吸收佛教的宗教理论、仪式、制度来充实自己的理论，改进自己的仪式、制度，等等。从儒家方面说，也有越来越多的人对佛、道采取宽容态度，认为三者都是传统文化的一部分，佛道也都是劝善化俗之道，有辅助政教之功。另外也有人看到佛教哲学理论高深丰富而予以肯定。因此三教殊途同归论、三教同源论也应运而生。

三教融合继续发展，融合的层面由外至内逐步深入，宋明道学就是这个大趋势的产物。儒家学者体会到，必须融合、吸收佛道哲学理论，把儒家伦理道德观念加以哲理化，只有如此，才能有所成就。这就是宋明时期儒家领袖人物的思想选择。创立理学的北宋儒者如周敦颐、张载、程颢、程颐以及邵雍，几乎人人"出入佛老"，经历从读儒书到读佛老，有所体会之后再跳出佛老，回归儒家的过程。经过这番洗礼，理学家们理解的儒家已经不同于先秦的原始儒学以及汉代的神学、经学，他们大讲孔子没有讲或未曾讲清的性与天道，使原来普普通通的儒家道德、仁义、礼智变成了天理、人性、万物的本体。因此人们依儒家伦理而过的道德生活，不仅体现人与人的关系，而且体现人与天的关系，不仅有社会意义，而且有超越意义即准宗教的趋势。

宋明时代的儒学是新的儒学，由于它以天理为本体和至善，所以被称为理学。它突出孔孟之道统，所以又被称为道学，它产生于宋代，因此又称宋学，而西方学者则直接把它叫作新儒家。上述北宋五位儒者，对理学的建立都作出了自己的贡献。周敦颐开辟了理学的方向，张载为理学建立基本的框架，而二程提出了天理说。邵雍学说虽然偏离主流，但也是理学的一个方面。理学的创立者们在本体论上存在不同看法，张载以气为本，二程以理为本，两家互有批评。南宋朱熹以程颐的学说为主，吸收各家长处，建立起集大成的理本论的哲学体系。有集大成也就有学派的分化。与朱熹同时代的陆九渊，建立心本论的理论体系，与朱子抗衡，这派学说经明代王守仁的创造性发展而达到高峰。在理学中程朱的学说始终是主流派，陆王的心学在明代一度盛行，张载的气学虽有罗钦顺、王廷相、王夫之等对它加以弘扬，但总是作为主流派的附庸而存在。下面让我们分别介绍各家的观点。

周敦颐，世称濂溪先生，其学说称濂学。曾经在州县做过小官，但平生志趣在于理学研究。虽然著作不多，但他却对理学的建立作出了巨大贡献，在思想史上意义重大。他做过二程的老师，深刻影响了二程的思想。

周敦颐对于易学特别是道教的易学理论有深入的研究。他的学说带有明显的道教痕迹，创造性地将儒学思想与经过改造的道教思想结合起来，构筑了新的理论框架，改变了人们的思维方式。一方面，它要追求天道，追求人的身心修养，实现"内圣"；另一方面，它还要讲究治国平天下，实现"外王"。它所提倡的个人修养是与治国平天下相联系的修养，它的治国平天下是在修养指导下的治国平天下。因此，这个学说真正避免了佛道与俗学两方的片面性，是内圣与外王的完美结合。这是整个理学的精神，周敦颐的功绩就在于首先揭示了这个精神。

北宋五子中出世较早的还有邵雍，是一位象数派易学家。他也要为儒家伦理政治观点寻找一个形而上的根据。邵雍也同周敦颐一样，企图将天人统一起来，用一个哲理化的儒家原则来说明一切，并指导人的伦理政治生活。但是他的体系过于庞大烦琐，包含许多生拼硬凑的内容，特别是他主张在名教之乐之上还有"观物"之乐。因此，二程和许多理学家并不十分赞赏他。邵雍在王安石新政时期，态度谨慎，既不表示支持，也不表示反对，因而没有受到打击。

对理学框架的建构做出重大贡献的是张载，张载字子厚，关中眉县横渠镇人，故人称"横渠先生"，把他的学说叫作关学。张载的本体论是批判继承佛老思想而形成的，他认为佛老以虚无为本体，用虚无的理论来说明看起来实在的世间万物原来是虚妄不实的。但是无形的本体能更好地与形体各异的万物联系在一起，这又是佛老思想的优点。所以张载心目中理学的本体应该是既有最实的内容，又有最虚的存在形式。张载的人性论对理学的发展起了重要作用。他要求君子不以气质之性为性，而要尽力恢复天命之性，也就是重视道德修养。他把性分为天命、气质两种，用前者说明人性善，用后者说明现实道德水平及遭遇的差别，是孟子以来性善论的重大发展。朱熹极力称赞这个理论"极有功于圣门，有补于后学"。

在认识论与修养论方面，张载提出人的知识有两种，其一是天德良知，其二是闻见之知。前者是对太虚、仁义等哲学与伦理学问题的直观反映；后者是对具体事物的感性认识。这些观点对后来的理学家有所启迪。虽然张载对理学的建立有很大贡献，但由于他没有突出天理，关于气的自然哲学又讲得比较多，这一点受到程朱的批评，在理学中的地位比不上程氏兄弟及周敦颐。

理学的正宗与主流是程颢、程颐兄弟开创的学说（人称洛学）。二程是河南洛阳人，出身官宦人家，与司马光、富弼等人相友善，反对王安石的新政，为此他们在变法时期受到打击，在后来的政治斗争当中又遭打击，政治上相当坎坷。他们年轻时曾经师从理学开山周敦颐，从事理学的研究和讲学之后，又与张载、邵雍相互切磋。优越的学术环境，加上本人的聪颖与努力，使他们在理论上达到前所未有的高度。

二程理论体系中最重要的概念是理或天理，他们着力阐发的就是天理论。世界上有气有理，气就是阴阳，阴阳的推移消长，形成世界万物的运动变化，生生灭灭。但是气之所以能够如此，是因为在它之中有一个理起支配作用。理总是与气结合在一起，气是有形的，是形而下的东西，理是无形的，是形而上的东西。理是气的所以然，是气的根据。程颐说，"所以阴阳者是道也。"（所以阴阳者即是使阴阳成为阴阳的那个东西）程颐认为那是道，道就是理。二程指出，"万理出于一理"，也就是说有一个最根本的理，由它生出万理。所以，归根结底，"天下只有一个理"，这个理就是儒家伦理的根本精神，被当作天地万物本体的仁义礼智。在天理论基础上，二程提出人性论和格物致知论。后来朱熹以二程特别是程颐的理论为主干，结合其他理学前辈的学说，创造了集大成的朱子学。

二程的哲学思想基本是一致的，但也略有不同。程颐严格区分形上形下，心属形下，与理分属两个不同层次。程颢比较看重心的作用，也不大区分形上形下，这些观点受到陆九渊和王守仁的赞扬，成为陆王心学的重要思想来源。朱熹继承发展了这个思想，提出性是理而心不是理，必须将心性区别开来的思想。

理学最重要的代表人物是朱熹。从北宋开始，中国封建社会进入后期发展阶段。朱熹生活的南宋，外有金人、蒙古人的压迫，内有深刻的社会危机。在他看来，只有重建儒家思想的权威，才能整饬人心，维系南宋王朝的统治。他依照程颐所开辟的理本论的道路前进，也就是把儒家道德规范上升为天理，确认天理作为万事万物本体的地位，规定天理是万物的规律，是人的价值目标。教导人们存天理、灭人欲，修养道德，成为圣贤。朱熹利用二程"理一分殊"说给以解释，所谓分殊指气由于偏全清浊厚薄等不同状况形成的分位的差别，如得气之偏者为物，得气之全者为人，在人之中得气之清者为圣智，得浊者为下愚，得厚者富贵，得薄者贫贱，等等。理虽然只有一个，但是它在不同分位的气中所能显露出的方面则有很大差异。这就巧妙地为万物之间的差异，主要是人与人之间的差异找到了说明。

朱熹

朱熹认为要想认识天理，必须依照《大学》的教导格物、致知。他说，天地万物都有理，所谓格物就是即物而穷理，针对一事一物讲明、探索其中包含的天理。人心都有知（这里的知是指对儒家伦理的了解），但这知开头总是片面的、肤浅的，要想把这一点知扩展开去（致知），必须借助于格物。今日格一物，明日格一物，积累到一定程度，就会豁然贯通，"众物之表里精粗无不到，而吾心之全体大用无不明矣"。他的知虽不从格物来，但格物可以对致知起启发和辅助作用，这种对格物的肯定，有利于自然科学的研究，清末人们把自然科学称为格致，与他是有关系的。另外，朱氏所谓豁然贯通并非感性认识向理性认识的飞跃，乃是一种对于本体——理或性的顿悟。朱熹生前由于政治的原因，他的学说曾被朝廷称作伪学，一度受到压制打击。但他死后不久情况就根本改观了。北宋以来，《大学》《中庸》《论语》《孟子》的地位逐渐提高，经朱熹的提倡，影响更大，编为四书，重要性几乎超过五经。朱熹的《四书集注》从元代到清代，一直是士人的必修教科书，科举考试的标准答案，反对它会遭到严厉惩罚。一种学说处在这样的特殊地位，不可避免地要走向僵化，明代以后朱子学正好走了这条路。

朱子以后儒家的另一重要代表人物是明代倡导心本论的王守仁，号阳明，人称阳明先生，著有《传习录》，他的学说被称为王学或阳明学。他认为当时的人们把儒学当作纯学问甚至做官的敲门砖，而不用来修养身心，产生了不小的流弊。他还认为流弊的根源在于朱熹提倡的理学在理论上存在问题。朱熹认为理在万物，要即物穷理。王守仁认为理不在物而在人心，因为"心即理也"。王守仁原来也是学朱子学的，为实践"格物"的理论，曾面对竹园"格"了七天七夜，不但一无所获，而且病了一场，从此开始怀疑朱子学，特别是它把心与理分而为二的倾向。所以王学的起点是他在朱子学中发现，但在朱子学体系中不能解决的问题。他曾说过："学贵得之于心，求之于心而非也，虽其言之出于孔子，不敢以为是也，而况其未及孔子者乎！求之于心而是也，虽其言之出于庸常，不敢以为非也，而况其出于孔子者乎！"真理要由自心认可，自心不认可的，即使出自孔子也不能相信。自心认可的，即使出自普通人，也不该轻易否定。

王守仁确立了自己的基本思想之后，曾经多次改变自己的"教法"，从不同角度宣传自己的基本思想。他讲过知行合一，静坐，存天理去人欲，诚意，最后在1521年推出"致良知"说，最终形成了自己的思想体系。"知行合一"实际是说知行统一。

王守仁建立阳明学，本意是要提高封建士大夫的道德自觉，挽救当时的政治危机。由于他激活了久被压抑的人心，灌输了自作主宰的意识，为不满现实的各阶层人士所欢迎。人们按自己的理解去解释阳明学，使它在王守仁去世后不久即分化为许多派别，其中王艮、王畿的现成派，代表市民利益，在明代后期十分活跃。清兵入关既打断了明代商品经济的发展进

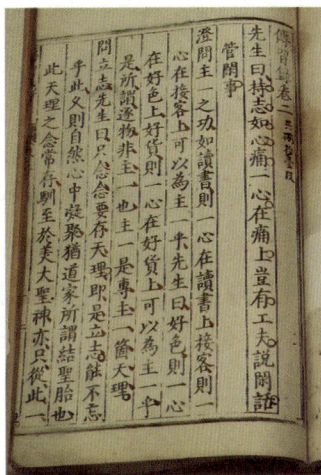

明刻本《传习录》

程，也结束了整个王学的发展，朱子学重新被定为独尊。

（四）清代

明朝灭亡后，一批士子痛定思痛，纷纷起来总结明亡教训，同声抨击八股之害和性理之学的空疏。以匡时济世、通经致用为圭臬的清代儒学应运而起。

清初儒学出现实学走向。明末清初，儒林士子学风发生由"虚"至"实"的转变。一批有识之士鉴于明代学术空疏误国的教训，对主张居敬主静、明心见性的宋明性理之学深恶痛绝，转而提倡匡时济世、经世致用的实学。其代表人物是儒学大师顾炎武、黄宗羲、王夫之，主张会通中西学术的徐光启、方以智和倡导习行之学的颜元等人。清初实学的倡导者力矫"束书不观，游谈无根"的晚明颓习，易主观玄想为客观考察，改空谈为实证。如实学开创者之一的顾炎武"综贯百家，上下千载，详考其得失之故，而断之于心，笔之于书，朝章国典，民风土俗，元元本本，无不洞悉。其术足以匡时，其言足以救世"。在治学方法上，"每一事必详其始末，参以证佐"。他的《日知录》和《天下郡国利病书》正是这种治学精神的结晶。黄宗羲将其师刘宗周批判、整合程朱陆王（程颢、程颐、朱熹、陆九渊、王阳明）观点的学术立场加以弘扬，不再囿于门户之见，以客观平实的态度研究宋元儒学和明代儒学，辨章学术，考镜源流，在宋明儒学研究史上做出了巨大贡献。他所倡导的经世致用的史学思想对清代浙东学派，特别是浙东史学的发展产生了深远影响。以"六经责我开生面"为己任的哲学大师王夫之，有鉴于明末学术蛊坏，世道偏颇，强调将理性思辨与经验见闻相结合，以求"思学兼致之实功"。此外，在清初儒学由虚入实的过程中，方以智等受明末来华的耶稣会士带来的自然科学影响，在学术价值观和思维方式上有了新的进步。他们不再囿于唯经为上的传统学术价值取向，开始转向对自然科学的研究，开始将定量分析初步引入自然科学研究，并努力探索将"通几"之学（哲学）与"质测"之学（自然科学）相结合的具体途径。颜李学派创始人颜元对宋明理学空谈误国之害批判得最为激烈。他反对"静"的功夫，提倡"动"的生活；反对空谈，提倡习行；反对存理灭欲，提倡"正德、利用、厚生"。

乾嘉汉学复兴。经学是清代儒学的主干，而尚汉抑宋则是乾嘉之际儒家学术的根本旨趣。这种风气实由清初顾炎武、黄宗羲及稍后的阎若璩、毛奇龄等开之。由于提倡经世致用，讲求实学，顾炎武率先举起"舍经学无理学"的旗帜，复兴古文经学，并致力于音韵训诂的研究。黄宗羲提倡经、史结合，认为治学必先穷经，学不宗经，即为迂儒之学。而学经必同时学史，打通经史畛域。

不过，清初学者诸如顾炎武、黄宗羲、王夫之虽力辟宋学空疏，却又与宋学有千丝万缕的联系。皮锡瑞在《经学通论》中遂将他们的经学特色归结为汉宋兼宗。而阎若璩、毛奇龄乃是由清初经学走向乾嘉之学的关键人物。阎著《尚书古文疏证》旁征博引，彻底解决了东晋梅颐伪造《古文尚书》的千年疑案。这不仅为乾嘉考据之学拓展了道路，而且抽掉了宋学借以立说的主要经学依据。

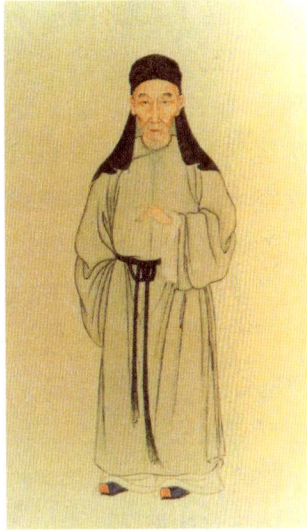

黄宗羲　　　　　　　　顾炎武　　　　　　　　王夫之

乾嘉之际，学风大变。百余年间形成"古典考据学独盛"的局面，汉学"几乎独占学界势力"。《清经解》所收相关学者，大多为乾隆、嘉庆年间人，故称乾嘉学派。乾嘉学派内又分吴派与皖派。

惠栋是吴派的开创者，著述颇丰。其《周易述》专言汉《易》，以荀爽、虞翻为主，参证郑玄、宋咸、干宝诸家，融会其义，自为证疏。但由于惠氏爱博嗜奇，又往往曲徇古文，失于拘执。吴派的其他人物有孙星衍、王鸣盛、洪亮吉等。他们的共同特点是博而尊闻，罕及义理，信古尊汉，述而不作。

皖派的特点是通人情，致实用，断制严谨，条理绵密。研究范围也较吴派为广大。其经学宗旨为：欲明经义，必先考订文字，训古音义。其学派奠基人是戴震。他的《孟子字义疏证》一书，从文字考证、音义训诂入手，以客观的态度、精密的方法重新诠释了孟子学说，一扫宋儒迁论曲说，成为乾嘉学派的重要著作。皖派的其他重要人物有王念孙、王引之、段玉裁、孙诒让等人。

晚清今文经学。18世纪盛极一时的乾嘉学术，在训诂、考据、音韵、文字诸方面所取得的成就是空前的，其精密、严谨的治经方法，也有很高的学术价值。但是，在专制政治和文字狱的威压下，这百余年间的思想文化界在总体上是沉闷的。乾嘉儒学与清初儒学相比较，有明显的由"经世"向"逃世"的退化趋向。他们卓越的纯学术研究缺少了清初儒学那种匡时济世的胸心。嘉庆、道光之际，随着民族矛盾和社会矛盾的加深，清王朝陷入总体危机，一些敏感士子在"海警飙忽，军问沓至"的刺激下，再度把视野由故纸堆中转向矛盾丛生的现实世界。以今文经学为依托的社会批判思想应时而起，成为此期儒学的主潮。常州学派的庄存与、刘逢禄及嘉道年间地主阶级改革派魏源、龚自珍是其杰出代表。

常州学派的兴起是对乾嘉汉学的反思。这一学派以汉代今文经学为家法和理论来源，以《公羊传》和董仲舒、何休的著作为经学依据，其基本特色是借发挥孔子的"微言大义"来表达自己的历史哲学和政治态度。庄存与，常州人，他通六经，长《春秋》；所著《春秋正辞》，抛开名物训诂，而专言"微言大义"，成为常州学派的奠基之作。刘逢禄著《春秋公羊经何氏释例》，宋翔凤著《拟汉博士答刘歆书》，进一步发挥庄存与的今文经学，力辟古文经学，使今文经学在晚清文化界得以勃兴。

刘逢禄的学生龚自珍、魏源将今文经学三世进化的历史哲学与社会批判思想相结合，借公羊学讥讽时政，抨击专制，为变法更制大造舆论。面对风雨飘摇的封建衰世，龚自珍呼吁："一祖之法无不敝，千夫之议无不靡，与其赠来者以劲改革，孰若自改革？"为打破"万马齐喑"的僵滞之局，龚氏倡言"尊任"，要大家以天下为己任；重言"尊史"，观天下之变而后知法无不改；寓言"三捕"，斩尽人间妖魔鬼蜮；甚至危言"尊隐"，借"山中之民"暗喻农民起义即将来临。今文经学成为他倡言社会改革的理论武器，"晚清思想之解放，自珍确于有功焉"。

魏源其学于汉宋无不窥，而视公羊学为最高境界。他从公羊学出发，认为世分三等，即治世、乱世、衰世，并以衰世来影射他所处的时代。他提出"以经术为治术"，对于晚清人士摆脱汉学樊篱走向经世新学极有影响。所以梁启超说："故后之治今文学者，喜以经术作政论，则龚、魏之遗风也。"

龚自珍、魏源以今文经学为依据的社会政治思想和文化意识，成为传统儒学经世思想走向近代新学的桥梁。同治、光绪年间的新学者廖平、康有为、谭嗣同等，借今文以变法，托古圣以改制。

二、儒家的主要思想

（一）"仁"与"礼"

1.人人可为"仁"

对于"仁"的阐释，在以孔子为代表的早期儒家看来，"仁"是人的自然情感的整体集合，是人所具有的共同本心。这便是将"仁"的观念用回到现实世界中来，所以正如钱穆先生在《中国思想史》中说到的，"未能事人，焉能事鬼"这一态度，使孔子不能成一宗教主，也使儒学永远走不上宗教的道路。

樊迟问仁，子曰："爱人。"子贡问为仁。子曰。"工欲善其事，必先利其器。居是邦也，事其大夫之贤者，友其士之仁者。"子张问仁于孔子。孔子曰："能行五者于天下，为仁矣。""恭、宽、信、敏、惠。恭则不侮，宽则得众，信则人任焉，敏则有功，惠则足以使人。"

在《论语》中，"仁"字出现109次，说明"仁"在孔子的思想体系中居于十分重要的地位。《论语》中一共记载了十三则弟子问仁，其中，樊迟与子贡各三次，子张两次，子张、仲弓、宰我、原宪、颜回各一次。从选取的几个问"仁"的场景来看，无论孔子从什么角度给出阐释，但基本的对于"仁"的思想都是从现实中出发的，使"仁"回归人，使得对于自我生命的关注在现实中得到执行的可能，这也是儒家思想最终在汉代发展到大一统，并且长久根植到中国人人生观中的重要基础。

到了战国时期的孟子，还是延续了孔子对于"仁"的理解，只是由爱己之心推广为爱他人之心，加入了性善论的观念。正如《孟子·离娄章句下》谈到的："君子所以异于人者，以其存心也。君子以仁存心，以礼存心。仁者爱人，有礼者敬人。爱人者，人恒爱之；敬人者，人恒敬之。有人于此，其待我以横逆则君子必自反也：我必不仁也，必无礼也，此物奚宜至哉？"这是一种同理心，既不是宗教的，也不是西方意义上哲学式的阐述，而是一种人人可为之事。"仁"在心念之间，心念转换也就不为外部环境制约，所以说"仁者静"，"仁者不忧"，在早期儒家思想中，"仁"始终是安置在人生中。到了唐宋以及后期的儒学，依然是"复礼"求仁，"知名"求仁。

2. 节制之"礼"

礼是对个人行为的种种节制。在以孔子为代表的儒学者看来，人为了个己求利，往往会逾越甚至破坏"礼"所设置的节制。"不知礼，无以立"，孔子认为礼是对于命和仁的重要承担者。礼最开始用于天命中对于鬼神的各种祭祀礼仪，这里承担的是孔子宇宙观的一部分。后来，孔子把"礼"落到了"仁"这样的现实人生世界中。孔子通过"仁""礼"建构了完整的"德道"思想体系，仁说，体现了人道精神；礼说，则体现了礼制精神。

"生事之以礼，死葬之以礼。"礼即现代意义上的秩序和制度。儒家的礼强调"克己"，要把自我谋利的一面克制掉，要战胜它，这是对于道德觉醒的一种要求，是面对先秦时期社会纷乱的一种解决方式，通过自我的克制来达到群体的克制。儒家的礼强调的是有所节制的自由。

葬与祭中的礼节，占据了儒家礼节中的一个部分。儒家的葬祭礼仪从本心出发，是对于仁的延续。《论语》里面提到，"礼，与其奢也，宁俭；丧，与其易也，宁戚""与其哀不足而礼有余也，不若礼不足而哀有余也"，这表明本心的敬与戚在儒家礼节中的重要性。而孟子提到，"盖上世尝有不葬其亲者，其亲死，则举而委之于壑。他日过之，狐狸食之，蝇蚋姑嘬之，其颡有泚，睨而不视。夫泚也，非为人泚，中心达于面目。盖归反虆梩而掩之。掩之诚是也。则孝子仁人之掩其亲，亦必有道矣"。这就说明了丧葬礼节的源头，礼是来自于不忍心亲者不葬的一种仁心的外在体现。

儒家礼节的另一个部分，是要回归到现实生活中。"慎终追远，民德归厚"。礼有两个重要原则，其一为尊尊，孔子主张"事君尽礼"，"事君，能致其身"。其二为亲亲，包括父慈子孝兄友弟恭等，"弟子入则孝，出则弟""事父母能竭其力"。

言礼必言乐，言仁必言智。礼乐相通，礼构建起了孔子及其儒家所共同追求的仁与礼，人生与宇宙观念的深度统一。

（二）格物致知

格物致知是中国古代儒家思想中的一个重要概念，出自《大学》，在《中庸》等其他儒学书籍中也有所体现。《大学》和《中庸》是儒家的代表作，旧说《中庸》是子思作，《大学》是曾子所作。《大学》和《中庸》其实是两篇短文章，都收集在西汉的《小戴礼记》中。《大学》有三纲领八条目。《大学》中的三纲领是"大学之道，在明明德，在亲民，在止于至善"。《大学》八条目为"古之欲明明德于天下者，先治其国。欲治其国者，先齐其家。欲齐其家者，先修其身。欲修其身者，先正其心。欲正其心者，先诚其意。欲诚其意者，先致其知。致知在格物，物格而后知至，知至而后意诚，意诚而后心正，心正而后身修，身修而后家齐，家齐而后国治，国治而后天下平。"这其中就明确地提出了"格物致知"的观念，格物、致知和诚意、正心等一起成为儒家修身的重要基础。

东汉郑玄最早为"格物致知"作出注解，而自从宋代儒家将《大学》由《礼记》独立出来成为《四书》的一部后，"格物致知"也就逐渐成为后世儒者争论不休的热点议题。明末刘宗周就说："格物之说，古今聚讼有七十二家"。现在关于"格物致知"的流行诠释是根据南宋朱熹学说的部分观点，认为"格物致知"就是研究事物而获得知识、道理。因此罗列部分关于格物致知的阐释如下：

东汉郑玄认为"格，来也。物，犹事也。其知于善深，则来善物。其知于恶深，则来恶物。言事缘人所好来也。此致或为至。"郑玄突出强调的是人的意念及其行为规范的重要性。人如知善，行为也会趋于善；人如多学习"恶"，行为也会向恶。好事、坏事都是人的喜好招至而来的。

唐朝孔颖达认为"致知在格物者，言若能学习，招致所知。格，来也，已有所知则能在于来物；若知善深则来善物，知恶深则来恶物。言善事随人行善而来应之，恶事随人行恶亦来应之。言善恶之来，缘人所好也。物格而后知至者，物既来则知其善恶所至。善事来则知其至于善，若恶事来则知其至于恶。既能知至，则行善不行恶也。"孔颖达旨在通过善事、恶事的情况做出判断，判断人的行为是善还是恶，有一种"见微知著"的精神。

北宋程颢认为穷究事物道理，知性不受外物牵役。"格，至也。穷理而至于物，则物理尽。""物来则知起，物各付物，不役其知，则意诚不动。意诚自定，则心正，始学之事也。"南宋朱熹认为穷究事物道理，致使知性通达至极。"格，至也。物，犹事也。穷至事物之理，欲其极处无不到也。""所谓致知在格物者，言欲致吾之知，在即物而穷其理也。"明朝王守仁认为端正事业物境，达致自心良知本体。"格物是止至善之功，既知至善，即知格物矣。""随时就事上致其良知，便是格物"。

格物致知是一种儒家的融合境界，是对《论语》等早期儒家经典的集成，偏重于通过修身进入到政治领域。人人修身、明明德，格物致知，止于至善，经过不断地阐释，儒家精神中的格物致知被更广泛地应用到现实世界中。

道家思想经历了先秦、汉代、魏晋南北朝、唐代、宋代及其之后的不同发展阶段，尤其在魏晋南北朝和唐代得到了快速发展。老子的《道德经》和庄周的《庄子》成为道家的思想源头，道法自然、无为而无不为等成了道家的核心思想，发挥着重要作用。

道家思想对中国的影响

一、道家思想的发展历程

（一）先秦

道家是先秦诸子中的重要学术派别。蒙文通、郭沫若等认为，到战国时期，中国先秦的道家可分为以老庄为代表的南方道家和以杨朱为代表的北方道家，二者的思想也显示出南北地域的不同特点。

道家的理论奠定于老子，《老子》一书上下五千言，书中广论"道"的形而上学义、人生智慧义，提出一种有物混成且独立自存之自然宇宙起源论，也提出世界存在与运行原理是"反者道之动"的本体论思想，对于存活于其中的人类而言，其应学习的就是处世的智慧，于是老子也提出了众多的政治、社会与人生哲学观点，但重点都在保身修身而不在文明的开创，可以说他是以一套宗本于智慧之道的社会哲学与理论来应对混乱的世局，而无意制造社会的新气象，因为他认为那些都不是大道之本。

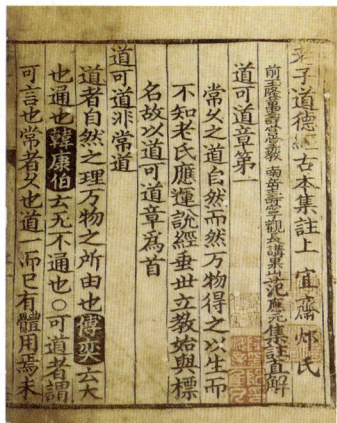

宋刻本《老子》

庄子是老子之后道家理论最重要的开创者，老庄哲学是道家思想的核心。庄子的道家学说不同于老子之处，在于庄子更详尽地处理了人与自然的关系、人的可开发能力，包括智慧、认识能力、身体能量等。庄子同样站在天道自然的命题基础上，提出了从人的自我修养到面对整个社会国家的处世之道，《庄子》内七篇之作，就是他从世界观到知识论到功夫论再到社会哲学的内圣外王之道的理论。

《庄子》故事三则

列子，战国人。现存有的《列子》八篇是东晋张湛所辑，一般认为该书反映了战国至魏晋间的道家思想发展。《列子》从道家思想出发并对道家思想中无为的人生观有所改造，强调人在自然天地间的积极作用，并认为人在一种不任强使力的生存状态下，不忧天、不畏天才是最好的生存状态。

（二）汉代

汉初，鉴于秦以苛政速亡的教训与易代之际的民生艰难，统治者推重黄老之学，奉行与民休息无为而治的政策。"无为而治"的思想渊源，可上溯《老子》"爱国治民，能无为乎""圣人处无为之事，行不言之教""道常无为而无不为"之说，而上古圣王黄帝"垂衣裳而天下治"，正是身体力行此无为之道的代表。道家对黄帝的尊崇，是循顺世俗大众"尊古而贱今"的心理，主动引黄帝入自家学说与老子共为鼻祖。汉初道家托名黄老，兼采诸家之长而"与时迁移，应物变化，立俗施事，无所不宜"，黄老之学大盛。黄老并称的深切意义，在于以老子为代表的清净贵无之道与以黄帝为旗帜的术教方技之道的结合。

伴随道家宗教化进程的深入，神仙化的黄帝形象促成了老子形象在东汉的全面神仙化。《后汉书·楚王英传》记载东汉光武帝之子楚王英"更喜黄老，学为浮屠，斋戒祭祀"。及至汉末，桓帝于"宫中立黄老、浮屠之祠"，都是将黄老作为神仙而祭祀。桓帝多次遣人去苦县祭祀老子，于延熹八年（165）命边邵作《老子铭》。

（三）魏晋南北朝

魏晋玄学是道家学派发展的第三阶段，东汉后期，烦琐的儒家经典和虚伪的礼教文化失去了维系社会人心的力量。直至魏晋时期，一批在战乱中成长起来的青年世族名士组织起来打破儒家专制的局面，引入了道学和佛法，道学成为当时的一代显学，佛学也开始走向旺盛。可当时的道学对老庄著作有许多的曲解，严重背离了老庄之原旨，导致被后来的隋唐玄学所否定。但在当时礼教呆板的情况下，其解放思想的功绩却不容否定。《抱朴子内篇》《养生论》等道家养生学作品都是这一时代的重要理论著作，黄老养生学的流行亦可以算作是玄学发展带动下的文化繁荣。

王弼，三国时代人。两汉经学的发展已到尾声，由于政治腐败、社会动乱，知识分子中提倡玄学清谈的风气多起，王弼以其对老子哲学的深切体悟，注解《老子》一书，重体用之分、有无之别，不但发展出诠释老学的宗旨："贵无"的精神，还以此原理注解《易经》。

郭象，西晋人，以《庄子注》闻名，提倡一种"物无大小各顺其适之"的精神，平等尊重每个生命的人生观。

道教的初步形成是在东汉后期，当时有两个教派，一个是张角创立的太平道，另一个是张陵创立的五斗米道，这些都是民间宗教。太平道以《太平经》为经典，五斗米道以《老子》为经典，他们都利用符箓咒水和为人治病的方式进行宗教宣传和组织工作。三国时期，曹魏政权鉴于汉末农民利用道教组织发动农民起义的教训，对道教采取了镇压和禁止的政策，道教在此时陷于沉寂。自东晋起，随着社会动乱的加深和传统儒学的衰落，道教开始抬头，并获得极大发展。道教作为一种新出现的思想体系和组织，必须要为自己存在的合理性做出恰当解释，这就要求道教必须构筑自己的理论

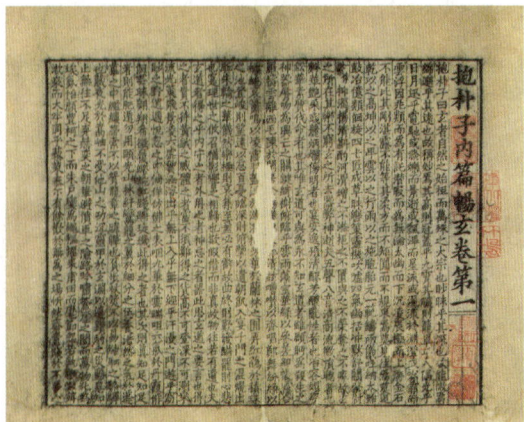

宋刻本《抱朴子》

基础，并说明道教与儒教、道教与佛教的关系，从而确立自身的独特地位。对构筑道教理论和明确道教和儒家关系起重要作用的是葛洪。

葛洪，江南士族出身，精通儒学，又好道学方术，是晋代著名的道教思想家，著有《抱朴子》。葛洪思想上兼有道教和儒家思想的成分，他将儒家的上下尊卑的等级制度引入神仙世界，使道家方术和儒家纲常名教相结合。

（四）唐代

隋唐北宋时期，具有官方背景的道教兴盛发达。唐朝王室自称为老子后裔，自开国后即尊崇道教，规定道教为三教之首。唐玄宗尤其崇信道教，加封老子尊号为大圣祖玄元皇帝，以《道德经》为科举考试科目。由于唐朝政府的大力扶持，在唐初以及唐中期，道教的发展十分兴盛。晚唐北宋以后，道教教义开始出现一些新变化。主要表现在兼容儒释道三教思想，以修持内丹术为主的钟吕金丹派开始在道教中兴起。

唐初，政府面对大乱之后的残破局面，在道德教化方面继续发挥"儒为教化之本"的同时，在政治领域内，推崇作为"南面之术"的道家学说，采纳了道家无为而治、与民休息的政策，唐太宗曾说"君无为则人乐"，魏征也说"无为而治，德之上也"，甚至连宫中妃嫔，也大讲"为政之本，贵在无为"，使以老子为代表的道家思想的影响日益扩大。李唐皇室为了巩固政权，追认老子为其始祖，并对奉老子为教主的道教特别眷顾。武德八年（625），唐高祖下诏宣布："老先，次孔，末后释宗"，明确规定了道教在三教关系中的领先地位。也使道教从低层次的粗俗宗教形态发展为高层次的系统理论形态。

至唐玄宗统治时期，统治者更加重视尊祖崇老，从开元十一年起，玄宗亲自注解《老子》（《道德经》），用了十年的时间。"敕令士庶家藏《老子》一本，每年贡举人，量减《尚书》《论语》一两条策，加《老子》策。"这样就进一步提高了《老子》在科举考试中的地位。开元二十三年，玄宗还将"亲注《老子》并修疏义八卷"等"颁示公卿士庶及道释二门，听直言可否"，广泛征求意见。至此，《老子》已经成为比较充实和完备的经学教材。开元二十九年，唐玄宗正式下令设置道举。道举是唐代科举考试中的常科，它正式确立于开元二十九年。道举的设置，与唐王朝尊祖崇老的政治意图有关，它是在唐前期社会上道家思想影响日益扩大愈加深入人心的背景下，逐步发展起来的。

（五）宋代以降[①]

宋明时期形成的儒学新理学之心性学在很大程度上是汲精华于佛道二教的心性学。宋代皇帝也多尊崇道教，宋太宗时曾访求道经7 000余卷，令人删重校正。宋真宗大兴道教，认道教神灵赵玄朗为宗室，封其为"保生天尊大帝"。宋徽宗信道最笃，他自称是昊天上帝长子神霄帝君下凡，号为"教主道君皇帝"。他还排斥佛教、焚弃佛经，并下诏将寺院改为道观，让佛教归服道教。由于雕版印刷的盛行，宋代道教典籍得到大规模编刻，宋真宗时

---

① 指从宋代以来。

编辑《大宋天宫宝藏》，张君房撮其要，辑成道教类书《云笈七签》。宋徽宗又在崇宁年间整理道书，并在政和年间编成了《万寿道藏》。在道教理论方面，宋初道教理论家陈抟作《太极图》等图式及《九宝指玄篇》等著作。

明末清初，儒、释、道三家之学的关系，亦随国运而有变动。道家自吕纯阳、张紫阳以后，逐渐分为四派。此外，自明末国破，清军入关之初，有明朝进士杨来如，在山东、河北一带，创设理门（现在称为"理教"），综合儒、释、道三家修心养性的一般方法，类似宋末元初的全真道。

二、道家的主要思想

（一）道法自然

道法自然，是出自《老子》的哲学思想，意思是"道"就是"自然而然"。"人法地、地法天、天法道、道法自然"，老子将天、地、人乃至整个宇宙的深层规律精辟涵括、阐述出来。"道法自然"揭示了整个宇宙的特性，囊括了天地间所有事物的根本属性，宇宙天地间万事万物均效法或遵循"自然而然"的规律。

"道法自然"语出《老子》第二十五章："有物混成，先天地生。寂兮寥兮，独立而不改，周行而不殆，可以为天地母。吾不知其名，强字之曰道，强为之名曰大。大曰逝，逝曰远，远曰反。故道大，天大，地大，人亦大。域中有四大，而人居其一焉。人法地，地法天，天法道，道法自然。"大意是，有一种物体混混沌沌、无边无际、无象无音、浑然一体，早在开天辟地之前它就已经存在。它独一无二，无双无对，永远不会改变，却又周流于万物永远不会停止，它可以作为世间天地万物乃至宇宙的根本。我不知它究竟何名，于是用"道"来作它的名，勉强的称其为"大"。这个"大"，不停地运化，也就是说它无处不在、无远不至，穿行于古往今来、八荒六合，到达极远处（指万物生成之后）又自然返回于原初。正因为道是如此无穷无尽，既生成宇宙万物，又使万物回归道，所以说道很大，而顺从于道的天、地、人也都很大。宇宙有四"大"，人也是其中之一。人遵循地的规律特性，地效法于天，天以道作为运行的依据，而道自然而然。

"道法自然"是老子哲学的重要思想。"道法自然"这一论题不是一个孤立性的论题，它关涉老子理论形而上学的根本问题——"道"与"万物"的关系，也关涉到老子政治哲学的核心问题——"圣王"同"百姓"的关系。这一论题本身直接涉及了老子哲学中最重要的一个概念——"道"，以及另一个重要概念——"自然"。"道"不仅产生"万物"，而且也是万物得以生存、存在的基础和保证，《老子》第四章说："道冲而用之或不盈。渊兮似万物之宗。""道"虽是万物的根源和基础，是万物的母亲，但它从不而万物之主自居，《老子》第三十四章中说："大道泛兮，其可左右。万物恃之而生而不辞，功成而不有。衣养万物而不为主常无欲，可名于小；万物归焉而不为主，可名为大。以其终不自为大，故能成其大。"而且"道"也从不"主宰""控制"和"干预"万物，它具有"生而不有，为而不恃，长而不宰"和"善贷且成"的至上美德（玄德）。对于"道"的这种本性，老子称之为"无为"。《老子》第三十七章说："道常无为而无不为。"对于"道常无为"，王弼的解释是"顺自然"。可以断定，"无为"是"道"的运行和活动方式，它无须"作为"而自然而然的化生万物，长养万物。

"道"是什么？这个"道"，依据《老子》，我们可以总结其含义：道是宇宙最原始最基础的存在，是事物变化最根本的动力，是万物的最终归宿，是最简明又最深邃的事物规律。老子的"德"，就是道在万物中的具体体现（"德者，得也"），因此可以说按规律办事，也是德的属性之一。"有物混成，先天地生"，道是本原，是最原始的存在。"反者道之动……天下万物生于有，有生于无"，则道为万物的归宿。人、地、天效法大道，可以称之为不以人们的意志为转移的"客观规律"。

"自然"是什么？"自然"，由"自""然"两个词构成。"然"，表示状态。"自然"即是自己本真的样子，指不为外力及人为干涉的状态，即一般所说的"自己如此"。这是这个词在古代中国哲学中的主要意义。"不要勉强和强迫"就是从这里引申出来的。自然不仅是道的属性，也是效法大道的万物的属性。《老子》第六十四章说："以辅万物之自然而不敢为"，很明显，这里说的"自然"是"万物的自然"。"圣人"遵循"道"的"无为而无不为"推行"无为政治"，现实中辅助和配合"万物的自然"，即是庄子所说"依乎天理""因其固然"的天理、固然，这也是楚简本《老子》说的"道，恒亡为也，侯王能守之，而万物将自化"。"道"是"无为"的，但能够生成天地万物，长养万物，又不为万物主宰，因此它又是"无不为"的。《老子》第五十一章说："万物莫不尊道而贵德。道之尊，德之贵，夫莫之命而常自然。"这里的"自然"，指的就是万物自然而然的尊道贵德。"道"和"德"之所以受到万物的尊重和珍惜，是因为它们不对万物施加命令和干涉，而是顺从万物的"自然"。蒋锡昌解释说："三十二章'民莫之令而自均'与此文'夫莫之命而常自然'义近。'莫之命'即'莫之令'，'自然'即'自均'……道之所以尊，德之所以贵，即在于不命令或干涉万物而任其自化自成也。"

（二）无为而无不为

"无为而无不为"出自老子《老子》第三十七章"道常无为而无不为"。说的是人要遵循自然之理，顺应自然地运行，不必去干预自然的运行，不做不必要的事，但也必须去做"作为自然与社会一部分的你"遵循自然逻辑该做的事（无不为）。

"道"的作用就是无为，它的效果是无不为。无为就是不违反自然，"为"和违背的"违"相通。万物都要因为这个无所作为的道而生生不息，千变万化，所以无所不为。道生长宇宙万物，但没有主宰的用意。

如果说把老子的思想方式与孔子的思维方式相比较，我们可以更好地了解老子辩证法作为一种方法论的特点。依老子的观点，虽然事物的两极（如"有"和"无""阴"和"阳"）是相对应的，并且是相互联系着的，可以互相转化的，但是两个相对应事物中的其一总是处在两极中的一极，因此老子注意的是要找寻与此一极相对应的彼一极。而孔子则不一样。虽然他也注意到事物有对立的两极（如"过"和"不及"），两极之间也有着联系，并可以互相转化，但他注意的则是寻找两极之间的"中极"，这就是孔子的"中庸之道"。如果说，老子重视的是在一极中找相对立的另一极，即是由正极找相对应的负极，包含着对"否定"意义的认识。那么，孔子重视的则是在两极之间找中极，即"中庸之道"，更多包含着对"肯定"意义的认识。

老子说"道常无为而无不为"，如果说"无为"是对"为"的"否定"，那么"无不为"则是对"为"的"肯定"。它作为一种方法论的公式可做如下表述：通过否定达到肯定。老子认为，通过否定达到肯定是"道"的特性。"通过否定达到肯定"是老子的认识原则。对这个问题我们可以从两个方面进行分析；依老子的看法，"道"不是认识的对象。"道，可道，非常道"，可道之"道"不是无名无形的永恒不变的"常道"，那就是说不可能在经验中得到对"常道"的认识，或者说我们不能用一般的方法认识"道"。因为，认识总是认识有名有形之物，而"道"无名无形，它不是可以认识的事物，所以就无法用经验的方法说它是什么，只能说"道"不是什么。因此，老子认为必须先把一般的认识经验去掉，以至于在思想中把有名有形的经验性的东西统统去掉，才不会用经验性的认识说"道"是什么。达到这种地步，才符合"道"所讲的"无为"的要求。而"无为"才可以"无不为"，也就是说，"道"不能用经验的方法来把握，而得另辟途径，这个途径就是"通过否定达到肯定"的方法。在《老子》中对"道"所做的说明，大都用一些不确定的或者是极其模糊的，甚至是否定的形容词来描述，以免人们把"道"看成是什么具体的东西。例如用"玄之又玄""恍兮惚兮"等。

《老子》的论证方法可以称之为"否定"的方法，或者称之为"通过否定达到肯定"的方法，这种方法有时我们也把它叫作"负"的方法。这种"负"的方法不仅为老子所采用，庄子也用这种方法为他的哲学观点做论证。他认为人要达到"精神上自由"的境界，就必须否定"礼乐""仁义"等，甚至还要否定对自己身心的执着。这种"否定"的方法也影响着魏晋时期玄学思想的各个方面。魏晋玄学提出"得意忘言"的方法，认为语言只是一种工具，它不是事物的本身，或者说语言仅仅是表达意义（思想意义）的工具，只有不执着于作为工具的语言才可以透过语言，忘掉语言体会到"意"（事物的内在本质，或者说"存在"的"所以存在"的根据）。也就是说，只有透过现象才可以得到本质。如果以"现象"为"本质"，抓住"现象"不放，那就得不到"本质"。因此，在中国古代文学中有所谓求"言外之意"，音乐中有所谓求"弦外之音"，绘画中有所谓求"画外之景"。这种思维方法深深地影响着中国的文学艺术理论。

第三讲　佛教思想

佛教思想作为一种外来思想经历了不断本土化的历程，从汉代传入到禅宗兴起，中国本土的思想文化与佛教思想产生了很好的融合。汉代、魏晋南北朝、唐代、宋代及其之后都是佛教的重要发展阶段，其中禅宗与《六祖坛经》是佛教在中国本土化的重要体现。

一、佛教思想的发展历程

（一）汉代

据魏国鱼豢《魏略·西戎传》记载西汉哀帝元寿元年"博士弟子景卢受大月氏王使伊存口授《浮屠经》，"这是有关佛教传入中国的最早的可靠记载。其后又有影响广泛的东汉明帝求法说。佛教传入中国之后，先是被认作与黄老方术类似的学说，其后又被视为玄学的一支，经过与中国固有的传统文化的碰撞交流，最终形成富有创造精神的中国佛教，成为中国传统文化的一个重要组成部分。佛教在中国不仅得以植根发芽，而且不断发展壮大，至今仍呈现出勃勃生机，成为外来文化本土化的典范。

《中国佛教简史》介绍

佛教自东汉时传入我国，起初被看作一种道术、祠祀。它着重宣扬灵魂轮回说，因而也特别重视内心，主张养生养神，少私寡欲，清静无为，心神明静，以为这样就能无所不通，无所不能，进而成佛。这也是汉代佛教最重要的禅法基调。

印度佛教最初传入中国，因文化背景全然不同，故被视为与当时流行的黄老神仙方术同类，仅通行于少数的王公贵族之间，如楚王英"诵黄老之微言，尚浮图之仁祠"、桓帝"宫中立黄老浮图之祠"。之后在社会政治上，宦官外戚斗争为患，天灾时起，黄巾起义，军阀混战导致民不聊生；在学术上，两汉儒家困于"经学考据""谶纬合流"而抑郁难抒。所以，到了汉末时代，佛教逐渐由上层遍及民间，由少数人逐渐扩展到多数人，弘化地区也由洛阳、长安往南方扩展。

（二）魏晋南北朝

到了魏晋时期，玄学盛行，玄学是道教和儒学二者相兼融合的学术思潮，尤其喜欢谈"有"说"无"，这是道教里的一套东西。而佛教随着玄学的盛行，继而又选择依附于玄学，这时候，佛教兴起了般若学，其中的核心内容就是谈"空"，早期的翻译之中，常常用道家的"无"去翻译佛教中的"空"，这就是依附于玄学的结果。佛学就是根据当时社会盛行的主流文化的不同，披上不同的外衣，融入了中国。

魏晋以后译经逐渐增多，自东汉至东晋共译出佛典近千部。信徒也日益增多，到西晋已有寺庙180多所，僧尼3 700余人。但是直到道安和尚的时代，我国的佛教信徒对印度佛学还是处在生吞活剥和牵强附会的阶段，并没有真正理解和领会。当时译经虽多，但疑问百出，而且翻译没有一定规则，草率粗糙，结果往往或因拘泥于直译而义理未尽，义难通晓；或因注重意译而失其本旨，义多暧昧；还有因原文疏脱而前后矛盾，义不连贯的。为了探索佛教的义理，有人采取"格义"或"合本"的方法，所谓"格义"就是以我国原有的术语、名词、概念和范畴去拟配佛经的术语、名词、概念和范畴。"合本"是把不同译本汇编起来，加以对比研究。这种情况使得人们对佛学的自由比附与任意发挥有了广泛的可能性。

同时，东晋以后，长期战乱，佛教在中国有了广泛的传播，民间信仰日益广泛和深入。中国原有文化与印度佛教文化发生了矛盾与冲突，佛教某些理论如思辨超过了中国文化中的类似思想，两种文化发生冲突，以南北朝时为最激烈，既涉及政治、经济利益，也有哲学和宗教伦理方面的问题，部分地区甚至出现了灭佛事件。

（三）唐代

结束南北分裂局面而开始的隋唐，是中国历史上政治、经济、文化最强盛的朝代，也是中国佛教史上经典翻译、宗派竞立的巅峰时期，其影响不仅深入中国各阶层，而且远播至朝鲜半岛、日本、越南，开启各国佛教的灿烂新页。隋唐时期，由于国力日盛，寺庙由于国家拨款和信徒捐献，经济实力开始强盛，不仅学佛者增多，而且寺庙各自的认识也开始深化，此时学派和宗派也开始兴盛。净土宗、密宗、禅宗、律宗、法相唯识宗、天台宗、华严宗、法性宗佛教八大宗派在唐形成和兴盛，为后期佛教的进一步中国本土化提供了基础。

净土宗发祥地是山西玄中寺，由唐朝的道绰法师所创，是由南北朝时期的阿弥陀佛净土一派发展而来。密宗的发祥地是西安大兴善寺，据传在印度，佛教与印度教较量时期，为了能够被当地人认可和发展，佛教开始把原先批判的印度教和婆罗门教融入佛教，形成了一个全新的宗派密宗，中国的密宗则继承了印度的密宗，又称为喇嘛教。禅宗发祥地是河南嵩山少林寺，其创始人是南北朝时期以一苇渡江的达摩祖师，禅宗在唐朝五祖弘忍大师时，开始重视《金刚经》，禅宗得到弘扬，成为中唐以后的佛教主流。律宗发祥地是陕西长安净业寺，由唐朝高僧道宣法师所创，因他常年在终南山修行，设立了戒坛，制定了较为完备的受戒仪规，因此也被称为"南山律宗"。法相唯识宗的发祥地是西安大慈恩寺，创始人是人尽皆知的唐僧"玄奘"，因为玄奘精通经、律、论三藏，故也称为"三藏法师"。天台宗的发祥地是浙江国清寺，创始人是陈隋之际的智顗大师。《法华经》是其主要经典。天台宗早在南北朝就已经形成，在唐朝开始兴盛，它是中国传统义学和禅观理论相融合后的全新宗派。华严宗发祥地是陕西长安华严寺，它由唐初法藏大师创立，提倡"法界缘起"说。

隋唐佛教因有统治者的支持得以迅速发展，其兴盛繁荣表现在许多方面，如译经、著述、艺术等，尤其中国化佛教宗派的成立，更是重要的特色之一。在译经方面，隋朝在短短30多年中，共译经典170部700卷，主要的译家有那连提耶舍、达摩笈多、彦琮等。其中梵汉文俱佳的彦琮，为中土僧侣主持译场的先锋，曾在《辩正论》中提出译经者须具"八备"的条件，对后来译经人才的评选发挥极大的作用。隋唐佛教的发展，对文学、艺术也提供了绝佳的题材与灵感，当时文人学士对于佛教的磅礴精深与僧侣的精神修养，产生崇高的敬意，归向者颇多，如白居易、柳宗元、王维、李翱、裴休等，都与佛教有着深厚的因缘，因此蕴含佛教哲理的诗文创作也应运而生。由寺院的讲经发展至社会的俗讲也甚为流行，进而创作了许多变文作品。随着变文的流传，又发挥成多彩多姿的经变图相，更增添寺院画像以及继南北朝以来持续开雕的石窟壁画的内容。此外，隋唐佛教的兴盛也引起周边各国的仰望，纷纷派遣学僧前来学习观摩，促进了中外交流的开展。

总体而言，隋唐皇室除了对佛教支持，对于儒、道亦采取支持的态度，亦即以"三教并用"作为其宗教政策。因此，佛教与儒、道在当时鼎足而立，互为争胜，尤其道教对佛教的明争暗斗更是无有间断，因此在武宗时，因其个人极度的偏好道教长生之术，再加上道士赵归真、宰相李德裕的反佛鼓动，终于导致一连串的毁佛事件，以会昌五年最甚，共废毁寺院4 600多所、小寺4 000余座，迫令还俗僧尼26 500余人，没收寺田数万顷。这次的灭佛，使佛教受到严重的打击。幸宣宗即位后，立即下诏复兴佛教，之后几代皇帝也相继支持。随着唐王朝的日趋衰落，佛教的鼎盛时期也随之结束。

五代十国分治北、南，动乱频仍，五代中版图最大的后周，世宗当政时国家财政窘迫又再一次地毁佛，佛教经此难抵战火的摧残，已衰颓不堪，注重义理研究的宗派盛况不再，唯剩注重实践的禅宗以及强调信仰的净土宗在民间流传着。

（四）宋代以降

中国佛教经过唐末、五代两次的劫难，以及朝代更迭的战乱后，经典散佚、寺院毁坏、僧侣受迫，佛教几乎到了衰萎凋落的地步。直至宋代始现复苏之迹，宋元之后至清末八百年间，佛教虽绵延不绝，然已不如隋唐时代的弘盛。自此，佛教一改传统形态，逐渐倾向生活修行与宗派调和的路线。从弥陀信仰的结社念佛、禅院农林的寺院经济生活，到与儒、道两家的调和及禅、净、教、戒融合的现象，佛教融入了中国文化之中，此即宋元以后中国佛教的特质。大体上，北宋佛教的复兴较盛，南宋至明世宗时期，则为平淡晦暗之期。明末穆宗至清代，再度兴盛一时，但佛教积弱过久，仍不及北宋时兴盛。

宋代对佛教多采保护政策，太祖开国后，即废止后周世宗毁佛之令，修订出家考试之制、诏度出家童行8 000人，遣使西行求法。宋太祖开宝四年，敕令张从信等至成都开雕大藏经，称《开宝藏》，这是中国全藏刻版印刷的开始，也是一切官、私刻藏及高丽刻藏的共同依据。后来又陆续完成《崇宁藏》《毗卢藏》《圆觉藏》和《资福藏》等。太宗时，诏立太平兴国寺为先皇帝寺，并设立组织完备的译经院，使中断200多年的官刻译经，一度复兴。真宗一代则设立戒坛72所，推行登坛受戒之制。另外，由于寺院的田园、山林享有免税权，寺院乃以此为经济基础，从事长生库、碾场等各项公益事业，对民间社会助益匪浅。佛教到了宋代，主要流传的是禅宗，这一时期，中国佛教各宗派已走向融通，佛、儒、道之间日益相互调和，儒学吸收了佛教的心性学说、理事理论；程朱理学一派吸收了华严宗理事无碍理论，建立了以理为本体的形而上学的理论体系；陆王心学，吸收禅宗心性学说提倡"心外无物"。

元代佛教与朝廷的关系密切。太祖建国之初，重用禅宗信徒耶律楚材制定典章，令剽悍好战的蒙古族人安于佛教。其后诸帝承袭此风，皆倚重僧信以协助国政。至元世祖迎请西藏萨迦派的八思巴入京，请制蒙古文，译述藏经，对蒙古文化贡献巨大，世祖封赏其为俸爵，地位职权之高仅次于皇帝。此后萨迦派僧侣世代为国师，遂使西藏佛教（喇嘛教）成为元代的国教。

推翻蒙古统治的明太祖朱元璋，初为皇觉寺僧，宰相宋濂亦出身于寺院，故对佛教特别崇敬，也力图整顿佛教。因此，即位后即颁布了一连串新的佛教政策如：立僧官、定考试、制度牒、刻藏经（南藏）、整理僧籍、分寺院僧为禅、讲、教三类；成祖永乐帝以临济僧道衍为宰相，刻北藏，并作《赞佛偈》《金刚经解》，力护佛教。此后，诸帝王无不奉佛，禅、净二宗与喇嘛教并行。明中叶后，朝廷为救饥荒而有卖牒之举，僧团迅速膨胀，因而弊端丛生，再加上世宗信奉道教，导致再一次的毁佛事件。然而没落的佛教却因之觉醒，并力图复兴。迄明末莲池、紫柏、憨山、蕅益等四大师辈出，不仅于禅教诸宗大为弘扬，更力倡禅、净、教、戒为一体，主张儒、释、道三教合流为一宗，于是佛教融合思想益趋流行，成为日后三百年佛教发展的主流。又因儒家士大夫向佛者也日益增加，更增长了居士佛教的力量。

清代同元朝一样，皇室崇信喇嘛教，可说是以佛化政策统治了境内不同民族。清末印经事业发达，属于官方开雕的有《龙藏》，以及有汉、满、蒙、藏、梵五文译本对照的佛典出版。民间则有《百衲藏》《频伽藏》，可见清代对佛教文献整理的重视。

二、佛教与中国文化

（一）禅宗与《六祖坛经》

禅宗是主要的中国佛教宗派。禅宗的祖庭有河南少林寺、安徽岳西二祖寺、天柱山三祖寺、湖北黄梅四祖寺、五祖寺以及广东南华寺等。禅宗讲究就生命之有情处下种，教人顿悟成佛，是中国思想文化里人文本位思想对于佛教影响的体现。要讨论禅宗，就需要讨论六祖惠能，因为经由惠能，佛教完成了真正意义上的中国化。佛教中国化冲淡了外来佛教的宗教意味，加入了世俗人生的人情味道。惠能原本不识字，后来投奔黄梅，得到五祖弘忍传授衣钵，继承了东山法脉并建立了南宗，弘扬"直指人心，见性成佛"的顿教法门。他弘化于岭南，"但得此心，直了成佛"，对海外文化，也具有一定的启迪和影响，王维《惠能禅师碑铭》谓其"实助皇王之化"。作为禅宗代表经典的《六祖坛经》，主张心性本净，佛性本有，觉悟不假外求，舍离文字义解，直彻心源。

惠能所述《六祖坛经》为佛教经典，亦称《六祖大师法宝坛经》，简称《坛经》。由禅宗六祖惠能说，其弟子法海集录，是禅宗的主要经典之一。中国佛教著作被尊称为"经"的，仅此一部。惠能之南宗禅在中国佛教史和思想文化史上占据了极为重要的地位。

（二）佛教与中华文化的互融

1. 主要体现

佛教思想与中国文化互融，有一定的原因。中国文化本身具有包容性，偏重人文本位。

小乘佛教偏教偏信，大乘佛教偏理偏悟，而天台、禅宗偏行偏证。佛教是产生于古代印度，经过西域传至中土而在中国大地上发扬光大的一种宗教。由于其自身的优势特点与其宗教的成熟性，从几千年前延续至今，即便是历史上"三武一宗"的排佛事件，也未能将其消灭，随之而来的却是一次次的佛教复兴。佛教的发展历程说明外来文化如果想要生存，必须与传统文化进行一定程度的融合，这一过程是二者互相借鉴、互相学习的过程，是长期而复杂的过程。

早在汉武帝时期，董仲舒就提出了"罢黜百家，独尊儒术"，儒家文化已居主导地位，形成了以"儒家"为中心、其他文化(特别是道家文化)为辅佐的相对严密和系统的文化体系。所以佛教传入时，它所要面对的是一个相对稳定和繁荣的文化圈，是和自己一样有深厚底蕴的中华文化。佛教传入首先要解决的一个问题是如何与中华文化融合，找到与其共存的结合点，找到适合在中华文化中传播的方式，并在义理上做一些发展与深化，与中华文化相适应、协调发展，使自己能更快更好地在中华大地上扎根。因而中国佛教研究者汤用彤、方立天等均认为中国佛教的根在中国。所以，佛教传入后同时也就开始了它的中国化历程。

中国佛教讲农禅并重，一日不作，一日不食，有土地，有农作，自力更生。建筑艺术方面，中国佛教寺庙，殿堂是中国式，塔也是中国式，如雕塑佛像，中国与印度的风格不大相同，画像亦如此，佛事用品亦是，总之，从文学、绘画、雕塑、诗歌、建筑、音乐，舞蹈等方面来看，中国佛教皆不同于印度风格。中国式佛教艺术融进了印度式、罗马式、波斯式，但以中国式为主体。中国的诗歌也与中国化佛教有密切关系，金代元好问说："诗为禅客添花锦，禅是诗家切玉刀。"诗人受佛教文化的影响，以禅助诗，以禅入诗，以禅喻诗，都大大深化了诗歌艺术的创作与审美。其中唐代王维以山水示禅境，最为杰出，有"诗佛"之称，苏轼赞其为"诗中有画，画中有诗"。

2. 佛教中国化历程的启示

佛教传入中国后，受到中国固有传统思想的改造和融合，经一千多年时间，形成了独具特质的新体系。这也给我们带来极大的启示。

中华文化的特征之一是教人入世。儒家的"修、齐、治、平"和印度佛家出世理念大相径庭，在佛教传播的过程中，中华文化的入世精神没有被外来文化改变，相反，佛教越来越走上世俗化道路。任何一种文化在它的发展过程中要保持活力，都需要一定程度上吸收其他文化，以滋养自己，丰富自己。中华文化融合印度佛教文化用了一千多年时间，历朝历代都体现着中国文化的包容心态。因此，我们在当今世界多元文化的背景下，应该以开放的胸怀，长远的眼光，大胆吸纳古今中外人类优秀的文明成果，创造出更绚烂的中国文化，实现中华民族的伟大复兴。

体验活动

活动名称：情景剧演出

活动目标：

1. 知识目标

深入了解儒、释、道思想在中华传统文化中的重要作用。

2. 能力目标

掌握情景剧编排的基本技巧。

3. 素养目标

通过情景剧排演，增强学生的文化自信。

活动步骤：

1. 材料准备

（1）传统服饰。

（2）小剧场场地。

2. 具体步骤

（1）组织学生选取儒、释、道经典故事并改编成情景剧，完成情景剧剧本写作。

（2）班级学生分小组进行情景剧排练。

（3）进行情景剧演出。

第二章
浩如烟海的文学世界

　　在中华民族五千多年的历史中，先辈们在社会生活中，在与大自然的搏斗中，为我们创造了极为丰富的文化遗产，这些文化遗产直到今天仍能给我们以美的享受。我国古代文学经历了三千多年没有中断的发展历程，以其辉煌成就而成为全人类文化遗产中的瑰宝。中国古代文学是中华传统文化中最重要、最具活力的一个部分，深刻而生动地体现着中华文化的基本精神。我们的文学遗产，是中华民族的一部心灵史，解读这部心灵史，是传承中华传统文化不容置疑的重要任务。

第一讲　中国古代文学的发展与特征

中国古代文学历史悠久，源远流长，大致经历了上古时期的神话传说、先秦时期的诗歌、散文，两汉时期的辞赋、乐府民歌、历史散文，魏晋南北朝时期的诗歌，唐宋时期的诗词，元明清时期的散曲、杂剧、小说等发展阶段。含蓄内敛、兼容并收的农耕文明促进了中国传统文学的繁荣发展，在历史的锤炼中，中国古代文学逐渐形成了植根现实、文以载道、抒情写意及崇尚中庸等独树一帜的审美特征。

一、中国古代文学的发展历程

（一）先秦

春秋以前，文学的发展尚处于萌芽阶段。诗歌是最早产生的文学样式，自人类有了语言，诗歌便产生了。原始的诗歌，与人类的劳动生活紧密相连，《淮南子·道应训》说："今夫举大木者，前呼'邪许'，后亦应之，此举重劝力之歌也。"这是劳动人民在集体劳动中为协调动作、减轻疲劳、提高效率而发出的有节奏的呼应唱和之声。它们的创作者，鲁迅曾称之为"杭育杭育派"。这说明，诗歌起源于人类集体劳动生产的过程。

诗歌在其发展的最初阶段，与音乐、舞蹈结为一体。《礼记·乐记》论及三者关系道："诗，言其志也，歌，咏其声也，舞，动其容也，三者本于心，然后乐器从之。"三者同本于心，都是人的主观情感的客观化，只不过表现形式不同。

原始歌谣为原始人集体口头创作，代代口耳相传，反映了原始时期劳动人民现实生活中的思想、感情、意志和愿望，在文学史上具有重要的价值。但因年久湮灭，今人已难明其原貌。在一些古籍中，载有少数质朴的歌谣，比较接近原始的形态。如《吴越春秋》所载《弹歌》："断竹，续竹；飞土，逐宍（古"肉"字）。"以二字短句和简单的节奏，表现出砍伐竹子、制造弹弓、射出弹丸、射中鸟兽的整个劳动过程。

远古口头文学除包括原始歌谣外，还有神话传说。中国古代神话丰富多彩，只因年久失散，未能系统、完整地保存下来。现在看到的大多是一些零星的片段，基本出于后世的传闻。散见于《山海经》《淮南子》等古籍中的神话，比较著名者如《精卫填海》《夸父逐日》《女娲补天》《鲧禹治水》《后羿射日》《黄帝杀蚩尤》《刑天与帝争神》和《羽民国》等，包括了自然神话、创世神话、英雄神话和传奇神话诸类型。

原始歌谣和神话的产生，虽然早于文字，但中国文学的"信史"时代，应起于文字发明以后。文字应用于文献记录，是人类社会过渡到文明时代的重要标志之一。

断竹(砍竹子!)

续竹(接上!)

飞土(弹出去!)

逐宍(哪里跑!)

断竹、续竹、飞土、逐宍示意图

　　现存最古老的可辨识的并用于文献记录的文字是殷商时期的甲骨文，甲骨卜辞是刻在龟甲和兽骨上的占卜记录，或是少量用于其他记事的文字。卜辞作者即殷商时期身兼神、史之职的巫觋，占卜内容涉及狩猎、农业、祭祀和战争等。卜辞可以说是我国最早的散文，其特点是内容简单，文字省略，不成篇章，形式较为整齐，含有一定文学因素，标志着我国书面文学的萌芽。

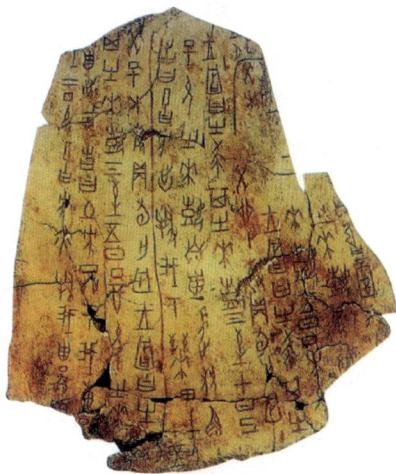

甲骨文

　　占卜这类作品，还有《易经》中的卦、爻辞。《易经》即《周易》本经，原为巫卜之书，中国古代文化与巫卜活动关系甚密，散文始于巫卜记事，《周易》即系统的巫卜著作。卦、爻辞记载了巫师所积累的经验，反映了比甲骨卜辞更宽广的社会内容。

　　此外，从商周铭文彝器（青铜器）中也可见到早期散文的萌芽。商代彝器传世者不多，今存多为周铭。商代早期的彝器铭文，类同甲骨记卜，往往只记作器者之名或族名或为某人作器，非常简略；至后期则有所发展，如《小臣邑斝铭》："癸巳，王易（赐）小臣邑贝十朋，用乍（作）母癸尊彝……"。这些文字虽仍简略，却能紧扣制作彝器原因这一中心，明确记叙时间、地点、人物和事件，其他彝器铭文的特点也大致如此。

　　总之，殷商甲骨卜辞和《易经》卦、爻辞以及商周彝器铭文，都是书面文学萌芽时期的代表作。

　　诗歌和散文是先秦文学作品的主要样式。《诗经》为我国第一部诗歌总集，《楚辞》是最早的浪漫主义诗歌总集及浪漫主义文学源头，《尚书》为第一部古典散文集和最早的历史文献，内容大体上是春秋以前历代史官所藏的官府要件和论文选编，其语言古朴晦涩，体现了早期散文的风貌。

总之，春秋战国经济的发展，社会的变革，文化的繁荣，特别是思想的解放和士阶层的崛起，为文学的发展提供了优越条件，促使先秦文学渐趋成熟。

（二）秦汉

秦汉时期，国家统一，社会较稳定，封建经济迅速发展，各民族政治经济联系加强，中外交往频繁，在此基础上，秦汉文化取得了巨大成就，为后世封建文化的进一步发展奠定了基础。刘勰用"秦世不文"基本上概括了秦文学的特征，究其原因，主要有二：

一是秦王朝推行文化专制主义。秦王政二十六年（前221），秦建立了大一统的中央集权的封建专制国家，至嬴子婴即位（前207）不久为刘邦所灭，仅历时15年，文学上无重要建树。秦王朝在统一全国之初，实行极端的文化专制主义，"史官非秦记皆烧之，非博士官所职，天下敢有藏《诗》《书》、百家语者，悉诣守尉杂烧之，有敢偶语《诗》《书》者，弃市。以古非今者，族。"（《史记·秦始皇本纪》）秦不仅焚书，又进而坑儒，曾一举坑杀儒生460余人，且秦之坑儒，非只一次。在秦王朝统治期间，中国古代文化的发展遭受了一次严重的挫折，先秦时代的文书典籍几乎全遭毁灭。在中国历史上，造成了空前的文化浩劫。二是因为秦朝存在时间短暂，文学发展的空间有限。不过这并不代表毫无作品可言，如著名的《吕氏春秋》就是秦代散文名篇。

汉王朝建立初期，统治者吸取秦王朝短期覆灭的教训，在政治上恢复了分封同姓王制度，以巩固自己的统治基础，在经济上采取了一系列减轻农民负担的政策和措施，以恢复和发展农业生产；而黄老的"无为而治"学说成为当时的统治思想。

在文化政策方面，惠帝时废除了秦的挟书律，"大收篇籍，广开献书之路"（《汉书·艺文志》），加之战国以来百家之学的影响，各地诸侯王也仿效战国诸公子的办法，招揽各种人才于门下，这使汉初的哲学和社会思想都比较活跃自由，促进了学术文化的发展。

司马迁

两汉文学上的成就，主要表现为乐府机关的设立、扩展，辞赋创作的繁荣。以及司马迁《史记》和班固《汉书》这样大部头的历史散文著作的出现。

乐府机关的设立和扩大，使各地民歌有了记录、集中和提高的条件，这在中国文学史上有着划时代的意义，它对中国古代诗歌的发展有着深远的影响。现存汉乐府民歌大都是东汉时期的作品。这些民歌形式多样，反映了东汉人民的劳动生活处境和思想感情，是东汉文学的重大成就。

东汉文学的另一重大收获，是在乐府民歌和民谣影响下，文人五言诗的形成。无名氏《古诗十九首》是东汉五言诗的成熟作品。东汉文人五言诗是东汉后期中下层士人生活和思想的反映。

辞赋创作也因为"润色鸿业"的需要，在汉武帝时得到极大的发展，进入了汉赋创作最兴盛的时代。汉赋的代表作家有西汉时的贾谊、枚乘、司马相如、扬雄，东汉时的班固、张衡等，其中司马相如是汉赋创作最有成就的代表作家。

《史记》以人物传记为中心，不仅开创了"纪传体"史学，也开创了历史传记文学，鲁迅评价《史记》时所说的"史家之绝唱，无韵之《离骚》"，准确地表现了司马迁在历史学和文学发展上的贡献。

班固的《汉书》是东汉史传文学的代表。它沿袭《史记》体例而小有变动，记叙西汉的历史，开创了中国断代史的先例。

（三）魏晋南北朝

东汉末年农民起义造成三国鼎立，而后由西晋实现了短暂的统一。但西晋的统一只有三十余年，接着连年混战与南北大分裂，直到公元589年隋重新统一，这段时期被称为魏晋南北朝时期，魏晋南北朝文学是典型的乱世文学。

士族门阀制度是魏晋南北朝政治生活的重要特点。在魏晋南北朝时期，士族特殊的阶级地位，使其拥有很强的独立性和社会力量，他们垄断政治，世袭贵族，这样就造成了寒门庶族没有进仕的机会。这种社会现象使这一时期的文学创作呈现出庶族强烈抗争士族控制政治权利并倾泻不满的现象。另外，魏晋南北朝是中国历史上一个思想发展最活跃的时期，是继战国"百家争鸣"以后又一个思想解放的时代。随着儒家学说统治力的衰微，新的人生价值观、生活观、社会伦理观不断产生，哲学的本体论、思辨逻辑不断发展。在魏晋南北朝时期，出现了儒、释、道三家鼎立的局面，玄学、佛教和道教都对文学产生了深远的影响。

魏晋南北朝的文学发展历程大致可以分为三个阶段，即建安文学、正始文学、两晋文学及南北朝文学，历时约400年。

建安文学是魏晋南北朝文学的开始。这时的文坛以曹氏父子为中心，在他们的周围集中了王粲、刘桢等一批文学家。"三曹"（曹操、曹丕、曹植）、"建安七子"（孔融、陈琳、王粲、徐干、阮瑀、应玚、刘桢）和女诗人蔡琰继承了汉乐府民歌的现实主义传统，普遍采用五言形式，以风骨遒劲而著称，并具有慷慨悲凉的阳刚之气，形成了文学史上"建安风骨"雄健深沉、慷慨悲凉的艺术风格独特风格。

正始文学处于魏晋易代之际，在文学史上，正始文学的主要代表是嵇康和阮籍。嵇康的诗文，以表现其追求自然、高蹈独立、厌弃功名富贵的人生观为主要内容。如《幽愤诗》《与山巨源绝交书》。玄学在魏晋之世十分盛行，形成一股强劲的"玄风"，形成了一种虚无放荡的社会风气。阮籍重视玄学的理论，例如，《达庄论》与《大人先生传》就是他苦心孤诣的玄论之作。同时，阮籍是建安以来第一个全力创作五言诗的人，其《咏怀诗》把82首五言诗连在一起，编成一部庞大的组诗，并塑造了一个悲愤诗人的艺术形象，在五言诗的发展史上具有重要地位，开创了新的境界。正始之后，嵇康、阮籍与山涛、刘伶、王戎、向秀、阮咸诸人，共为"竹林之游"，史称他们为"竹林七贤"。

两晋太康时期文坛出现繁荣局面。"三张二陆两潘一左"（"三张"指诗人张载与其弟张协、张亢；"二陆"指文学家陆机与其弟陆云；"两潘"指文学家潘岳与其侄潘尼；"一左"指诗人左思）是太康时期的代表诗人，他们八人代表了太康文学的最高成就。太康诗风以繁缛为主，丧失了建安诗歌的"风力"，但在语言的运用上做了许多有益的探索。左思的《咏史》诗，抗议门阀制度，抒发寒士不平，与建安诗歌一脉相承。西晋末年，在士族清淡玄理的风气下，产生了玄言诗。东晋玄、佛合流，更助长了玄言诗的发展，使它占据东晋诗坛达百年之久。东晋末期出现了陶渊明，他开创了田园诗，他是魏晋南北朝时期成就最高的诗人。南朝刘宋初年经历了由玄言诗向山水诗转变的过程，谢灵运是第一个大力写出山水诗的诗人。山水诗的出现扩大了诗歌的题材，丰富了诗歌的表现技巧。

南北朝民歌给诗坛带来清新的气息，南朝民歌大都反映的是人民真挚纯洁的爱情生活，风格清丽婉转。《西洲曲》是南朝乐府民歌中最长的抒情诗篇，历来被视为南朝乐府民歌的代表作。而北朝民歌则反映着北方动乱不安的社会现实和人民的深重苦难，风格粗犷刚健，这些都与当时南北方的社会现实有关，如《木兰诗》《敕勒歌》等。

魏晋南北朝时期的小说发展也具有明显的时代特征。小说主要采用文言，篇幅短小，记叙社会上流传的奇异故事，人物的逸闻轶事或其只言片语，在故事情节的叙述、人物性格的描写等方面都已初具规模。鲁迅先生把它们分为志怪小说和志人小说。志怪小说记载神鬼怪异故事，志人小说记载人物的琐闻逸事。较为著名的志怪小说如干宝的《搜神记》，主要讲述神仙道术、巫鬼妖怪的故事。较为著名的志人小说如葛洪托名汉代刘歆所作的《西京杂记》，记述西汉的人物逸事；南朝刘宋临江王刘义庆所著的《世说新语》，是魏晋逸事小说的集大成者，主要记载汉末到东晋人物的轶事和言谈，反映了当时动荡时期的社会现实。

木兰从军

魏晋南北朝是我国赋体文学发展的一个重要转变时期。建安时期，散文一改汉代散文的经学气息，形成了重抒情、重文采的创作倾向并为南朝骈文的成熟奠定了基础。魏晋时期咏物抒情的小赋占了较大的比重，诗赋相互影响成为这个时期赋体文学的主流。最能代表这一时期赋体文学发展的，当推曹植、王粲、潘岳和左思等人。曹植最著名、最能代表其艺术成就的是《洛神赋》；王粲在赋方面的成就远远超过他的诗歌，《登楼赋》是其著名的代表作；潘岳则长于抒情，《秋兴赋》《西征赋》《闲居赋》都是其颇负盛名的代表作；西晋时期，大赋的数量有所增加，比较有代表性的是左思的《三都赋》。赋体文学在南北朝时期，风气发生了明显的变化，即变平淡为绮丽，变典雅为新奇，色彩更为浓郁。其杰出的赋代表作为鲍照的《芜城赋》。与此同时，谢惠连的《雪赋》与谢庄的《月赋》，将山水诗创作中的清新风格带入了赋，将咏物赋推向了一个发展新阶段。时间稍晚的江淹，是南朝著名的文学家，他的《恨赋》《别赋》构思新颖，是南朝抒情小赋的名篇。庾信是由南入北的赋体文学大家，他将南北赋风融为一体，其杰出的代表作是《哀江南赋》。

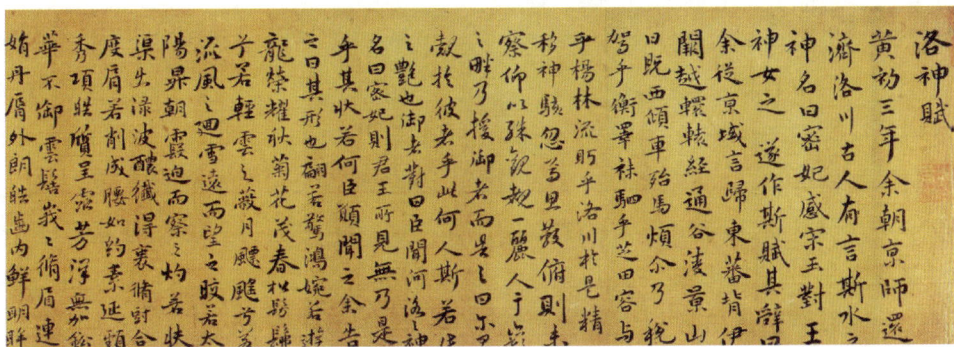

明 祝允明书《洛神赋》（局部）

（四）隋唐宋

581年，隋朝建立，并于589年统一中国，结束了270余年南北对立的局面。隋朝是一个短命的王朝，前后不满40年，但它又是一个统一的、强大的王朝。隋朝的文学，虽然因国家的统一和南北文风的融合而出现新的气象，但其主要倾向仍沿袭了南朝余风。唐代是一个社会相对安定，文化经济繁荣的朝代。唐代300年间，在文学以及艺术的各个方面，都取得了巨大的成就，把中国文学、艺术推向一个新的高峰。宋代文学基本上是沿着中唐以来的方向发展起来的，韩愈等人发动的古文运动在唐末五代一度衰颓之后，得到宋代文人的热烈响应，他们更加紧密地把道统与文统结合起来，使宋代的古文真正成为具有很强的政治功能而又切于实用的文体。总之，隋唐宋时代诗歌、散文、小说等各种文体都得以长足发展。

在诗歌方面，隋代诗歌基本上延续齐梁文风，缺乏创新，呈现出过渡特征。为改革南朝浮靡文风，隋文帝曾下令"公私文翰，并宜实录"（《隋书·高祖本纪》）。虽收效甚微，但当时诗风在一定程度上发生了一些变化。边塞诗成为令人瞩目的题材，同时初步显现出南北文风融合的倾向。隋代诗歌主要作家有薛道衡、卢思道、杨素等，都是北齐、北周入隋的老臣，代表作有卢思道《从军行》、杨素《出塞》等边塞诗。与前代相比，隋代诗歌作品中有更多的写实成分和真情实感，薛道衡被视为隋代成就最高的诗人，其诗以刻画人物心理和情感见长，代表作《昔昔盐》。隋代已有七言歌行、七绝和接近七律的诗出现。如无名氏《送别诗》："杨柳青青着地垂，杨花漫漫搅天飞。柳条折尽花吹尽，借问行人归不归？"已是成型的七言绝句。

唐代诗歌空前繁荣，成为一个时代的代表文学。唐诗分为古体诗与近体诗，唐代的古体诗，主要有五言和七言两种。近体诗也有绝句与律诗两种，绝句和律诗又各有五言和七言之分。

唐诗不仅形式多样，而且还名家辈出，流派众多，如"初唐四杰"（王勃、杨炯、卢照邻、骆宾王）；伟大的浪漫主义诗人李白、伟大的现实主义诗人杜甫和白居易；田园诗派代表诗人王维、孟浩然；边塞诗派代表诗人高适、岑参；"吴中四士"（张若虚、贺知章、张旭、包融）；"小李杜"（李商隐、杜牧）等。

宋诗体制上没有创新，却与唐诗表现出不同的气象。大抵唐诗以丰神情韵擅长，宋诗以筋骨思想见胜。从内容上看，宋诗喜言义理，长于议论；从形式上看，宋诗雕琢文法，重文字技巧；从表现手法上看，宋诗爱用典故，好逞才学。北宋初期，作诗学唐，如林逋、魏野、九僧等晚唐体诗人，王禹偁继承了白诗，西昆体诗人宗法李商隐。欧阳修以复古为号召改革诗文之风，开宋诗议论化、散文化之先。以后王安石、苏轼、黄庭坚已是典型的宋调，为宋诗发展的第一个高峰，其后诗坛受黄庭坚影响，形成江西诗派。至南宋前期，宋金对立，诗人以诗表达抗敌与忧国的思想感情，陆游、杨万里、范成大、尤袤称"中兴四大诗人"，摆脱江西诗派的影响，创作出在思想、艺术方面各有特色的作品，代表了宋诗发展的第二个高峰。后期有"永嘉四灵"及江湖诗派，作诗宗法贾岛、姚合；理论上张戒、严羽亦推崇唐音，至此，宋调衰微，唐音复兴。宋末则有文天祥、谢翱等人所作的爱国诗及遗民诗较有影响。

在散文方面，隋代散文文风上承南北朝宫体文学的余绪，浮华轻靡。隋文帝崇尚朴质，有意转变文风，但当时作家受南朝文风的影响甚巨，一时难以改革文风。而炀帝较为崇尚宫体之类的金粉文学，于是隋朝文学又笼罩在六朝唯美的风气下，缺少新时代的气象。这期间提倡古文的作家并不多，以李谔与王通为代表。李谔感慨时文过于讲求浮华，连篇累牍，不外吟风弄月，于是要求改变文风，使归于质朴。李谔抨击时文的缺点，而提倡舜禹之典、周孔之说，以儒家的实用文学来代替月露风云之篇。王通主张文章作为贯道济义的工具，他极力排斥六朝唯美文学，建立道统的文学，他指责六朝文人为小人，如谢灵运、沈约等，均受其鄙视，他还提倡有教化作用的文学理论。

唐代散文，既革除六朝旧习，又开辟了宋、元以后散文的发展道路。在中国文学发展史上起着承前启后的作用，占有重要地位。唐代散文风格多样，名篇佳作数量可观。韩愈的《师说》《杂说》《送孟东野序》是议论文中的上乘，《张中丞传后叙》是公认的记叙名篇，《祭十二郎文》是颇具感染力的佳作。柳宗元的《封建论》被称为"古今至文"，其《永州八记》最为脍炙人口，在中国文学史上具有特殊的地位。唐代散文作家除韩柳外，魏征、王勃、刘知几、李峤、刘禹锡、杜牧、白居易、孙樵等，也都有名篇传世。所以，唐代古文运动，不仅改变了当时文风，更影响了宋代的古文运动，以及明清的古文运动，是我国散文发展的一个重要转折点。

宋 苏轼《寒食帖》

宋初承晚唐五代遗风，盛行骈偶之文，浮艳藻丽。石介与其他西昆体文人，又将文章引向艰涩一途，导致太学体的流行。欧阳修以韩愈为楷模，倡导古文，取得极大成功，形成古文鼎盛的局面。王安石、曾巩、苏氏父子都是古文名家。宋代散文总的特点是平易畅达。南宋散文的创作成就主要在议论文，理学派与浙东学派的影响较大。宋代散文有显著的成就和重要特色，历来为人们所重视。北宋初年第一个起来提倡古文的是柳开，欧阳修是宋代散文的第一位大师，是宋代散文的奠基者。北宋后期是宋代散文发展的黄金时代。活跃在这时文坛上的有苏洵、曾巩、王安石、苏轼、苏辙等人，其中苏轼为散文创作开拓了新天地，是北宋最杰出的大作家。南宋时期的文天祥、郑思肖、谢翱等人的散文迸发出爱国主义的光芒。

在小说方面，小说在隋代并没有实质性的发展，唐代是小说定型期，宋代是小说的发展期。

唐代古代小说的发展趋于成熟，形成了独立的文学样式——唐传奇小说，唐传奇小说在内容的丰富性、题材的多样性、人物的形象性、故事的艺术性和文笔的生动性等方面都是六朝小说所无可比拟的。唐代涌现出一系列优秀传奇小说，如陈鸿的《长恨歌传》、沈既济的《枕中记》、李公佐的《南柯太守传》、李朝威的《柳毅传》、白行简的《李娃传》、蒋防的《霍小玉传》、元稹的《莺莺传》、杜光庭的《虬髯客传》等。其内容以言情为主，搜奇记逸，文字婉转华艳，代表着早期文言小说艺术的最高成就，

小说发展到宋代，发生了根本的变化，这就是话本的产生。从宋代开始，以文言短篇小说为主流的小说逐渐转为以白话小说为主流的小说。同时，文言短篇小说依然存在。这样，中国小说史自此由文言、白话两条线索交互发展，它们既有各自的特点，又相互吸收渗透，千姿百态，美不胜收，高潮迭起，在中国文学史上小说所占的分量越来越重，地位也越来越高。宋代话本小说代表作有《错斩崔宁》《碾玉观音》《志诚张主管》《闹樊楼多情周胜仙》等。

在词方面，词萌芽于南朝，隋唐时兴起。宋代王灼《碧鸡漫志》卷一说："盖隋以来，今之所谓曲子者渐兴。"宋代张炎《词源》卷上也说："粤自隋唐以来，声诗间为长短句。"

宋代郭茂倩编的《乐府诗集》，于《近代曲辞》部分首列隋炀帝和王胄作的《纪辽东》，它的句式、字声和韵位跟后来的词都没有什么不同。《隋书·音乐志》说炀帝命乐正白明达造新声，创《斗百草》《泛龙舟》等曲。《泛龙舟》的曲辞今见于《乐府诗集》卷四十七，和敦煌曲子词中所载的作品在词律上很相近。

由于音乐的广泛流传，词在唐代得到长足的发展。当时的都市里有很多以演唱为生的优伶乐师，根据唱词和音乐节拍配合的需要，创作或改编出一些长短句参差的曲词，这便是最早的词了。文人词在初、盛唐时已偶有所作，如沈佺期作《回波乐》，唐玄宗作《好时光》，张志和作《渔歌子》，戴叔伦作《转应曲》，韦应物作《调笑》等。但那时词体刚刚由民间转到文人手中，所以作品极少。到了中唐，白居易、刘禹锡"依曲拍为句"，作了《忆江南》等调，不少诗人也尝试作词，词开始在文学创作中占了一席地位，并且有了一些较为优秀的作品。晚唐五代，文人词进一步确立，出现了词的专家与专集。如温庭筠是第一个大力填词的词人，最早的一部词选集《花间集》，共收集了由18位词人写的500首词，其中温词共收66首。从此，词在中国文学史上独立成为一体，与诗并行发展。

词到宋代达到了巅峰状态，成为宋代的主要文学样式。北宋前期词人，一般来说都是承袭南唐二主（李璟、李煜）和冯延巳等人的词风，没有多少新的发展，这一时期的词作家有晏殊、欧阳修、晏几道、柳永、苏轼等，而以柳永、苏轼成就较突出。北宋后期词坛，在意境、声律方面有所开辟。其中最有代表性的作家，是婉约派词人秦观、格律词派的始创者周邦彦，其次是词风与秦观相近的贺铸。南宋前期，遭遇了时局动荡不安，经历了国破家亡，成为亡国奴的伤痛后，词人们不可能再谈一些小资小调的情愫，都把所有的悲愤和感慨发于词作之上，当时有正义感、有民族气节的人民和士大夫都表现出了崇高的爱国精神，创作出一批体现出强烈爱国主义精神的词作。南宋前期的词作家不少，如李清照、岳飞、陆游、张孝祥、辛弃疾、陈亮、刘过等，而以李清照、辛弃疾成就最突出。李清照是南宋初年的杰出词人，其词婉约清新，在她颠沛流离的晚年作品中流露出了意兴阑珊的消极情绪和感伤调子，也表现出了强烈的爱国思想。辛弃疾是一个爱国志士，他既有文才，又有武略，其词慷慨豪放，既唱出了处在民族危难中的一个英雄豪杰奋发激越的心声，又表达了当时人民反抗女真入侵者的愿望。辛词善抒情、写景、记事、说理，艺术风格多样，可以说是当时最杰出的代表作家。南宋后期，统治集团因宋金南北对峙局面的相对稳定而更加习于苟安和享乐，当时文坛上逃避现实，雕章琢句的作品日益增多，正是这样的背景下，兴起了以姜夔、史达祖为代表的格律词派，姜夔以清刚冷隽的词笔开创了体制高雅的格律派，他的词对后世，尤其是明清词坛，影响极大。

（五）元明清

元代历史从元世祖至元十六年（1279）灭南宋统一全国，到元顺帝至正二十八年（1368）朱元璋建立明王朝为止，共计89年。明代社会从明世宗嘉靖建元以后，由于出现了资本主义萌芽，社会经济形态发生了重大变化，文学方面也出现了新的态势。清代是中国最后一个封建王朝，也是古代文学史上最后一个重要的阶段。在元明清时期，诗、词、散文也起着承前启后的作用，有着自己的特点。但成就最突出的文学样式是戏曲和小说。

在戏曲方面，元代是中国戏曲这一种综合性艺术发展的黄金时期。元代戏剧包括杂剧和南戏，其剧本创作的成就，代表了当时文学的最高水平。杂剧文学剧本的出现，标志着中国戏曲进入成熟期。杂剧，是在宋金时期诸宫调基础上发展起来一种传统文学样式，是一种把歌曲、宾白、舞蹈结合起来的中国传统艺术形式。杂剧风在元代行于大江南北，代表作有王实甫《西厢记》、关汉卿《窦娥冤》、郑光祖《倩女离魂》。南戏是南曲戏文的简称，它是在宋代杂剧的基础上，与南方地区曲调结合而发展起来的一种新兴的戏剧形式，温州是它的发祥地。南戏代表作有高明《琵琶记》和关汉卿《拜月记》。

元曲成为元代文学的代表，在文学史上取得了和

《西厢记》绘本《秋月风声》

唐诗、宋词并称的地位，散曲代表作有马致远《天净沙·秋思》、睢景臣《高祖还乡》、张养浩《山坡羊·潼关怀古》。关汉卿、白朴、郑光祖、马致远被称为"元曲四大家"，杂剧的代表作有关汉卿的《窦娥冤》《救风尘》《拜月亭》，白朴的《梧桐雨》《墙头马上》，郑光祖的《倩女离魂》，马致远的《汉宫秋》《青衫泪》。

到了明代，传奇这种戏剧形式发展起来了。由于传奇一直延续至清代，也被人称作明清传奇。明清传奇是取材于唐代的传奇小说，并在南戏的基础上发展起来的长篇戏曲，纵观明清传奇，传世作者800多人，作品存目有2 600种左右，保存至今的作品有600多部，真可谓是繁盛一时，明代传奇作家中成就最大的是汤显祖，他一生写了许多传奇剧本，《牡丹亭》是他的代表作。清代出现了"南洪北孔"两位伟大的剧作家，洪昇的《长生殿》和孔尚任的《桃花扇》是这一阶段最具有代表性的作品，明清传奇包括众多的地方唱腔，如昆曲、余姚腔、海盐腔、弋阳腔、乱弹腔、秦腔、楚腔、三簧腔、柳子腔、滩腔、弦索腔等。各种地方唱腔可谓百花齐放、百家争鸣。

在小说方面，明清章回体小说将古代小说逐渐推向了顶峰。明代中叶以后，随着市民阶层的壮大和统治集团的日益腐朽，思想控制松动，文学也逐步走出了沉寂枯滞的局面。叙事文学走向全面成熟，章回小说和传奇戏曲的体例日趋于完善，为后期文学创作的繁荣准备了一定条件。

明后期出现了众多的长篇和短篇小说。其中神魔小说《西游记》影响最大。而《金瓶梅》则是第一部以描写家庭生活为题材的长篇小说，它反映了封建地主阶级的罪恶行径和淫乱生活。此外，还有《北宋志传》等英雄传奇和《封神演义》等神魔小说，以及余劭鱼

等人所著的《新列国志》等历史演义小说。短篇小说则出现了冯梦龙编的"三言"(《喻世明言》《警世通言》和《醒世恒言》)、凌濛初的"二拍"(《初刻拍案惊奇》和《二刻拍案惊奇》)等话本、拟话本小说集。

清王朝延续276年。清代文人作家也创作了数量众多的伟大和优秀的小说,蒲松龄的《聊斋志异》是文言小说的名著;吴敬梓的《儒林外史》成为讽刺小说的巅峰;曹雪芹的《红楼梦》,无论思想性和艺术性都取得了前所未有的成就。这些优秀的小说作品,标志着中国古代白话小说和文言小说艺术的最高成就。

二、中国古代文学的文化特征

中国古代文学作为五千多年中华传统文化的智慧结晶,经过长期的历史积累形成了一整套完善稳定的精神价值体系。挖掘中国古代文学内部所蕴含的深厚的思想文化资源,对于我们了解中华民族的文化心理和审美趣味、中国传统文化的基本构架和精神追求有着重要的意义。

(一)关注现实的理性精神

与西方文学相比,中国古代文学具有十分鲜明的人文色彩,散发出植根于现实的理性精神。即使在上古神话中,我们的先民所崇拜的也不是类似希腊神话、罗马神话中的天上神灵,而是具有神奇力量并建立了丰功伟绩的人间英雄。例如在著名的古代神话"女娲补天""后羿射日""大禹治水"中,女娲、后羿和大禹这些神话人物其实也是人间的氏族首领,他们以一己之力战胜了自然界的种种灾难,使得百姓得以安居乐业。他们是百姓心中的英雄,他们的神格其实也是崇高的伟大人格的升华,他们与希腊神话中那些居高临下,甚至任意惩罚人类的诸神完全不同。古代的英雄崇拜是先民们对自身力量的崇拜,是先民们对自身集体力量的艺术加工。古代神话中产生的有巢氏、燧人氏、神农氏等,分别发明了筑室居住、钻木取火及农业生产的技术;而黄帝及其周围的人物更被看成中国古代各种生产技术及文化知识的发明者(如嫘祖发明养蚕、仓颉造字等)。中国古代神话人物的主要活动场所是人间,他们主要的事迹是除害安民、发明创造,实际是人类早期生产活动的艺术夸张。因此,许多神话人物一直被看作是真实的历史人物在神话传说中的投影。可见人文色彩与理性的审美正是上古神话所体现的中国文化特征。

中国传统的知识分子提倡"修身、齐家、治国、平天下"。传统文人大多以道自任,以天下为己任,往往具有强烈的济世情怀。在这样的人生观的影响下,中国文学始终以高度的使命感和责任感关注着个体的生命价值。从孔子开始,中国人已经明确个体生命的价值和意义存在于现实的社会人生之中,在现实生活的人际关系中,社会理想和个体人格才能实现与升华。这种精神使人们执着于让现实(社会和自然)与人得到有机统一的人生理想追求与人格塑造,从而形成以道自任的崇高追求,以及人格尊严合二为一的思想内核与精神理念。因此,强调个体融入社会的理性精神与西方文化在基督教影响下形成的到彼岸世界去寻找无限快乐的"来世主义"思想形成了鲜明的对比。中国文化的这种"经世致用"的特点千百年来一直指引着人们价值观念的建构，同时也深刻地影响着自先秦以来的古代文学创作。

在整个中国古代文学中，无论是抒情文学还是叙事文学，作家始终把视角瞄准人世间，而不是虚无缥缈的天国，他们关注的焦点即使披着天国悲欢离合的外衣，其实也是现实世界中的喜怒哀乐的反映。如诗歌中的现实主义，是对美好生活的讴歌、对黑暗现实的揭露等；明清小说几乎都以社会现实生活为主要题材，如《西游记》中的孙悟空对天庭统治秩序的蔑视等。

（二）"文以载道"的教化传统

中国古代文学主要是以儒家思想作为指导的，儒家思想体现在传播"积极入世"的实践精神，倡导"富贵不能淫、威武不能屈、贫贱不能移"的健康人格，提出了"舍生取义"的人生最高道德标准。在这种背景下，倡导文学作品的教化功能便成了中国古代文学的重要目标，诗文的工具性作用也就成了大势所趋。在历史发展的长河中，古代诗文逐渐化身为一种统治社会不可或缺的教化手段，无时无刻不彰显着其教化之美。先秦诸子的"文"都是为其"道"服务的，其时的"道"无不体现了对现实政治的强烈关注，"文"只是手段，"道"才是目的。这种传统后来被唐宋时期提倡古文运动的文人提炼为"文以载道"或"文以贯道"，教化功能也就成了历代散文共同的追求，同时也成为古代文学的基本准则。

"文以载道"的思想强调了文学的教化功能，为古代文学注入了政治追求、进取思想和社会使命感，使作家重视国家、人民的群体利益，是古代文人实现"修身、齐家、治国、平天下"理想追求的必然手段。即使在个人纯粹抒情的作品中，也丝毫不忘体现积极有为的人生目标，时刻牢记教化之用。如唐代诗人中，神游九州的李白，看似潇洒无羁，实则在其诗文中表达了强烈的追求功名事业，欲建功立业、施展抱负的人生理想。而唐宋古文运动所取得的巨大成就，也可以说是在"文以载道"思想的直接影响下取得的。

（三）抒情写意的艺术手法

中国的文学传统从整体而言具有抒情传统，有别于西方的史诗和戏剧。西方文学重叙事和写实，中国文学重抒情和写意。抒情传统加强了中国古代文学以情动人的力量和诗情画意之美，体现了文学是作者感情的自由展现的本质；写意传统孕育了中国古代文学的简洁精练和含蓄隽永、生动传神之美。

抒情是中国古代文学中发展得最为成熟的样式，也是诗歌最主要的功能。早在《尚书·尧典》中，就提出了"诗言志"的著名命题。《毛诗·大序》也说："在心为志，发言为诗，情动于中而形于言，言之不足故嗟叹之，嗟叹不足故永歌之，永歌之不足，不知手之舞之，足之蹈之也。"尽管儒家竭力把"志"限制在礼义、政治的范围内，但也没有否定诗"发乎情"的本质。文学"发乎情"的观念，造就了中国古代文学重抒情写意的传统。抒情传统让中国古代文学总体上散发着诗的光辉，即使是叙事文学也不例外。例如《史记》，就因饱含司马迁的悲愤感情而被鲁迅称为是"无韵之《离骚》";而戏剧《窦娥冤》、小说《红楼梦》等,也因浓郁的抒情色彩而吸引了数以亿计的读者。

正是抒情传统使中国古代文学在写物手法上不重写实,而重写意。例如山水田园诗原本可从叙事或描述的角度入手,但唐代的王维、孟浩然等山水田园诗人,却往往从抒情角度切入,淡化了极目所见的景象,他们笔下的山水田园实则是他们心境与情感的外化。中国最早成熟的是抒情诗,而叙事性的戏剧、小说却成熟较晚,其描写手法也不是对生活的工笔细描,而是写意式地加以表现。如戏剧在西方便是以写实为主,但中国古代的戏曲作家却更加强调戏曲首先应表现作家对现实生活的感受,即"意",而不是对生活的简单模仿。

抒情写意的艺术美使得中国古代文学具有了鲜明的民族特色。如中国古代文学是古代中国社会的生动画卷,更是记录了古代中国人心路历程的卷宗。因此,中国古代文学是我们探析中华民族文化心理最权威的宝藏。例如,我们如果想了解唐朝的社会发展概况及唐人的思想面貌,最好的材料也许不是史官的记录,而是盛行于唐朝的诗歌。只要对唐诗仔细阅读并整理分析,便一定能收获直观而真切的感受。抒情写意的传统,也使得中国古代文学具有了空灵的,追求神似的深远艺术境界,而不是刻板的,停留于形似的浅层境界。历代文学家所憧憬的不是对现实生活的直观表现,而是高深莫测、只可意会不可言传的最高境界。

(四)含蓄深沉的中和之美

中庸思想是儒家思想的核心,也是中国古代哲学的重要组成部分,它萌芽于尧舜禹时期,确立于先秦。孔子是第一个系统提出中庸概念的人,中庸思想正式确立以后,在中国几千年的儒学发展史上始终占据着重要的地位。对于孔子而言,中庸是一种品德,《论语·雍也》曰:"中庸之为德也,其至矣乎。"

《论语·八佾》中曾称赞《诗经》"乐而不淫,哀而不伤",《论语·雍也》中说"质胜文则野,文胜质则史,文质彬彬,然后君子。"无论是质实无文,还是浮华无质,都不是好作品。只有质与文达到和谐统一的程度,才是上品,这是孔子审美观念的中庸。这种观点后来发展成了"温柔敦厚"的"诗教"说,即主张在文学作品中有节制地宣泄情感,以"中和"作为文学等艺术审美的理想和原则。"中和之美"的观点是儒家的核心观点,"中和"一体不可分。《礼记·中庸》曰"喜怒哀乐之未发,谓之中;发而皆中节,谓之和。中也者,天下之大本也;和也者,天下之达道也。致中和,天地位焉,万物育焉。"喜怒哀乐之情尚未表现出来时,谓之为中;表现出来后又能顺应自然,符合节度,则称之为和。若能达到不偏不倚,尽善尽美的中和之境,天地就会各得其所,万物也会生生不息。所谓"中和之美",就是不偏不倚的内在品质,外在表现为一个既不过分、又非不足的矛盾对立、和谐统一的美。儒家这种"中和"思想,对历代文人的创作与理论都产生了深远的影响。因此,中国古代文学中很少出现剑拔弩张地表达个人狂怒、狂喜、狂悲等情感的作品,抒发内心情感的时候也多采取委婉曲折、含蓄深沉的方式。古代文人在个人的创作中，都自觉或不自觉地遵循着"诗教"传统与精神，以"哀而不伤""怨而不怒""婉而多讽"的方式来反映或批判现实。

情感的适度宣泄与表达方式的简约淡泊，使中国古代文学总体上呈现出含蓄深沉、意味隽永的艺术特征。作为一种审美的理想与普遍的和谐观，"中和之美"以"中"为正确的审美方法，以"和"为辩证法的合理内核，在一种动态平衡的"中和"状态中调节和指导着古代中国人的人生实践和艺术创造。对中和之美的追求奠定了中国古代美学的整体走向和艺术追求的整体风格。中和之美是中国人生活实践和社会创作的最高理想，更是中华民族积淀在古代文学中的宽容、平和、以理节情，性理统一的文化特征。

第二讲　中国古代文学的成就

在漫长的历史中，中国古代文学取得了无比辉煌的成就，各种文学形式都得到了长足的发展，先后出现了大量耳熟能详的作品。如"女娲补天""嫦娥奔月"等神话传说；如唐诗、宋词、元曲，明清小说等。接下来，将从神话、散文、诗词、戏剧与小说几方面重点介绍中国古代文学取得的主要成就。

一、古代神话

神话是古代人民以不自觉的艺术方式口头创作的神异故事，是对自然现象及社会生活的间接反映和超现实的形象描述，表现了早期劳动人民的原始理解力，是借助想象以征服自然力并使之形象化的艺术结晶。

神话产生于生产力极为低下的人类早期时代。中国古代神话的主要特色是将人神化，重视人的力量和人的社会性，不像古希腊神话那样将神人化，重视命运的主宰和人的自然性。中国古代神话具有鲜明的民族特色。中国古代神话的最初文字记载可以在《尚书》《礼记》《左传》《列子》《庄子》《楚辞》《国语》《吕氏春秋》《山海经》《淮南子》《史记》《水经注》等古老典籍中发现。但对于神话有着相对集中记载的还是《淮南子》与《山海经》。

（一）《淮南子》

《淮南子》（又名《淮南鸿烈》《刘安子》）是西汉皇族淮南王刘安及其门客收集史料集体编写而成的一部哲学著作。

其中《内篇》21篇，《外书》33篇，《中篇》8卷。《要略》是全书的序言，内篇论道，中篇养生，外篇杂说，整体以道家思想为主，糅合了儒、法、阴阳等家学说，因此一般列《淮南子》为杂家。实际上，该书是以道家思想为指导，吸收诸子百家学说，融会贯通而成，是战国至汉初黄老之学理论体系的代表作。《淮南子》在阐明哲理时，旁涉奇物异类、鬼神灵怪，保存了一部分神话材料，像"女娲补天""后羿射日""共工怒触不周山""嫦娥奔月""黄帝生阴阳"等古代神话，主要靠本书得以流传。

唐 伏羲女娲像（局部）

《淮南子》虽然为杂家，从内容上看，《淮南子》中保存了大量神话、传说和寓言故事、历史典故乃至古风习俗；从文学价值上看，《淮南子》表现出了浪漫主义的文学艺术追求。

（二）《山海经》

《山海经》是中国先秦时期重要古籍，也是一部富含神话传说的古老奇书。该书作者不详，现代学者均认为成书并非一时，作者亦非一人。

《山海经》版本复杂，传世版本共计18卷，包括《山经》5卷，《海经》13卷，各卷著作年代无从定论，一般认为其中14卷为战国时作品，4卷为西汉初年作品。现可见最早版本为晋郭璞《山海经传》。但《山海经》的书名《史记》便有提及，最早收录该书目的是《汉书·艺文志》。至于其真正作者，前人有认为是禹、伯益，经西汉刘向、刘歆编校，才形成传世书籍，现多认为，具体成书年代及作者已无从确证。

《山海经》中收纳的神话主要有自然神话、英雄神话和传奇神话。

在中国古代神话中，自然神话属于颇为出色的一类。《山海经》中有较多自然神话的遗存，其中不乏神奇怪异、令人惊叹的自然形象，如"雷神""海神""水伯"等。自然神话多以山川风雷、鸟兽草木为描述对象，反映了初民敬畏和征服自然的心态。

英雄神话反映的先民自我意识的新觉醒，从朦胧意识到自身成为世界的中心、宇宙的主人，其中主角多是半人半神或受神力支持的"英雄"。这类神话数量较多且极为壮观，如《鲧禹治水》，《鲧禹治水》颂扬与自然作斗争、为民兴利除害的英雄。

《山海经》中还有不少关于异域奇国、怪人神物的传奇神话，出自所谓山、海、大荒之四裔。如吐丝女、羽民国、长臂国、厌火国等。传奇神话反映了远古人民试图突破种种自然条件限制，改造自身生活环境的愿望和理想，表现出惊人的超现实、超自然的想象力。其中也含有描述华夏四裔氏族社会野蛮生活状态的痕迹。传奇神话数量较多，涉及面广，形象奇特，别有意趣。

《山海经》是一部充满着神话色彩的著作，内容无奇不有，无所不包，蕴藏着丰富的地理学、神话学、民俗学、科学史、宗教学、民族学、医学等学科的宝贵资料，它的学术价值涉及多个学科领域，它大量地、有条序地记载了当时中国的自然地理要素及人文地理的内容，如山系、水文、动物植物、矿藏、国家地理、经济、社会文化风俗等，值得细心钻研，深入探讨。

二、古代诗词

（一）《诗经》与《楚辞》

《山海经》
中异兽介绍

1.《诗经》

《诗经》是中国古代诗歌的开端，是我国第一部诗歌总集，收集了西周初年至春秋中叶（前11世纪至前6世纪）的诗歌，共311篇，其中6篇为笙诗，即只有标题，没有内容，称为笙诗6篇（《南陔》《白华》《华黍》《由庚》《崇丘》《由仪》），反映了周初至周晚期约五百年间的社会面貌。

《诗经》的作者绝大部分已经无法考证，相传为尹吉甫采集、孔子编订。《诗经》在先秦时期称为《诗》，或取其收纳的诗歌数量称《诗三百》。西汉时被尊为儒家经典，始称《诗经》，并沿用至今。诗经在内容上分为风、雅、颂三个部分。"风"是周代各地的歌谣；"雅"是宫廷和贵族阶层的正声雅乐，又分小雅和大雅；"颂"是王庭和贵族宗庙祭祀的乐歌，又分为周颂、鲁颂和商颂。

《诗经》的艺术技法被总结为"赋、比、兴"，与"风、雅、颂"合称"六义"。一般认为风、雅、颂是诗的分类和内容题材；赋、比、兴是诗的表现手法。其中风、雅、颂是按不同的音乐分的，赋、比、兴是按表现手法分的。

赋、比、兴的运用，既是《诗经》艺术特征的重要标志，也开启了中国古代诗歌创作的基本手法。关于赋、比、兴的意义，历来说法众多。简言之，赋就是铺陈直叙，即诗人把思想感情及其有关的事物平铺直叙地表达出来。比就是比方，以彼物比此物，诗人有目的或情感，借一个事物来做比喻。兴则是触物兴词，客观事物触发了诗人的情感，引起诗人歌唱，所以大多在诗歌的发端。赋、比、兴三种手法，在诗歌创作中，往往交相使用，共同创造了诗歌的艺术形象，抒发了诗人的情感。

孔子曾概括《诗经》宗旨为"无邪"，并教育弟子读《诗经》以作为立言、立行的标准。先秦诸子引用《诗经》者颇多，如孟子、荀子、墨子、庄子、韩非子等人在说理论证时，多引述《诗经》中的句子以增强说服力。至汉武帝时，《诗经》被儒家奉为经典，成为"六经"之一。

《诗经》内容丰富，反映了当时社会上的劳动与爱情、战争与徭役、压迫与反抗、风俗与婚姻、祭祖与宴会，甚至天象、地貌、动物、植物等方方面面，是周代社会生活的一面镜子。

宋刻本《毛诗》

2. 《楚辞》

《楚辞》是中国文学史上最早的浪漫主义诗歌总集及浪漫主义文学源头，也是中国第一部有确定作者的诗集。《楚辞》由屈原及后学所作，至汉代刘向编辑成书。

"楚辞"的名称，西汉初期已有之，《楚辞》经历了屈原的作品始创、屈后仿作、汉初搜集至刘向辑录等历程，成书时间应在公元前26年至公元前6年。

《楚辞》的主要作者是屈原（约前340—前278）。他是楚国的贵族，曾官居要职，参与内政外交等重要政治活动，后来被陷害、放逐，因报国无门而自沉于汨罗江。屈原的作品有《离骚》《九歌》《九章》《天问》等，其中最具代表性的作品是长达2 400余字的《离骚》。《离骚》是中国古代最长的抒情诗。此诗以诗人自述身世、遭遇、心志为中心。前半篇反复倾诉诗人对楚国命运和人民生活的关心，表达要求革新政治的愿望和坚持理想、虽逢灾厄也绝不与邪恶势力妥协的意志；后半篇通过神游天界、追求实现理想和失败后欲以身殉的陈述，反映出诗人热爱国家和人民的思想感情。全诗运用美人香草的比喻、大量的神话传说和丰富的想象，形成绚烂的文采和宏伟的结构，表现出积极的浪漫主义精神，并开创了中国文学史上的"骚体"诗歌形式，对后世产生了深远的影响。

《楚辞》对整个中国文化系统具有不同寻常的意义，特别是文学方面，它开创了中国浪漫主义文学，因此后世称此种文体为"楚辞体"、骚体。而中国古代四大文学体裁诗歌、小说、散文、戏剧皆不同程度存在其身影。

（二）唐诗

中国是一个诗的国度，唐诗是诗国中最为辉煌的高峰。自汉代以来，五言诗、七言诗经过了长期的发展，在题材走向、格律形式、艺术手段、风格倾向等各个方面都取得了巨大的成就，积累了丰富的经验。随着强盛繁荣的唐代的到来，中国诗歌也进入了巅峰时期，产生了古代文学中最为光辉的唐诗。唐诗篇什繁复，名家辈出，流传至今的作品有55 000多首，家喻户晓的名篇数以千计，堪称古代诗歌的宝库，也是人类文化史上的一大奇观。

唐诗的形式是多种多样的。唐代的古体诗，主要有五言和七言两种。近体诗也有两种，一种叫绝句，一种叫律诗。绝句和律诗又各有五言和七言之不同。所以唐诗的基本形式基本上有这样六种：五言古体诗、七言古体诗、五言绝句、七言绝句、五言律诗、七言律诗。古体诗对音韵格律的要求比较宽松：一首之中，句数可多可少，篇章可长可短，韵脚可以转换。近体诗对音韵格律的要求比较严：一首诗的句数有限定，即绝句四句，律诗八句，每句诗中用字的平仄声，有一定的规律，韵脚不能转换；律诗还要求中间四句成为对仗。古体诗的风格是前代流传下来的，所以又叫古风诗。近体诗有严整的格律，所以又称它为格律诗。

唐诗的形式和风格是丰富多彩、推陈出新的。它不仅继承了汉魏民歌、乐府传统，并且大大发展了歌行体的样式；不仅继承了前代的五言、七言古诗，并且发展为叙事言情的长篇巨制；不仅扩展了五言、七言形式的运用，还创造了风格特别优美整齐的近体诗。近体诗是当时的新体诗，它的创造和成熟，是唐代诗歌发展史上的一件大事。它把我国古曲诗歌的音节和谐、文字精练的艺术特色，推到前所未有的高度，为古代抒情诗找到一个最典型的形式，至今还特别为人民所喜闻乐见。

唐诗的发展过程大致可分为四个阶段，即初唐、盛唐、中唐和晚唐。

初唐时期的代表作家是"初唐四杰"——王勃、杨炯、卢照邻、骆宾王；此外，陈子昂也是初唐时期有名的诗人，他是第一个举起诗歌革命大旗的作家。唐代初年的诗歌仍沿着南朝诗歌的惯性发展，柔靡纤弱，毫无生气。"四杰"的出现开始转变了这种风气。他们才气横溢，不满现状，通过自己的诗作抒发激愤不平之情和壮烈的怀抱，拓宽了诗歌题材。

盛唐时期经济繁荣，国力强盛，唐诗发展至顶峰，题材广阔，流派众多。伟大的浪漫主义诗人李白和伟大的现实主义诗人杜甫，即是这一时期最杰出的代表。他们的诗雄视千古，为一代之冠，在他们的笔下，无论律诗、绝句还是古风歌行皆达到很高的艺术成就。

李白是盛唐最杰出的诗人，也是我国文学史上继屈原之后又一伟大的浪漫主义诗人，素有"诗仙"之称。他经历坎坷，思想复杂，既是一个天才的诗人，又兼有游侠、刺客、隐士、道人、策士等人的气质。儒家、道家和游侠三种思想和身份，在他身上都有体现。李白的诗具有"笔落惊风雨，诗成泣鬼神"的艺术魅力，这也体现他的诗歌最鲜明的艺术特色。作为一个浪漫主义诗人，李白运用了一切浪漫主义手法，使诗歌的内容和形式达到了完美的统一。

李白的诗歌也继承了古代文人讴歌劳动、赞美劳动人民的优秀传统。如李白在诗歌《炉火照天地》中用"炉火照天地，红星乱紫烟，赧郎明月夜，歌曲动秦川。"将冶炼的场景描述得大气磅礴，荡气回肠，既振奋人心，又表现出对劳动人民深深的赞美。

唐 李白《上阳台帖》

杜甫诗风老成稳健，倾向现实主义。他的全部诗作，一方面反映了一个诚实的知识分子一生的遭际，同时也是唐帝国由盛转衰那段历史的真实写照。杜诗中著名的"三吏""三别"，全面反映了安史之乱给百姓带来的深重苦难。

另有以王维、孟浩然为代表的田园诗派和以高适、岑参为代表的边塞诗派。张若虚、贺知章、张旭、包融被称为"吴中四士"。

中唐时期的诗歌发展分为前期与后期，前期处于低潮，后期则重现繁荣景象。前期代表诗人刘长卿、韦应物、卢纶、李益，后期则出现"新乐府诗派""韩孟诗派"。白居易、元稹领导了新乐府运动。白居易提出"文章合为时而著，歌诗合为时而作"的进步理论主张，白居易的诗明白晓畅，通俗易懂，深受群众喜爱，代表作有《长恨歌》《琵琶行》等；此外，刘禹锡、李贺之诗也颇有成就。

晚唐时期为夕阳返照时期，晚唐诗人较著名的有：温庭筠、李商隐、杜牧、韦庄等。其中，李商隐和杜牧被人们称为"小李杜"。

唐诗确实是一座光华璀璨的艺术宝库，是中国传统文化最瑰丽光辉的闪光点之一。

（三）宋词

词是诗的别体，萌芽于南朝，是隋唐时期产生的一种新的文学样式。词最初称为"曲词"或者"曲子词"，别称有：近体乐府、长短句、词子、曲词、乐章、琴趣、诗余等，是配合宴乐乐曲而填写的诗歌，词牌是词的调子的名称，不同的词牌在总句数、句数，每句的字数、平仄上都有规定。

词是一种音乐文学，它的产生、发展，以及创作、流传都与音乐有直接关

林语堂《苏东坡传》

系。词所配合的音乐是燕乐，又叫宴乐，在隋唐时主要用于娱乐和宴会的演奏。词最初主要流行于民间，词的起源虽早，但词的发展高峰则是在宋代，因此后人便把词看作是宋代最有代表性的文学体裁，与唐代诗歌并列，有了所谓"唐诗、宋词"的说法。

宋词是一种相对于古体诗的新体诗歌之一，标志着宋代文学的最高成就。宋词句子有长有短，便于歌唱。因是合乐的歌词，故又称曲子词、乐府、乐章、长短句、诗余、琴趣等。后人往往把宋词划分为婉约派（包括花间派）与豪放派两大流派。

婉约派词的内容侧重儿女风情。结构深细缜密，重视音律谐婉，语言圆润，清新绮丽，具有一种柔婉之美。内容比较窄狭。由于长期以来词多趋于婉转柔美，人们便形成了以婉约为正宗的观念，以李后主、柳永、周邦彦等词家为"词之正宗"，正代表了这种看法。婉约词风长期支配词坛，直到南宋姜夔、吴文英、张炎等大批词家，都从不同的方面受其影响。

豪放派的兴起要晚得多。宋代词坛上偶尔有内容不属于"艳科"、风格豪放的词作出现（如范仲淹的《渔家傲》），但数量极少，不足以影响词坛风气。到北宋中叶，苏轼首先对革新词风作了巨大贡献。他一方面打破了词为艳科的题材领域，不但大量写作抒情述志、咏史怀古等题材，而且在描写女性的传统题材中一扫脂粉香泽，从而完成了诗词从伶工歌女之歌词向士大夫抒情内容的转变。另一方面他在以柔声曼调为主的传统词乐中增添了高昂雄壮的因素，并且使词的语言风格出现了豪放、高妙、飘逸的新元素。后来，以辛弃疾为首的爱国词人更把爱国主义的主题变成当时词坛的主旋律，他们继承、发扬了苏轼词中始露端倪的豪放词风，并以慷慨激昂和沉郁悲凉两种倾向充实、丰富了豪放风格。辛派词人在艺术上从苏轼的"以诗为词"进而"以文为词"，实现了与婉约词分道扬镳，形成了豪放词派。从那时起，豪放派与婉约派双峰并峙，平分秋色。

豪放派词的创作视野较为广阔，气象恢宏雄放，喜用诗文的手法、句法写词，语言宏博，用典较多，不拘守音律，北宋黄庭坚、晁补之、贺铸等人都有这类风格的作品。宋室南渡以后，由于时代巨变，悲壮慷慨的高亢之调应运发展，蔚然成风，辛弃疾更成为创作豪放词的一代巨擘。豪放词派不但屹然别立一宗，震烁宋代词坛，而且广泛地沾溉词林后学，从宋、金直到清代，历来都有标举豪放旗帜，大力学习苏、辛的词人。

宋词是中国古代文学皇冠上光辉夺目的明珠，在古代中国文学的阆苑里，它是一座芬芳绚丽的园圃。它以姹紫嫣红、千姿百态的神韵，与唐诗争奇，与元曲斗艳，历来与唐诗并称双绝，都代表一代文学之盛。

三、古代散文

（一）先秦散文

春秋战国时期是中国古代散文蓬勃发展的阶段，出现了许多优秀的散文著作，这就是中国文学史上的先秦散文。先秦散文是中国散文的发轫，主要保存在《尚书》《春秋》《左传》《国语》《论语》《庄子》和《战国策》中。先秦时期，文学与非文学的界限还不分明。

当时的散文，只能说是与韵文相对的一种文体，基本上是哲学、政治、伦理、历史方面的论说文和记叙文，但由于它们具有较强的文学性，在中国文学的发展中产生过很大影响，因而被视为先秦文学的一个重要组成部分。

先秦散文分为两大类：一类是历史散文，一类是诸子散文。

1. 历史散文

历史散文以记述历史事件的演化过程为主，历史散文主要有三体，分为"国别体""编年体"和"纪传体"。先秦时期的历史散文以《左传》《国语》《战国策》为其代表。

《左传》是《春秋左氏传》的简称，它是我国最早的编年体史书，是用历史事实来解释《春秋》的著作，相传为鲁国史官左丘明所作。《春秋》是概括性地记述历史，而《左传》则详细地记载事件本末细节，此书丰富多彩，叙述了春秋时期各诸侯国政治、军事、外交等方面的情况和历史人物的言行。《左传》擅长战争描写，它不仅把纷繁复杂的战争有条理地叙述出来，并且从大处着眼，通过人物对话，写出战争的性质、决定胜败的因素等内容。《曹刿论战》和《秦晋殽之战》等篇，都写得非常出色。

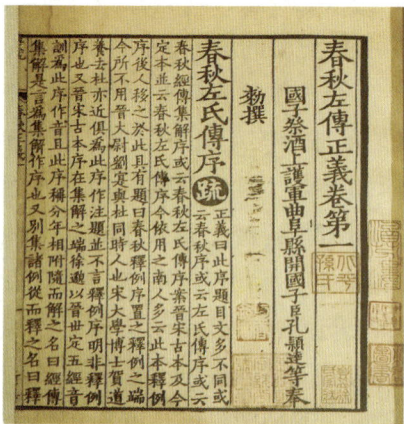

宋刻本《左传》

《国语》是战国时代出现的一部国别体史书，记载周王朝和诸侯各国的大事。它的思想性和艺术性远不及《左传》，然而它有的叙事比《左传》更鲜明生动，如写"厉王弭谤"和"勾践复国"的文字。

《战国策》是一部国别体史书，记述的基本上是战国时期谋臣纵横捭阖的谋略和辞说，它的文风高谈雄辩，此外还刻画了许多生动的人物形象。《战国策》中的纵横家辩士，擅长运用寓言进行说理、论证，像狐假虎威、画蛇添足等成语故事，也都出自《战国策》。

《左传》和《战国策》对后世的散文发展有着深刻影响。司马迁的《史记》，曾经大量采用这两部书的材料，并汲取了它们的写作技巧和语言风格。汉代贾谊、晁错等人的政论文章，其雄辩风格也在很大程度上得之于这两书。历代史书的编撰，以至唐宋散文家的记叙文，在语言和表现方法上，也都受到先秦历史散文的影响。

2. 诸子散文

诸子散文指的是战国时期各个学派的著作，反映着不同学派的思想倾向、政治主张和哲学观点。先秦诸子散文的发展，可分为三个阶段。

春秋末、战国初为第一阶段，诸子代表作有《论语》《墨子》《道德经》，文章多为语录体，或为简明的议论短章。

《论语》是记述孔子及其弟子言行的著作。《论语》风格是语言简练，含义深远，雍容和顺，其中许多形象化的语言，往往包含着深远的社会含义和道德含义。《墨子》一书，语言质朴，但有很强的逻辑性，善于运用具体事例来说明道理，又经常从具体问题的争论中作出概括性的总结。《道德经》相传为老子所作，阐述了老子的思想和理论，语言富含哲理，是道家的重要著作。

战国中期为第二阶段，代表作是《孟子》《庄子》，文章逐渐由语录体发展为对话式论辩文与专题论文。

《孟子》散文的特点是气势充沛，感情强烈，笔端锋芒显露。孟子的文章还善用比喻。他在谈及不能和不为的区别时说："挟泰山以超北海，语人曰：我不能。是诚不能也。为长者折枝，语人曰：我不能。是不为也，非不能也。"他所用的比喻常常是多样的，有时整段用，有时全篇用。就像"鱼，我所欲也"，就是层层深入，运用曲折的比喻揭出所论主旨。

在先秦思想中，庄子的思想具有一种虚无主义色彩。在先秦散文中，《庄子》风格最为突出。《庄子》的一大特色是大量采用虚构的寓言故事来说明思想论点，《庄子》寓言丰富，并且很多出自作者自创。这些寓言也不是简单的比喻，而是有着奇幻斑斓的色彩。像写河伯看到"秋水时至，百川灌河"的景象，便"欣然自喜，以天下之美为尽在己。"当他来到北海，看到大海的浩瀚天际，这才感到天外有天，自己的沾沾自喜是可笑的。接着通过与河伯的对话，又道出宇宙之大，大海在其中也是渺小的等道理，既是寓言，又有壮阔的景物描写，充满着浪漫主义色彩。还有，写诸侯间的战争时说：有两个国家，一个建在蜗牛的左角，一个建在蜗牛的右角，"时相与争地而战，伏尸数万，逐北旬有五日而后返，"像这样的奇幻的想象，在《庄子》中还有很多。

战国后期为第三个阶段，《荀子》《韩非子》是其代表作，其文章基本上都是鸿篇巨制的专题论文，完善了论说文的体制。

《荀子》共20卷，收文章32篇，西汉时，由刘向编订。本书内容涉及哲学思想、政治问题、治学方法、立身处世之道、学术论述等方面。书中除了论说文以外，还有《成相》篇和《赋》等文学作品。荀子的文章，善于分析问题，论点鲜明，说理透辟，结构严谨，条理清晰，有很强的逻辑性。

《韩非子》是战国时期法家集大成者韩非的著作，《韩非子》的文章注重论述，论事证理皆精辟深刻而又切中要害。在先秦诸子中，韩非子的分析能力最强。他的文章中也大量引用寓言故事和历史知识，很多我们今天还在运用的成语，如守株待兔、买椟还珠等，都出自《韩非子》。

先秦诸子散文风格多样，或气势磅礴，或雄辩锐利，或浪漫奇幻，在思想和创作上，对我国几千年来的政治制度、文化艺术等各方面等都产生了极为深远影响。

（二）汉赋

赋是汉代最流行的文体。它兼有散文与韵文的特点，专事铺叙，不歌而诵，被称为有韵的散文。赋在两汉的400年间发展到鼎盛阶段，后世往往把它看成是汉代文学的代表。

汉赋可分为骚体赋、大赋、小赋。

1. 骚体赋

骚体赋是从楚辞中发展而成的，体制上模拟楚辞，形式上属于骚体，所以称为骚体赋。

以兮字句为主，句式已经散文化。骚体赋重在咏物抒情，且多抒发抑郁之情。如：抒发怀才不遇的不平和牢骚。代表作是贾谊的《吊屈原赋》《鹏鸟赋》，司马相如的《长门赋》，淮南小山的《招隐士》，司马迁的《悲士不遇赋》等。

贾谊的《吊屈原赋》是借悼念屈原抒发愤慨，明为吊逝者，实为自喻。此篇的形式与风格，是对骚体的继承，但由于作品倾诉的是作者的真情实感，因而和后来那种纯然出于模拟《楚辞》而为文造作的作品明显不同。贾谊的《鹏鸟赋》是一篇寓志遣怀之作，假设与鹏鸟对话而敷衍出一篇文字。这篇赋一方面使用了主客问答体，同时也比较多地倾向于使用铺陈的手法，散文的气味浓厚，预示了新的赋体正在孕育形成。

2. 大赋

大赋又叫散体大赋，它以铺叙事物见长，规模巨大，结构恢宏，气势磅礴，语汇华丽，往往是成千上万言的长篇巨制。大赋是相对东汉以后抒情为主的小赋而言，西汉时的贾谊、枚乘、司马相如、扬雄，东汉时的班固、张衡等，都是大赋的行家。

枚乘主要生活于西汉文帝、景帝时期，他的《七发》写楚太子有病，吴客前去问候，通过主客的问答，批判了统治阶级腐化享乐的生活，说明贵族子弟的这种痼疾，根源在于统治阶级的腐朽思想，一切药石针灸都无能为力，唯有用"要言妙道"从思想上治疗。赋中用了七大段文字，铺陈了音乐的美妙，饮食的甘美，车马的名贵，漫游的欢乐，田猎的盛况和江涛的壮观。《七发》虽未以赋命名，却已形成了汉大赋的体制。它通篇是散文，偶然杂有楚辞式的诗句，且用设问的形式构成章句，结构宏阔，辞藻华丽。

司马相如是汉代大赋的奠基者和成就最高的代表作家。《文选》所载《子虚赋》《上林赋》两赋是他的著名的代表作。近人据《史记》《汉书》本传，考定二赋或本是一篇，即《天子游猎赋》。这两篇赋以游猎为题材，对诸侯、天子的游猎盛况和宫苑的豪华壮丽，作了极其夸张的描写，而后归结到歌颂大一统汉帝国的权势和汉天子的尊严。在赋的末尾，作者采用了让汉天子享乐之后反躬自省的方式，委婉地表达了作者惩奢劝俭的用意。司马相如的这两篇赋在汉赋发展史上有极重要的地位，它以华丽的辞藻、夸饰的手法、韵散结合的语言和问答的形式，大肆铺陈宫苑的壮丽和帝王生活的豪华，充分表现出汉大赋的典型特点，从而确定了一种铺张扬厉的大赋体制和所谓的"劝百讽一"传统。

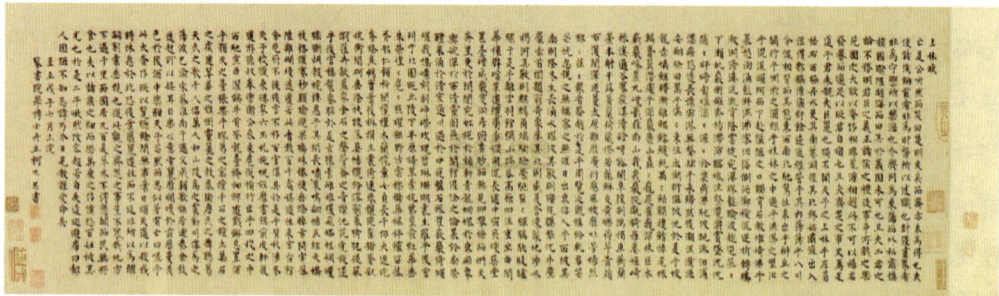

上林赋

扬雄是西汉末年最著名的赋家。《甘泉赋》《河东赋》《羽猎赋》《长杨赋》四赋是他的代表作。这些赋在思想、题材和写法上，都与司马相如的《子虚赋》《上林赋》相似，不过赋中的讽谏成分明显增加，而在艺术水平上有了进一步的提高，部分段落的描写和铺陈相当精彩，在模拟中有自己的特色。后世常以"扬、马"并称，原因即在于此。他的《解嘲赋》，是一篇散体赋，内容主要写他不愿趋附权贵，而自甘淡泊的生活志趣，通篇纵横论辩，善为排比，可以看出受东方朔《答客难》的影响。但在思想和艺术上仍有自己的特点，对后世述志赋颇有影响。

班固是东汉前期的著名赋家。他的代表作《两都赋》，由于萧统编纂《文选》将其列于卷首，而受到人们的普遍重视。《两都赋》在体例和手法上吸收了司马相如的创作经验，是西汉大赋的继续，但他将描写对象由贵族帝王的宫苑、游猎扩展为整个帝都的形势、布局和气象，并较多地运用了长安、洛阳的实际史地材料，因而较之司马相如、扬雄等人的赋作，有更为实在的现实内容。

3. 小赋

小赋扬弃了大赋篇幅冗长、辞藻堆砌、舍本逐末、缺乏情感的缺陷，在保留汉赋基本文采的基础上，创造出篇幅较小、文采清丽、讥讽时事、抒情咏物的短篇小赋，赵壹、蔡邕、张衡等都是小赋的高手。

张衡具有代表性的小赋作品是《归田赋》。《归田赋》是大赋转向小赋的标志性作品。在《归田赋》这部作品中，张衡以清新的语言，描写了自然风光，抒发了自己的情志，表现了作者在宦官当政、朝政日非的情况下，不肯同流合污，自甘淡泊的品格。这在汉赋的发展史上是一个很大的转机。他把专门供帝王贵族阅读欣赏的"体物"大赋，转变为个人言志抒情的小赋，使作品有了作者的个性，风格也由雕琢堆砌趋于平易流畅。

在张衡之前，已出现过一些言志述行的赋，如班彪所作《北征赋》，通过记述行旅的见闻，抒发了自己的人生感悟，显示了赋风转变的征兆，张衡在前人的基础上，使汉赋的发展发生了根本性的转折。

（三）唐宋八大家

唐宋八大家，又称为"唐宋散文八大家"，是唐代和宋代八位散文家的合称，分别为唐代韩愈、柳宗元和宋代欧阳修、苏洵、苏轼、苏辙、王安石、曾巩八位。其中韩愈、柳宗元是唐代古文运动的领袖，欧阳修、三苏（苏轼、苏辙、苏洵）是宋代古文运动的核心人物，王安石、曾巩是临川文学的代表人物。

韩愈和柳宗元在唐中叶文坛上发起和领导了一场古文运动。他们提出了一系列思想理论和文学主张。在文章内容上，针对骈文不重内容、空洞无物的弊病，提出"文道合一""以文明道"。要求文章反映现实，"不平则鸣"，富于革除时弊的批判精神。文章形式上，提出要革新文体，突破骈文束缚，句式长短不拘，并要求革新语言，"务去陈言""辞必己出"。此外，还指出先"立行"再"立言"。这是一种进步的文学主张。韩柳二人在创作实践中身体力行，创作了许多内容丰富、技巧纯熟、语言精练生动的优秀散文。韩愈散文在赋、论、说、传、记、颂、赞、书、序、哀辞、祭文、碑志、状、表、杂文等各种体裁的作品中，都有卓越的成就。如论说文《师说》、杂文《杂说》、序文《送董邵南序》《送石处士序》《送李愿归盘谷序》、祭文《祭十二郎文》、传记《张中丞传后叙》、碑志《唐河中府法曹张君墓志铭》《试大理评事王君墓志铭》《柳子厚墓志铭》《国子助教河东薛君墓志铭》等都是著名的名篇。柳宗元的代表作有《段太尉逸事状》、"永州八记"等。韩柳倡导的古文运动对后世产生了深远的影响。

欧阳修是宋代文学的一代宗师，他继承了韩愈古文运动的精神，在散文理论上，提出文以明道的主张。他所讲的道，主要不在于伦理纲常，而在于关心百事，他取韩愈"文从字顺"的精神，大力提倡简而有法和流畅自然的文风，反对浮靡雕琢和怪僻晦涩。他不仅能够从实际出发，提出平实的散文理论，而且自己又以造诣很高的创作实践起了示范作用。欧阳修一生写了500余篇散文，各体兼备，有政论文、史论文、记事文、抒情文和笔记文等。他的散文大都内容充实，气势旺盛，具有平易自然、流畅婉转的艺术风格。叙事既得委婉之妙，又简括有法；议论纡余有致，却富有内在的逻辑力量，章法结构既能曲折变化而又十分严密。代表作有《泷冈阡表》《醉翁亭记》《秋声赋》等。

苏轼与其父苏洵、其弟苏辙，世称"三苏"，"三苏"的散文创作，代表了宋代散文的最高成就，他们散文的立意各别，不拘一格；结构布局常能突破传统传记的格局，别出心裁，既善于根据传主的个性特征采用不同的写法，也善于用简洁精练、富有表现力的语言来刻画人物形象，其散文有自己独特的艺术风貌。苏轼是三苏中散文成就最高者，苏轼的散文作品数量很大，体裁多种多样，思想内容丰富深刻，对于人生、社会、时代都有富于哲理的深邃思考，审美情趣方面以表现自我为中心，追求平淡自然的、带有近代审美心理的倾向，体现出文学日益向日常生活迈进的趋势。叙事记游的散文在苏轼的散文中文学价值最高，叙述、抒情、议论三种表达方式水乳交融，代表作有《赤壁赋》《后赤壁赋》《石钟山记》《记承天寺夜游》等。

王安石把文学创作和政治活动密切联系起来，强调文学的作用首先在于为社会服务，强调突出文章的现实功能和社会效果，主张文道合一。他的散文多为有关政令教化、适于世用之文。他的散文雄健简练、奇崛峭拔，大都是书、表、记、序等体式的论说文，阐述政治见解与主张，为变法革新服务。这些文章针对时政或社会问题，观点鲜明，分析深刻，长篇则横铺而不力单，短篇则纡折而不味薄。王安石的政论文在唐宋八大家中是突出的，他驾驭语言的能力非常强，其言简练明快，却无害于笔力雄健。其文以折为峭而浑灏流转，词简而意无不到。王安石的政论文，不论长篇还是短制，结构都很严谨，主意超卓，说理透彻，语言朴素精练，具有较强的概括性与逻辑力量。王安石的一些小品文，脍炙人口，《鲧说》《读孟尝君传》《书刺客传后》《伤仲永》等，评价人物，笔力劲健，文风峭刻，富有感情色彩，给人以豁达的新鲜感觉。他还有一部分山水游记散文：《城陂院兴造记》，行文简洁明快而省力，酷似柳宗元文风；《游褒禅山记》，亦记游，亦说理，二者结合得紧密自然，用简单的游山洞的经历说明了大道理："夫夷以近，则游者众；险以远，则至者少。而世之奇伟瑰怪非常之观，常在于险远，而人之所罕至焉。"

曾巩是北宋诗文革新运动的积极参与者，宋代新古文运动的重要骨干，散文成就很高。作为欧阳修的积极追随者和支持者，几乎全部接受了欧阳修在古文创作上的主张，在理论上也主张先道而后文，但比韩愈、欧阳修更着重于道，在古文理论方面主张先道后文，文道结合，支持"文以明道"。曾巩为文，自然淳朴，而不甚讲究文采。作品有《上欧阳舍人书》《上蔡学士书》《赠黎安二生序》《王平甫文集序》《越州赵公救灾记》《道山亭记》《墨池记》等。

唐宋八大家

四、古典戏剧

（一）关汉卿与《窦娥冤》

关汉卿，原名不详，字汉卿，号已斋（又作一斋、已斋叟），元杂剧奠基人，与白朴、马致远、郑光祖并称为"元曲四大家"，关汉卿居四大家之首。《窦娥冤》是关汉卿的代表作品。全剧四折，主要内容为弱小寡妇窦娥，在无赖陷害、昏官毒打下，屈打成招，成为杀人凶手，被判斩首示众。临刑前，满腔悲愤的窦娥许下三桩誓愿：血溅白练、六月飞雪、大旱三年。果然，窦娥的冤屈感天动地，三桩誓愿一一实现。

《窦娥冤》是中国古代悲剧成熟的标志和典范作品。窦娥一生的遭遇充分反映了当时社会的黑暗、人民共同的不幸，尤其是妇女的不幸。窦娥在短短的一生中，遭到失母丧夫的打击、高利贷的毒害、泼皮流氓的欺压、贪官污吏的毒刑和错判，种种不幸和灾难吞噬了她的青春和生命，交织成了"惊天动地"、悲惨无比的大悲剧。如果深入考察就会发现《窦娥冤》里的悲剧有着双重结构。

《窦娥冤》的悲剧价值

前面所述的社会政治悲剧，属于表层悲剧，它揭示的是导致窦娥悲剧的社会政治原因。窦娥的内在信念与社会现实之间不可调和的矛盾冲突则构成其悲剧的深层结构。一个满脑子孝道、贞节等伦理观念的善良女子被一个大力提倡孝道、贞节的社会迫害致死，这才是窦

娥的悲剧性所在。对既有的观念坚信不疑并竭力照此去做，但这种信念及其实行者却为现实所不容，悲剧主体不能、也不愿放弃这种信念，这才是窦娥悲剧的深层原因，也是她与现实发生不可调和的矛盾冲突，而遭到现实无情打击的根本所在。

这部作品在艺术上，体现出现实主义与浪漫主义风格的融合。作品运用丰富的想象和大胆的夸张，设计了三桩誓愿实现的超现实情节，运用了浪漫主义手法，显示正义抗争的强大力量，寄托了作者鲜明的爱憎情感，反映了人民伸张正义、惩治邪恶的愿望，也反衬出社会的黑暗。这是全剧刻画主人公形象最着力的一笔，是作品艺术性的集中体现，使悲剧气氛更浓烈，人物形象更突出，故事情节更加生动，主题思想更深刻，既洋溢着浓郁的生活气息，又充满奇异的浪漫色彩，具有震撼人心的艺术力量。

（二）王实甫与《西厢记》

王实甫，名德信，大都（今北京市）人，元代著名杂剧作家。著录剧作十四种。现存杂剧有《西厢记》《丽春堂》等。他在当时杂剧作家中，号为"天下夺魁"，对后世影响很大。《西厢记》是王实甫代表作品，全剧叙写了书生张生（名珙字君瑞）与相国小姐崔莺莺在侍女红娘的帮助下，冲破孙飞虎、崔母、郑恒等人的重重阻挠，终成眷属的故事。

王实甫

《西厢记》正面提出了"愿天下有情人都成了眷属"的主张，具有更鲜明的反对封建礼教和封建婚姻制度的主题。《西厢记》歌颂了以爱情为基础的结合，否定封建社会传统的联姻方式。作为相国小姐的莺莺和书剑飘零的书生相爱本身，在很大程度上就是对以门第、财产和权势为条件的择偶标准的违忤。莺莺和张生始终追求真挚的感情，他们最初是彼此对才貌的倾心，经过联吟、寺警、听琴、赖婚等一系列事件，他们的感情内容也随之更加丰富，这里占主导的正是一种真挚的心灵上的相契合的感情。其次，莺莺和张生实际上已把爱情置于功名利禄之上。张生为莺莺而"滞留蒲东"，不去赶考；莺莺在长亭送别时叮嘱张生"此一行得官不得官，疾便回来"，她并不看重功名，认为"但得一个并头莲，煞强如状元及第"。《西厢记》虽然也是以功成名就和有情人终成眷属作为团圆结局，但全剧贯穿了重爱情、轻功名的思想，显示出王实甫思想的进步性。

《西厢记》在艺术上最大的成就表现在对人物形象的塑造、组织结构的布置，以及语言的运用等方面的惊人的创造才能。王实甫寻求了各种各样在戏剧中表现人物心理的艺术手法，从多方面来揭示人物的极为微妙而复杂的心理活动，通过这种描写表现出人物性格的成长发展。另外，《西厢记》运用了虚实相生、明暗对照的艺术手法来表现人物的性格特征和人物之间的性格冲突，这就使得各个人物之间构成了有机的联系，他们都各有个性，但却不是孤立的存在，谁也缺不了谁。这种手法也使得作品能够用最简洁的笔墨表现出人物之间十分复杂的社会关系，依靠这种对人物之间有机的复杂的关系的描写，《西厢记》才能胜任对这场矛盾错综而复杂的生活斗争的反映。《西厢记》借鉴了《董西厢》的结构规模，从故事情节发展的需要出发，突破了元杂剧四折一本的通例，以连续五本二十一折的宏大结构反映了这场反封建反礼教的斗争。《西厢记》在语言上的高度成就为历代的论者所称许，主要体现在作品抒情诗般的歌唱语言和富有概括力的读白语言。

（三）汤显祖与《牡丹亭》

汤显祖，字义仍，号海若、若士、清远道人，江西临川人，中国明代戏曲家、文学家，其戏剧作品《还魂记》《紫钗记》《南柯记》和《邯郸记》合称"临川四梦"。《牡丹亭》是汤显祖代表作品，该剧描写了官家千金杜丽娘对梦中书生柳梦梅倾心相爱，竟伤情而死，化为魂魄寻找现实中的爱人，人鬼相恋，最后起死回生，终于与柳梦梅永结同心的故事。

汤显祖在《牡丹亭》中，描绘了杜丽娘与柳梦梅二人之间感人深切的生死爱情，这种至情至性的爱情演绎，代表着汤显祖对人生与爱情的哲学思考与世情体验。情深而亡的杜丽娘，则成为汤显祖笔下至情理想的化身。自幼在严苛管教与约束中成长的杜丽娘，虽然鲜少与外界接触，但来自书籍中男女相恋的故事，仍然使杜丽娘这位青春少女，因憧憬爱情这一自然情感而萌动春心。由此可见，封建礼教统治下的封闭式教育妄图压制摧残人的天然欲望的目标在人性光辉的照耀下是很难达成的。作品中流露的女性生命意识，不仅造就了杜丽娘青春意识与情感意识的觉醒，更是在杜丽娘的精神世界引发动荡，促使她走上打破封建礼教束缚、追求自由爱情的个性解放之路。汤显祖人文主义情怀的体现，正是随着杜丽娘对爱情不懈追求而逐渐深刻的。

汤显祖

《牡丹亭》具有鲜明的浪漫主义特色，作者热情奔放地赋予"情"以超越生死的力量。杜丽娘经历了现实、梦幻与幽冥三个境界，这显然是作者幻想的产物。作者借用三种境界的艺术对比来表达理想和思想，用梦幻和幽冥反衬出了现实的残酷。同时作品呈现着光怪陆离的色彩，花神、土地、地府判官、鬼卒，与现实中的人物构成了现实和精神两重世界，深刻描绘出了封建社会的本质。最后让现实中不可能出现的爱情理想得以实现，体现了作者强烈的理想主义色彩。汤显祖再次用超现实的浪漫主义表现手法，讴歌了生而死、死而生，超越生死的爱情理想，而这一爱情理想正是对其所推崇的人文精神的最佳诠释。剧中的曲文，还表现了作者在艺术语言上的成就，特别在抒情方面，对杜丽娘人物性格、心理活动和精神世界的刻画非常细致真实。

（四）洪昇与《长生殿》

洪昇，字昉思，号稗畦，又号稗村、南屏樵者，钱塘（今浙江省杭州市）人，中国清代戏曲家、诗人，与《桃花扇》作者孔尚任并称"南洪北孔"。洪昇著有诗集《稗畦集》《稗畦续集》《啸月楼集》，杂剧《四婵娟》，传奇《长生殿》《回文锦》《回龙记》等。戏曲流传至今有《长生殿》和《四婵娟》两种。《长生殿》前半部分写唐明皇、杨贵妃长生殿盟誓，安史乱起，马嵬之变，杨贵妃命殒黄沙的经过。后半部分大都采自野史传闻，写安史乱后玄宗思念贵妃，派人上天入地，到处寻觅她的灵魂；杨贵妃也深深想念唐明皇，并为自己生前的罪愆忏悔，他们的精诚感动了上天，在织女星等的帮助下，两人终于在月宫中团圆。

　　《长生殿》通过描写唐明皇和杨贵妃的爱情，反映唐代开元、天宝时期的社会历史生活，反映了一个时代的历史悲剧。虽然该剧讲述的是一个浪漫的爱情故事，但《长生殿》中又加插了很多历史事件和反映百姓疾苦的内容，比如唐明皇为了让杨贵妃吃到新鲜荔枝，让人快马兼程，将刚刚采摘下来的荔枝从海南运到数千里外的长安，沿途大片农田被马蹄踩坏，百姓的心血付诸东流，还有百姓因躲闪不及，惨死在马蹄下。这些在与唐明皇和杨贵妃穷奢极欲的生活对比下，极具现实意义和讽刺意义。又如在写唐明皇与杨贵妃生死不渝的爱情的同时，用了相当大的篇幅写安史之乱及有关的社会政治情况。此外，作品还表现了其他方面的思想主题，首先是流露了强烈的国破家亡之恨，如剧中《弹词》《私祭》两出；其次是表现了爱国思想，这集中地体现在对郭子仪和雷海青两个人物的描写上。郭子仪曾挫败了安禄山的叛乱，重立了唐朝社稷。雷海青痛骂和殴击安禄山，表现了崇高的民族气节。

　　该剧所呈现的"爱情悲剧＋历史伤感"的双线互相映衬结构，将杨、李的爱情故事放在重大的历史事件和广阔的社会背景下来描写，除了通过对唐明皇失政的批评，寄寓乐极生悲的讽喻意义外，还通过描写爱情在历史变乱中的丧失和由此引起的痛苦，渲染了个人命运为巨大的历史力量所摆布的哀伤。总之，《长生殿》是一部以写"情"为主，兼寓政治教训与历史伤感的作品。该剧结构奇巧，将李、杨爱情和安史之乱两条情节线索互相纠结而有条不紊，在布局上也安排得很巧妙。一方面，从《定情》到《密誓》，他们的爱情在发展；另一方面，从《贿权》到《陷关》，安禄山慢慢酿成大祸。场次与场次之间互相对照，交错发展。作者运用对比的手法，使宫廷内外、朝野上下、天上人间交相辉映，一起展现在观众和读者的眼前，形成强烈的对照，发人深思。《长生殿》的曲词优美，清丽流畅、刻画细致、抒情色彩浓郁。根据人物身份的不同，《长生殿》曲词的风格也多有变化。该剧多数使用南曲，但少数场景也使用了北曲，南北合套，不单调。

（五）孔尚任与《桃花扇》

　　孔尚任，字聘之，又字季重，号东塘（《随园诗话》作东堂），别号岸堂，自称云亭山人，山东曲阜人，清初诗人、戏曲家。主要作品有传奇剧《桃花扇》《小忽雷传奇》（与顾彩合作）和杂剧《大忽雷》等。《桃花扇》是孔尚任的代表作品，写的是明代末年发生在南京的故事。全剧以侯方域、李香君的悲欢离合为主线，展现了明末社会现实。同时也揭露了弘光政权衰亡的原因，歌颂了对国家忠贞不渝的民族英雄和底层百姓，展现了明朝遗民的亡国之痛。

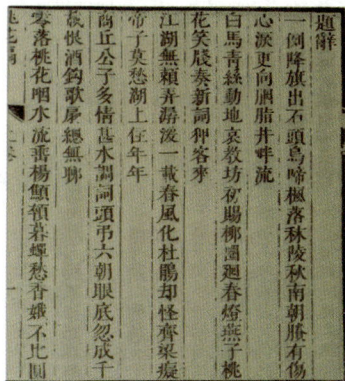

清刻本《桃花扇传奇》

《桃花扇》描写了一个朝代的灭亡过程，造成这个朝代灭亡的原因不是某一个人的过失，承担最后悲剧结局的也不是一个人，而面临悲剧命运进行抗争的也不只有一个人。所以，从悲剧主体来看，《桃花扇》带有群体性的特征。它描写的是群体的悲剧。在个人与历史的对抗中，人的力量永远也无法最终战胜宇宙和历史，也永远都无法超越自己所处的时代，所以，个人的毁灭是必然的。在揭示了这样一种必然的结果后，《桃花扇》所展示的实际上是在注定的悲剧结局下个人的命运史，造成悲剧命运的原因，不是个人，也不再是社会，而是历史的必然的力量。此外，《桃花扇》是少数能够将悲剧精神贯彻到底的作品之一，作者看到了现实生活中存在的不如意，但并没有企图掩饰或弥合这种不如意，到了戏曲结尾，作者没有而且似乎也不愿意再为这些不幸的人物寻找出路了，他通过人物的悲剧性结局更加清晰和残忍地向人们展示生活中存在的对立和分裂，并且，这种对立和分裂是无法弥合的。

《桃花扇》全剧四十四出，除试一出《先声》、闰二十出《闲话》、加二十一出《孤吟》、续四十出《余韵》之外，全剧结构大体可分为四个部分，纵观全剧结构，一根主线贯穿前后，戏剧冲突十分尖锐，但又细针密线，出与出之间有机地串联在一起，浑然一体，使剧情得到了合乎规律的发展，从而加强了舞台的艺术效果。在布局结构上，该作品大量运用了对比和前后照应的手法，使剧情的发展更加引人入胜。侯方域两上媚香楼就是一个明显的例子。《眠香》出写侯方域初上媚香楼，侯、李沉浸在"春宵一刻天长久"的欢愉之中。而《题画》出写侯方域第二次上媚香楼，"对景触情，怎能忍住一双泪眼。"这一喜一悲，两相对比，深刻地反映了社会大动荡所带来的巨大变化。此外，《桃花扇》文本内部蕴含着一套固定的叙事语法。《桃花扇》的叙事结构实际上是有着多条叙事线索的复合型叙事序列，在经过一系列的互补和叠加后，形成了绵密、完整的有机形态。其中有两个最主要的序列：一个是历尽悲欢离合，为爱千里寄扇的侯、李爱情故事；另一个是诉说南明小朝廷兴亡的国家故事。这两个叙事序列贯穿该戏的始终，并在恰当的时机不断转换，使得《桃花扇》在叙事上高潮迭起，如线如珠。

五、中国古代小说

（一）罗贯中与《三国演义》

《三国演义》的作者罗贯中，名本，字贯中，号湖海散人，山西并州太原府人，元末明初小说家。

《三国演义》全称《三国志通俗演义》，是中国文学史上第一部长篇章回小说，也是我国历史演义小说的开山之作与典范作品。《三国演义》以刘蜀政权为中心，抓住三国斗争的主线，描写了从东汉末年到西晋初年之间近百年的历史风云，诉说了东汉末年的群雄割据混战和魏、蜀、吴三国之间的政治和军事斗争，最终司马炎一统三国，建立晋朝的故事。全书大致分为黄巾起义、董卓之乱、群雄逐鹿、三国鼎立、三国归晋五大部分。作者将兵法三十六计融于字里行间，既有情节，也有兵法韬略。这部长篇小说对后世文学创作影响深远，此后，以各朝历史故事为题材的历史演义小说不断出现，大大丰富了我国古代小说的题材与内容。

《三国演义》形成了完整、和谐的结构体系，史家的笔法与小说家的笔法兼收并蓄，勾勒出了"历史的三国"与"民间的三国"，体现了作者独具匠心的艺术才能。其艺术成就主要有以下几点。

第一，《三国演义》对战争进行了出色的描写。全书描写了大大小小上百次战争，其形式变幻多端：有智取，有力敌；有进攻，有防御；有伏击，有偷袭；有火攻，有水淹；有千军万马的大会战，有单枪匹马的个人搏斗；有以弱胜强，有以强制弱；有的先胜后败，有的转败为胜，等等。特别是在写官渡之战、赤壁之战、夷陵之战等重大战役时，作者极力铺写战前的政治、外交谋略，没等战争开始，最后的胜负就在作者不动声色地叙述中暗示给读者了。

青花"空城计"图盘

第二，《三国演义》成功塑造一批具有特征化性格的典型人物形象。全书共写了一千二百多个人物，其中有名有姓的大约一千人，堪称古代小说中写人物最多的巨著。其中，形象生动、性格鲜明、家喻户晓的人物就有几十个，而曹操、诸葛亮、关羽等形象更是文学史上公认的典型。作者描写人物，善于抓住基本特征，突出某个方面，做到了各类人物保有共性，同类人物各有个性。

第三，《三国演义》做到了史实与虚构的巧妙结合。《三国演义》较好地处理了历史真实与艺术虚构的关系，为以后的历史演义小说创作提供了一个成功的范例。《三国演义》中的主要事件，如官渡之战、赤壁之战等都是历史事实，作品中的人物在历史上大都确有其人。但作者不是完全照搬历史，而是根据需要对历史作了改动，有时甚至虚构历史和人物，使之在不违背历史实际发展过程的前提下，最大可能地增强故事和人物的艺术魅力。

（二）施耐庵与《水浒传》

关于《水浒传》的作者，历来存在着争议，目前学术界比较倾向认同的是施耐庵编著，后期经过罗贯中的加工。施耐庵，原名彦端，字肇瑞，号子安，别号耐庵，元末明初人。

《水浒传》主要描写的是北宋末年，以宋江为首的108位好汉在山东梁山泊聚义的故事。全书通过描写梁山好汉反抗欺压、水泊梁山壮大和受宋朝招安，以及受招安后为宋朝征战，最终消亡的宏大故事，艺术地反映了中国历史上宋江起义从发生、发展直至失败的全过程，深刻揭示了起义的社会根源，满腔热情地歌颂了起义英雄的反抗斗争和他们的社会理想，也具体揭示了起义失败的内在历史原因。《水浒传》是中国小说史上第一部成熟的长篇白话小说，标志着我国古代白话长篇小说进入了成熟的大发展时期。它是英雄传奇小说的开山与典范作品，它所创造的这种英雄传奇的样式，不但启发了《金瓶梅》《水浒后传》《三侠

五义》等小说，时至今日，依然是艺术家取法的宝库，并对中华民族的精神气质产生着深远影响。

《水浒传》在艺术上继承并发展了现实主义和浪漫主义结合的优秀传统，有很多可借鉴之处。

第一，《水浒传》塑造了众多有鲜明个性特征的传奇式英雄形象。在人物塑造方面，作者善于把人物置身于真实的历史环境中，紧扣人物的身份、经历和遭遇来刻画他们的性格。《水浒传》以"众虎同心归水泊"为轴线，描写了一百零八条好汉。他们来自社会不同阶层，性情喜恶各有不同，或是古灵精怪，或是粗野豪放，或是质朴醇厚，或是风流倜傥。同时，他们各有才能，各显神通。

第二，连环套式的艺术结构。《水浒传》采用章回体分卷分目，每回集中描绘一两个主要人物或事件，其他的人与事则"暂且按下不表"。以宋江起义的全过程构成总体，使读者清晰地看到梁山泊好汉的来龙去脉；同时又把108位好汉各自走上梁山当作独立的局部内容，使每个人的局部反抗成为总体的一部分。各回之间又善于制造悬念，结构上的逻辑衔接多在高潮处断开，激发读者的想象力，吸引读者的好奇心。

第三，极具特色的语言。《水浒传》是在民间文学的基础上加工而成的，先天就有口语化的特点，施耐庵又在民间口语的基础上进行了大量的艺术加工，使人物语言切合人物身份、地位和性格特点，形成明快、简练，生动准确且富有表现力的语言特色。

清刻本《忠义水浒传》

（三）吴承恩与《西游记》

《西游记》的作者吴承恩，字汝忠，号射阳山人，淮安府山阳县（今江苏省淮安市淮安区）人，中国明代杰出的小说家。

《西游记》全书一百回，以丰富瑰奇的想象描写了唐僧师徒四人在遥远的西方取经旅途中和穷山恶水冒险斗争的历程，并将所经历的千难万险形象化为妖魔鬼怪所设置的八十一难，以动物幻化的有情的精怪生动地表现了无情的山川的险阻，并以降服妖怪赞扬了取经人排除艰难的战斗精神，表达了人战胜自然的豪情壮志，同时也宣扬了惩恶扬善的主题，曲折地反映了封建时代的社会现实。《西游记》是中国古代第一部浪漫主义章回体长篇神魔小说，开辟了神魔长篇章回小说的新门类。《西游记》是中国神魔小说的经典之作，达到了古代长篇浪漫主义小说的巅峰，在世界文学史上，它也是浪漫主义文学的杰作，魔幻现实主义的先驱开创者。自《西游记》之后，明代出现了写作神魔小说的高潮。

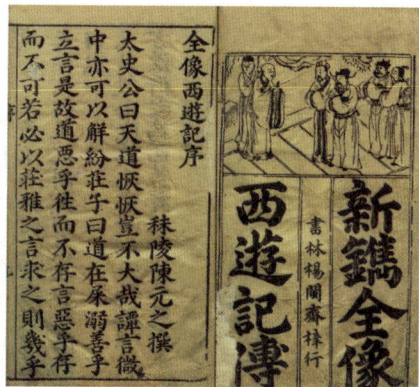

《西游记》书影

《西游记》以其复杂的内涵和富于个性的审美特征令无数读者陶醉，其艺术成就主要有以下几点。

首先，《西游记》把浪漫主义的创作方法提升到一个新的历史高度。《西游记》突破时空生死、神人界限，用高度的幻想性和理想化，创造了一个光怪陆离、神奇瑰丽的神话世界，使全书从环境到人物、情节都充溢着浓厚的浪漫主义色彩。在情节的构思方面，凭借丰富的想象和神奇怪诞的幻想，塑造了一群有人情，通世故的神魔形象，从而曲折地反映了当时的社会历史状况。

其次，《西游记》开始打破人物性格单一的倾向，注意多角度、多色调塑造人物。小说中的人物既有个性，又有共性；既有魔气，又有人气、仙气。作者巧妙结合故事情节，在尖锐的矛盾冲突中，充分显示人物复杂的内心世界，突出人物性格，使其有血有肉，栩栩如生。理想型形象孙悟空，带有明显的英雄化特征，但也有争强好胜、爱戴高帽、喜欢奉承等缺点；世俗型形象猪八戒，带有浓厚的人情味，号为佛家"八戒"，实是贪吃、贪睡、贪财、贪色的凡夫俗子，但又憨厚纯朴、吃苦耐劳。

最后，《西游记》采用线型式短篇连缀的"蜈蚣体"结构。全书有四十多个故事，每一个故事都可以是一个独立单元，连在一起又成为一个完整的故事，环环相扣却又独立成章。一个故事犹如蜈蚣的一节身体，几十个故事连接而成，犹如一条长长的蜈蚣。吴承恩巧妙地把"八十一难"的思想融入这种"蜈蚣体"结构中，象征着真经不可能一次就能取得，人生也不可能一次就圆满。

《西游记》第一次将神魔故事从历史故事中独立出来，它使真人真事的历史神魔化。在我国小说史上开拓了神魔小说的新领域，扩大了神魔小说的题材。

（四）蒲松龄与《聊斋志异》

蒲松龄，字留仙（一说字剑臣），别号柳泉，亦称柳泉居士，山东省淄川县人。世称聊斋先生，自称异史氏，清代杰出文学家，优秀短篇小说家。

《聊斋志异》简称《聊斋》，俗名《鬼狐传》，是中国清代著名小说家蒲松龄创作的文言短篇小说集。《聊斋志异》是我国文言小说的压卷之作，也是我国古代志怪小说的扛鼎之作。

《聊斋志异》中故事的题材大多选自民间传说，多数故事通过描写妖狐神鬼来反映现实的社会生活，思想内容丰富。其故事有的揭露封建官府的黑暗、腐败；有的热情歌颂被压迫者的反抗斗争；有的批判科举制度的弊病；有的抨击封建礼教，歌颂自由幸福的爱情婚姻，在一定程度上揭露了社会矛盾，表达了人民的愿望，但其中也夹杂着封建伦理和因果报应的落后思想。

《聊斋志异》博采中国历代文言短篇小说以及史传文学艺术精华，从而形成了其独特的艺术特色。

首先，本书体现出真幻结合，亦真亦幻的美学风格。作者除描写真实的现实生活外，还描绘神、灵、妖、狐的生活。作者借人神妖狐的悲欢离合故事，刻画人间种种美与丑的形象，把真挚强烈的爱憎感情、鲜明的政治态度、独特的社会见解、奇异的生活幻想一并融入超现实的题材中，变化多端，丰富多彩。《聊斋志异》的艺术世界里，人鬼相杂，现实情境与奇幻世界相融，既反映了现实矛盾，又充分利用花妖狐魅等超现实的力量，表现理想的人物和生活，具有以虚写实、幻中见真的基本风格。

其次，《聊斋志异》善用多种手法塑造个性鲜明的人物形象。作者或集中笔墨突出人物性格的一个方面，略及其余，将单一与丰满有机结合，如卷一《婴宁》；或在各种对比中刻画人物性格，如真假阿绣（卷五《阿绣》）、真假方氏（卷六《张鸿渐》）的对比等；或借助于梦境、幻境将人物心理具体化；或用富于特征的行动揭示人物内心世界。《聊斋志异》所写鬼狐神妖，作家一方面赋予它们以人的社会性，另一方面又保持它们某种自然性，写得狐有狐形，鬼有鬼态，不仅使人物性格特点突出，而且使读者有鲜明的形象感受。

最后，《聊斋志异》的语言简练雅洁、丰富多彩，生动传神。《聊斋志异》的语言以浅显简练的文言为主，同时吸收一些方言俚语，因此全书语言既有儒雅的书卷气，又有生动活泼的天然意趣，具有很强的表现力，给渐趋僵化的文言小说注进了新的血液，生动活泼地表现了现实生活。

（五）吴敬梓与《儒林外史》

吴敬梓，字敏轩，号粒民，晚号文木老人、秦淮寓客，安徽全椒人，清代小说家。

《儒林外史》是一部以知识分子为主要描写对象的长篇小说，是以批判现实为主要内容的长篇杰作。它以揭发八股取士这一科举制的种种弊害为中心和出发点，进而暴露了封建末世黑暗糜烂的真相，深刻地展示了一幅以封建儒生的生活和精神状态为中心的18世纪中国社会风俗画，并对封建制度下知识分子命运进行了深入地反思和探索。《儒林外史》是我国第一部社会小说，也是一部典型的讽刺小说。鲁迅认为该书思想内容"秉持公心，指摘时弊"，胡适认为其艺术特色堪称"精工提炼"。在国际汉学界，该书更是影响颇大，早有多种文字传世，并获汉学界盛赞，有人认为《儒林外史》足堪跻身于世界文学杰作之林。

《儒林外史》不仅展现了高超的讽刺艺术和别具一格的长篇结构，还实现了对人物形象的成功塑造。

《儒林外史》富有民族特色的讽刺艺术。作者善于采用含蓄、婉转的讽刺手法，通过情节的提炼与典型化，使畸形事物本身的矛盾、荒谬与不合理集中地显示出来，有时还借助于人物言行的矛盾或前后对比来进行讽刺。

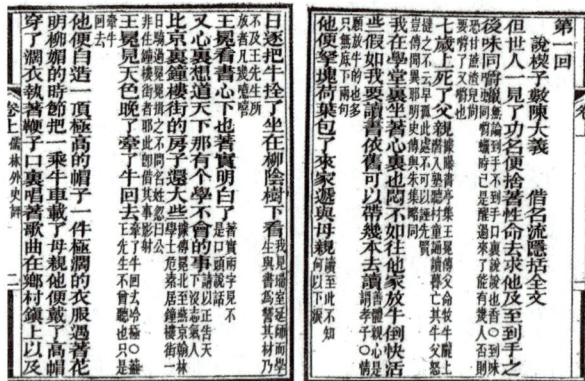

《儒林外史评卷》书影

《儒林外史》的结构散而不乱。在中国古典长篇小说中，《儒林外史》的结构是比较特殊的。它没有贯穿全书的中心人物和故事框架，而是一个个相对独立的故事的连环套；前面一个故事说完了，引出一些新的人物，这些新的人物便成为后一个故事中的主要角色。通过故事的传递、人物的相互衔接、较大场面的组织、前后呼应等艺术手段，使全书联缀缉合，从而构成一个艺术整体。

《儒林外史》的主要人物大多为儒生，作者从不同角度描写了他们生活的浮沉，功名的得失，仕途的升降，思想情操的高尚与卑劣，社会理想的倡导与破灭。《儒林外史》既写儒林人物，也写芸芸众生，包括贩夫走卒、帮闲篾片、三教九流。在人物刻画上，除了少数儒林败类如严贡生之流外，其余均为科举制的受害者，在尖刻的讽刺和嘲笑之中，流露出作者对他们不幸命运的深切同情。作者善于用白描手法来描绘人物，语言精练含蓄，寥寥几笔，就能把人物写得形神毕具，声态并作。

《儒林外史》的语言运用也比较成功。作者虽然以经过加工提炼的苏皖一带方言作为基础，但又尽量少使用过分偏僻的土语。作者还善于在通俗的语言中夹用成语、谚语、歇后语及文言词语。书中人物语言也较有个性特色，作者尤善于叙写人物的长段发言和议论，作为揭示人物内心、表现人物个性的重要手法之一，而且能写得波澜起伏，趣味盎然。

（六）曹雪芹与《红楼梦》

曹雪芹，名沾，字梦阮，号雪芹，又号芹溪、芹圃，祖籍辽宁铁岭，生于江宁（今江苏省南京市），清代著名小说家。

《红楼梦》，原名《石头记》，以贾宝玉、林黛玉、薛宝钗之间的爱情、婚姻悲剧为中心，写出了当时具有代表性的一个贵族大家庭的兴衰变化，揭露了封建社会末期种种黑暗和罪恶及其不可克服的内在矛盾，从而展示出封建社会必然走向崩溃的历史命运。

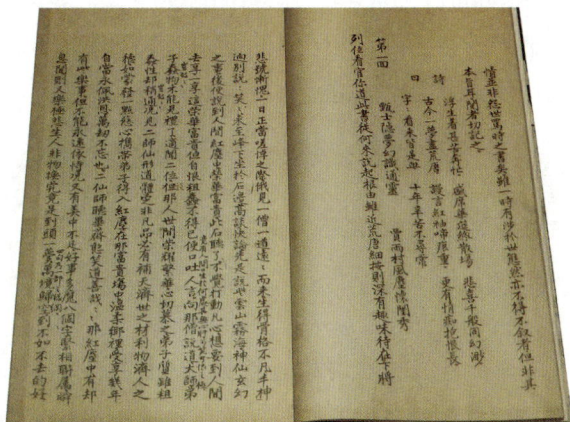

清抄本《脂砚斋重评石头记》

《红楼梦》
——钗黛合
一说

《红楼梦》是一部具有世界影响力的章回体长篇小说，举世公认的中国古典小说巅峰之作，是中国封建社会的百科全书，传统文化的集大成者。《红楼梦》版本有120回"程本"和80回"脂本"两大系统，其中有曹雪芹"披阅十载、增删五次"的心血，也有他人续补、整理的功劳。

《红楼梦》在艺术成就上达到我国古典小说的最高峰，是对以往中国古典小说所达到的成就的超越。

《红楼梦》是中国古代长篇小说中人物最多的一部作品，小说围绕宝、黛、钗三人塑造了一系列大大小小、不同阶层、不同性别和年龄、不同性格面貌的人物形象。这些人物既具有典型性，又个性鲜明，成为不朽的艺术典型。《红楼梦》中塑造人物采用了全面、系统的描写，由内而外、由浅入深，通过不同手法的使用、不同的侧重点，突出了人物的典型特征，向读者展现出一个个生动形象的人物，使得《红楼梦》常读常新，生命力经久不衰。

曹雪芹在《红楼梦》的情节结构方面也有着新的开拓，他比较彻底地突破了中国古典长篇小说的单线结构，采用各种线索齐头并进、交相联结又相互制约的网状结构。作者抓住两条主线，把其他一些次要线索和大大小小的事件穿插起来，使之形成一个有机整体。除了这两条主线外，还通过一些次要线索纵横交错地穿插其中，以提纲挈领，以简驭繁。

《红楼梦》的语言达到了炉火纯青的地步，它以当时北方群众语言为基础，融汇了古典书面语言的精粹，经过作家的再创造，形成一种洗练自然、准确精美、明白晓畅、色彩鲜明、具有浓厚生活气息和强烈感染力的文学语言。作者常用丰富的语汇来表达复杂的生活内容，有时又能用含蓄的语言来表达细致微妙的内心活动。书中人物语言虽多，但无一不符合人物特征，反映人物个性，而又能变化万千，表现出多样性和丰富性，使我们如闻其声，如见其人。

《红楼梦》的环境描写充满了诗情画意，笔法可谓多样、特色尤为鲜明。在中国古典小说中，融合精彩的环境描写以刻画人物丰满的形象和鲜明的个性，是作者的独创。作者没有像一般小说一样对人物活动的社会环境进行详细的描写，而是采用似乎不经意实则是别出心裁的粗笔点染，将大范围的社会典型环境的描写、特征融化到小说的细节描写中，让读者感受到大厦将倾的时代变迁和社会生活的特别氛围。

体验活动

活动名称：唐诗宋词仿写及原创诗词朗诵。

活动目标：

1. 知识目标

深入学习了解唐诗宋词的特点或学习掌握朗诵方法。

2. 能力目标

掌握诗词创作基本技巧或掌握朗诵技巧。

3. 素养目标

通过体验活动，增强对优秀传统文化的民族自信。

活动步骤：

（1）以小组为单位，在唐诗宋词中选择一位诗（词）人作品展开讨论、交流。

（2）自定主题，进行诗词仿写。

（3）在全班范围进行原创诗词朗诵，讨论交流各组的仿写作品。

第三章
瑰丽多姿的艺术成就

　　中华文化博大精深，传统艺术更是瑰丽多姿。可以说，从先秦以来，中国艺术便逐渐趋于成熟，形成了既种类纷繁，又令人赏心悦目的形态，诸如书法、绘画、建筑园林以及音乐舞蹈等传统艺术均展现出了无穷魅力。因此，本章将以我国传统艺术为中心，展现中国传统艺术的发展历程及其特征以及它所取得的辉煌成就。

第一讲　中国传统艺术的发展历程及其特征

　　中国传统艺术的发展在我国文化史上可谓历经了一个自我完善与不断革新的过程，这一过程即是自先秦伊始迄于明清结尾的一段历史分期。而在不同的历史时期里，中国传统艺术则表现出形态各异的特征。对中国传统艺术的发展历程及其特征进行适当了解对于熟悉中国传统艺术有着重要意义。

一、中国传统艺术的发展历程

（一）先秦

　　先秦艺术具有浓厚的独特魅力，它也为此后历代艺术的大发展奠定了坚实基础。

　　在新石器时代，我国的先民就创造了彩陶、壁画、玉雕等艺术形式。到了商代以后，甲骨文、金文、帛画、陶俑等艺术种类日趋成熟并蓬勃发展，基本具备了日后各类艺术形式的雏形。

人面鱼纹盆

（二）秦汉

　　秦、汉两朝共历时400余年，虽历经多次兴衰变迁，但从整个封建社会的历史进程来看，是处在蓬勃发展的上升阶段。当时国家统一，经济繁荣，疆土大为扩展，民族空前融合，例如：西汉张骞出使西域，东汉班超出塞西域，建立和巩固了真正意义上沟通东西方的丝绸之路。因此，中西交通的开辟使得中外文化交流进一步增多，为艺术的兴盛创造了有利条件。

　　新鲜的思想刺激着秦汉时期的艺术家，他们为秦汉帝国雄伟而繁荣的气象所陶醉，大多怀着一种未曾有过的喜悦、激动和自豪的心情并运用不同的手段予以描述和表现。或通过夯土、砖瓦；或通过雕刻、拿捏；或使用节奏、曲调；或通过动作、技巧；或用线条、色彩；或用造型、装饰，

玉蝉

共同抒发出艺术创作者的精神体验，表现出时代的风貌，这些表现时代精神的特殊手段就是艺术的形式。秦汉艺术也正是通过这一时代的书法篆刻、绘画雕塑、建筑、音乐舞蹈、杂技、工艺等得以充分体现。因此，秦汉时期，是中国古代艺术文化的大发展时期。这一发展是对先秦文化艺术成就的总结和升华，又为此后两千多年封建文化的发展奠定了基础。

（三）魏晋南北朝

　　魏晋南北朝是中国历史上政权更迭最频繁的时期，主要分为曹魏（三国）、西晋、东晋

和南北朝时期，在从魏至隋的360余年间，有30余个大小王朝交替兴灭。这是我国历史上的一个大动乱、大灾难的年代，是封建统一政权瓦解、封建军阀割据一方的长期分裂时代。

由于长期的地方政权割据和连绵不断的战争，此时社会的大变革、大变动使思想文化南北交融、东西并汇，促进了艺术的转变和发展，为隋唐艺术的繁荣奠定了基础。

其中最突出的艺术成就要数绘画艺术、石窟艺术以及书法艺术。而来自印度的佛教思想在中国迅速发展，与中国传统文化有了更广泛的交流。这种交流不仅对中国思想史的发展有重大意义，而且对中国美术和雕塑艺术以及书法艺术的发展也起了极大的促进作用。

唐 冯承素摹王羲之兰亭序（局部）

晋 顾恺之 女史箴图（局部）

不可否认，魏晋南北朝时期是艺术的大发展时代，民族的融合、外来的宗教思想、统治阶级的引导、南方经济的发展以及科技的进步都推动了这时期艺术的蓬勃发展，使之成为中国艺术快速发展的时期。

（四）隋唐

隋唐时期，为隋朝和唐朝两个朝代的合称，是中国历史上最强盛的时期之一，是经历了两晋和南北朝两个漫长的动荡时期后的两个大一统王朝，在民族思想上比较开放。两朝在政治、军事、文化、经济、科技上达到前所未有的发展，隋唐两朝君主在治国政策上较为开明，也影响了周边诸国向中国朝贡、学习。

隋朝是隋文帝于开皇九年在280多年的战乱之后重新统一中国所建立的。而隋末大乱严重分裂，经过9年的统一战争，唐朝建立。

在隋唐统一的局面下，南北朝时期各方面的文化积累获得再次融合的有利时机，因此成就了中国古代文化发展的最灿烂时期。

唐 颜真卿 勤礼碑（局部）

就艺术方面而言，中国的绘画风格便逐渐形成于此时期，它不再仅仅是以线条飘逸为核心了，画里的人物，开始有了一定的比例，色彩也比从前丰富了起来，矿物颜料开始大量用于描绘青山绿水，也因为经济强盛，画中常用一种泥金颜料进行线条的勾染，更显得画面金碧辉煌。而在诸如书法、建筑及音乐等方面，隋唐时期也是成就辉煌。隋唐书法家融合了碑版体的遒劲风骨和书简体的舒放气韵，创造出了新的风格。隋唐建筑石刻受南北朝以来佛教传播的影响，仍是主要为宗教而服务的。隋唐音乐则以宫廷乐舞及宴享时的燕乐为主。

隋唐燕乐
简介

唐 阎立本 步辇图（局部）

由此可见，隋唐时期可谓我国艺术发展的一个鼎盛时期，它对后来宋元艺术的形成产生了极为深远的影响。

（五）宋元

宋元时期是中国封建社会民族融合的进一步加强和封建经济的继续发展的时期。

宋朝是中国历史中上承五代十国下启元朝的朝代，分北宋和南宋两个阶段，共历18位皇帝，享国319年。元朝，是中国历史上首次由少数民族建立的大一统王朝，宋元艺术实际上继承了隋唐艺术的精髓，也就因此表现出了各自不同的魅力，并对明清时期的艺术产生了重大影响。

北宋 赵佶 桃鸠图

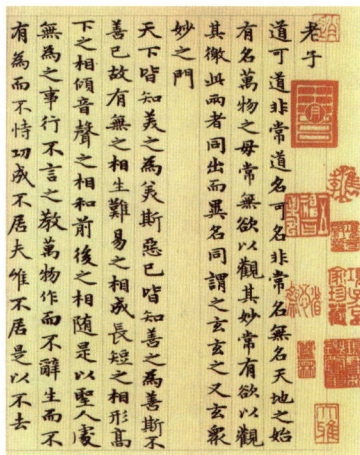

元 赵孟頫书《道德经》（局部）

单就音乐方面来举例说明，宋元时代的音乐文化较隋唐音乐得到更为深入的发展。随着都市商品经济的繁荣，宋代为适应市民阶层文化生活的游艺场"瓦舍""勾栏"应运而生。在"瓦舍""勾栏"中人们可以听到叫声、嘌唱、小唱、唱赚等艺术歌曲的演唱；也可以看到说唱类音乐种类如崖词、陶真、鼓子词、诸宫调以及杂剧、院本的表演，可谓争奇斗艳、百花齐放。这当中唱赚中的缠令、缠达两种曲式结构对后世戏曲以及器乐的曲式结构有着一定的影响。而鼓子词则影响到后世的说唱音乐鼓词。到了元代，民族乐器三弦的出现值得注意。在乐学理论上宋代出现了对燕乐音阶的记载，同时，早期的工尺谱谱式也在张炎《词源》和沈括的《梦溪笔谈》中出现，近代通行的一种工尺谱也直接导源于此时。

总的说来，宋元艺术在继承隋唐艺术的基础上，形成了自己的特色，并成为中国艺术史上的一个重要时期。

（六）明清

明朝由朱元璋建立，至1644年崇祯皇帝煤山自缢，共276年，明建立初期，北逐北元，南下西洋，极大促进了与各方的文化艺术交流，后期虽然出现了资本主义萌芽，但因一度实行闭关锁国和文化专制政策，对文化的进一步发展产生了一定的阻碍。

清朝是中国历史上最后一个封建王朝，共传12帝。从努尔哈赤建立后金起，总计296年；从皇太极改国号为清起。

明清时期，我国艺术明显出现了一个新的发展阶段，各式各样的艺术种类开始出现，呈现出一派欣欣繁荣景象，它们也成了我国艺术史上难得的瑰宝。

作为中国古代历史上最后一个由汉族建立的大一统中原王朝，明朝铸就了书法、绘画、建筑等多方面的更深层次、多样化的成就。清代的各门艺术基本上都承接明代趋势继续发展，在康乾盛世多曾显耀光彩。满族的音乐、歌舞、曲艺、杂技等在一定范围内有过影响，但亦不曾扩延上升到居于主导地位；而庞大帝国境内各族共处，多种艺术各显民族特色，且促进了互相间的交流和融合。国门大开以前，中国艺术曾以我为主有所选择地吸取了西洋绘画、西洋建筑的艺术技巧；国门大开之后，西方文化滔滔涌入，给中国传统文化以强力冲击，这股浪潮干扰了中国艺术发展的自然进程，但亦加快了对西方艺术的理解和吸收，书法、绘画、建筑、音乐等门类不同程度地显现出一些新的艺术形式、新的艺术风格。

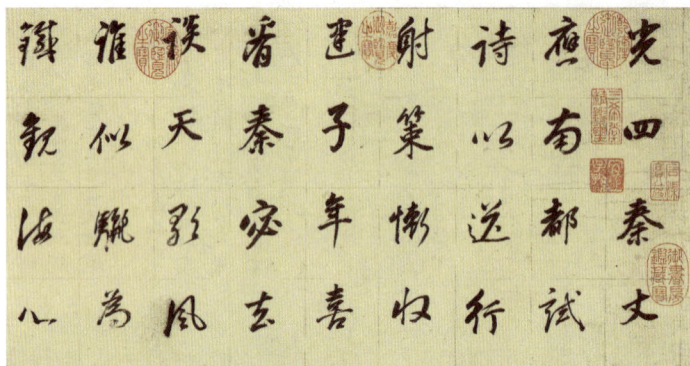

明 董其昌 七津诗（局部）

清代园林

明清艺术，继续着宋元时期开始的发展趋势，在资本主义因素萌芽，商品经济进一步发展，众多的城市以至农村集镇不断兴起的形势下，各种艺术形式普遍得到发展，形成了多种类别的艺术形式，为近代艺术的发展提供了良好的发展基础。

二、中国传统艺术的特征

（一）天人合一的思想

在中国，哲学是艺术之基础，而"天人合一"便是中国艺术精神之核心。无论是建筑、诗词或是绘画，艺术家们总是在处理自身与万物关系时呈现出一种交融与共享的状态。或许正是因为"天人合一"思想如此地根深蒂固，中国的山水诗、山水画乃至园林艺术才会如此发达。

"天人合一"是中国古代哲学关于天人关系的一种学说——自然与人为是相通且不可分割的。英国著名东方艺术家劳伦斯·比尼恩就曾这样称赞中国古代艺术："中国古代艺术是中国人所独有的艺术。之所以如此，是因为中国所特有的宇宙观念：大自然以及大自然中的万物并不是被设想为与人生无关的，而是被看作生机勃勃的整体。""天人合一"不仅构建了中华传统文化的主体，更构成了中国艺术的核心价值。

"天人合一"的思想在中国各种艺术形式中皆有体现，我们不妨以建筑中的园林为例，来更深刻地领会这一思想的艺术价值。

园林艺术是"天人合一"的思想最直接的展现，它以多样的形式渗透融入传统园林艺术的布局构建中。

首先，中国传统园林的造园手法中体现了"天人合一"的思想。众所周知，中国园林基本采用的都是"范山模水"的创作手法。一石可代一山，盆池可代江湖，这其实体现的便是壶中天地、万景天全的宇宙观。

其次，中国传统园林里充满了生命的氤氲。"天人合一"是一种生命哲学，生命充溢于广大的宇宙，流贯于天地自然之间，人类万物无不是生命的结晶。而传统园林里的景色，往往体现了这种生命的流动性。

赏中国山水之景，在不同的时间才能获得不同的观赏感受。就以西湖十景为例，苏堤春晓看的是春景，柳绿配桃红，一片生机勃勃；三潭印月看的是秋天的景，在中秋的夜晚，会有33个月亮倒影出现在水中；断桥残雪，看的是冬天的景，桥的阳面冰雪消融，但阴面仍被残雪覆盖，从高处看，桥似断非断。

赏中国传统园林之美，同样如此。园子中的景物常以季节来命名，如"写秋轩""知春亭"。又如圆明园里"四宜书屋"即包含了四季之宜：春宜花、夏宜风、秋宜月、冬宜雪，提醒赏园之人在不同时间赏不同景色。而赏园之人也常常在时间的变幻之中感受生命，如《牡丹亭》里杜丽娘偶进园子，见春色满园，随即引发对自身青春和生命的感慨。

时间是生命的刻度，在园林中感知时间，便是在感知生命，于是纵情讴歌生命便成了中国园林美学的主旋律。

最后，中国传统园林中常常体现天与人的交融。对于中国古人来说，山水是帮助他们治疗心灵伤痛的灵药。这一点与西方很不同。西方人在现实世界中遭遇心灵创伤时，常常会求助于宗教，中国人则求助于山水，这就使得中西方在艺术审美上有"天人合一"与

"神人合一"的不同。

譬如，在苏州的拙政园，有一个令人叹为观止的景观，名为"与谁同坐轩"。这个轩小到只可以坐一个人，临着湖面。园子的主人为何要这样设计呢？其实是源于苏轼的一首词。苏轼在他政治最失意的时候曾写过一首词，词中有一句是："与谁同坐，明月、清风、我。"若了解过园子主人的生平经历，知道"拙政园"名字的由来，便大抵能理解这个轩设计得如此之小，是源于生命的孤独。人们需要在这个园林里与明月、清风为伴，慰藉内心的孤独，得到心灵的解脱。于是天与人，便在这个小小的轩里得到了最完美的交融。

拙政园

可见，"天人合一"的思想对中国艺术的影响是深远的。它不仅使得中国人的审美情趣存在于客体，更将美学指向了人与自然之间的和谐。一代又一代的古代艺术家们，将自己的生命与宇宙大化生命悠然结合，在无数令人叹为观止的艺术作品中展现其广大和谐的生命精神，给予身处现代的我们以无限的启迪。

（二）和而不同的精神

"和而不同"是"中和论"哲学——美学的重要内涵，具有极为重要的价值。《左传·昭公二十年》记载了齐侯与晏子有关"和"与"同"关系的一段对话，阐述了"和而不同"的内涵：

"和如羹焉，水、火、醯（xī）、醢（hǎi）、盐、梅，以烹鱼肉，燀（chǎn）之以薪，宰夫和之，齐之以味，济其不及，以泄其过。君子食之，以平其心。君臣亦然。君所谓可而有否焉，臣献其否以成其可；君所谓否而有可焉，臣献其可以去其否，是以政平而不干，民无争心。故《诗》曰：'亦有和羹，既戒既平。鬷嘏（zōng gǔ）无言，时靡有争。'先王之济五味，和五声也，以平其心，成其政也。声亦如味，一气、二体、三类、四物、五声、六律、七音、八风、九歌，以相成也，清浊、小大、短长、疾徐、哀乐、刚柔、迟速、高下、出入、周疏，以相济也。君子听之，以平其心。心平，德和，故《诗》曰'德音不瑕'。"

在这段话中,"和"犹如制作美味佳羹,运用醋酱盐梅鱼肉等多种材料调和,慢火烹制,以成美味佳肴。这个道理同样适用于音乐,美妙的音乐也是由不同的甚至相异相反的元素构成,却能平和人心,协调社会。"和而不同"划清了"和"与"同"的界线,"同"是单一元素的组合,"和"则是多种元素甚至是各种相反元素的组合。这里包含着古典形态的"间性"与"对话"的内涵,十分可贵。

在中国传统绘画艺术中蕴含了"和而不同"的智慧,中国传统绘画(即国画)是一种中国特有的"自然生态艺术"。它力主一种自然的艺术原则,这里的自然并非自然之物,而是东方"一阴一阳之谓道"的自然之道,依靠动与静、笔与墨、浓与淡、墨与彩以及画与白等交互统一来表现出艺术的生命力量。例如,宋代著名文学家苏轼的《木石图》(《枯木怪石图》),就是极为简洁的枯树一株与顽石一块,画面有大量的留白,但却通过这种画与白、石与树以及笔与墨的自然形态的对比表现了文人傲然挺立的精神气质。

北宋 苏轼《木石图》(局部)

国画在透视上运用一种相异于西画的"散点透视",这是一种"从四面上下各方看取"的透视。北宋画家郭熙在《林泉高致》中将之概括为"三远",即自上而下之高远、自前而后之深远、自近而远之平远。使得远近、高低、里外等各个侧面均取得平等展现的机会,使灵动而富有生命的生活得到全方位的呈现。例如宋代张择端的《清明上河图》,形象而生动地反映了汴河两岸清明时节的各色人等及其各种活动,展现出宏大的场景。

北宋 张择端《清明上河图》(局部)

国画基本的创作原则是唐代画家张璪提出的"外师造化，中得心源"。这里，"师造化"就是以大自然为师，"得心源"即是以内在精神为源泉。这是非常重要的具有中国特色的艺术创作理论，与"天人合一"思想一致。在这里，"外师造化"与"中得心源"是统一的，而不是分开的两个阶段。宋代罗大经《鹤林玉露》记述了曾云巢画草虫的故事。罗大经记述曾氏之自叙道："某自少时，取草虫笼而观之，穷昼夜不厌。又恐其神之不完也，复就草地观之，于是始得其天。方其落笔之际，不知我之为草虫耶，草虫之为我耶？此与造化生物之机缄，盖无以异，岂有可传之法哉！"人与草虫化而为一，实际上是草虫之神韵与人之神韵已经化而为一。也就是郑燮所言，画竹时眼中之竹、胸中之竹与手中之竹的统一。经过这样的创作过程，作品就是天人的统一，神似与形似的统一，渗透出一种少有的神韵。

可以说，国画没有仅仅将自然景观作为人们观赏的对象，而是进一步拉近人与自然的关系，将自然变成与人密切相关的可亲之物，甚至进一步使之进入人的生活世界。这说明，创作的本意并不只在单纯的艺术鉴赏，还在于创造一种与人的生活世界紧密相关的自然景观。自然外物不是外在于人的，而是与人处于一种机缘性的关系之中，成为人们生活的组成部分。当然，这自然便是中国人的"和而不同"的智慧之体现。

唐代画家王维在《山水论》中指出"凡画山水，意在笔先"，强调山水画创作中要处理好"意"与"笔"的关系。所谓"意"，为画家的"意兴"，而"笔"则为"笔墨"，两者在国画中是一种"兴寄"的"托物起兴""借物寓志"的关系。清初著名画家石涛在《苦瓜和尚画语录》中指出，"古之人寄兴于笔墨，假道于山川。不化而应化，无为而有为，身不炫而名立"。在石涛看来，通过绘画寄兴于笔墨形象，借道于山水画作，这样能够做到不想教化而能够教化，在无为中却能做到真正的有为，不炫耀自己却能够扬名天下，进而实现"和而不同"而和谐有道。

"和谐"观贯穿了我国整个古代文化思想史，并对中国传统建筑和园林设计的产生、发展和更新产生了深远的影响。"和而不同"，中庸，调和，多样的对立的统一，都是中国传统设计文化"和谐"观的有机组成部分。匠人们运用了"微差""对仗""同构"等手法，使得中式传统的三段式建筑从结构到外观均能和谐统一，也使得不同的院落建筑在不同的地域存在并且发展至今。

（三）意韵并存的境界

艺术意蕴，常常具有多义性、模糊性和朦胧性，体现为一种哲理、诗情或神韵，经常是只可意会，不可言传，需要欣赏者反复领会、细心感悟，用全部心灵去探究和领悟。而在诸如像古诗词、绘画、音乐及建筑等中国传统艺术的特征中就蕴含了这样的思想。以下，我们将以建筑为例，来对这一思想进行分析。

中国历史悠久、地大物博，中国人民用劳动和智慧在千百年的时间里创造了独具特色的建筑文化。中国传统建筑所包含的精神文化是中国人民在数千年的生产生活中积累下来的，流传至今，其睿智精华的部分经过时间的洗涤愈发显现出博大与深厚的内涵。中国传统建筑文化包含的面很广，从哲学到民俗文化，从礼制到宗教等均有包含。

《乐记》中说"礼者，天地之序也。和，故百物皆化；序，故群物皆别。"这句话的意思是礼是区别等级社会中各阶级阶层的地位，建立起统治阶级的政治秩序。在儒家思想看来，礼既是规定天人关系、人伦关系、统治秩序的法规，也是制约生活方式、伦理道德、生活行为、思想情操的规范。它具有强制化、普遍化、世俗化的特点，渗透到中国古代社会生活的各个领域，当然也不可避免地影响着中国传统建筑的各个方面。封建礼制对于建筑的制约，体现在建筑的体量大小、空间位置、装饰构件、色彩应用、屋顶式样等多个方面。从皇宫殿堂到官府衙门到平民住宅，都有严格的等级制度，绝不可淆乱。例如，北京故宫的太和殿在整个建筑群的平面上位于中轴线的中间，体现其地位的尊崇；屋顶形式用庑殿顶，是中国古建筑中最高形制的屋顶；屋顶用金黄色的琉璃瓦装饰，黄色是最为尊贵的颜色，体现皇权的至高无上；此外，装饰构件上的龙形图案、龙的雕塑也体现着皇帝贵为"天子"的身份。

封建家族中的礼主要体现为父尊子卑，长幼有序，男女有别。传统的四合院民居的布局讲究正室居中，左右两厢对称在旁，这实际上是宗法伦理中"礼"的体现。在居室建筑的安排上父母居于正屋，并且安排在整个族群的中轴线上，以显示其在家庭地位中的至尊。在正屋的两边，对称排列东西两房，归子辈居住，称为"厢房"，正房与厢房在建筑规模、室内装饰与陈设上也有尊卑之分。此外，在四合院的最前面有倒座，最后面有罩房，男仆住倒座，女仆住罩房，男女仆人相见的机会非常少。因此，长幼有序、男女有别的封建礼制也反过来被建筑形式所加强。

宗教建筑在欧洲建筑中占有主流地位，与此相反，在古代中国神权是低于君权的，因此中国宗教建筑相对于代表君权的建筑而言始终处于从属地位。中国宗教建筑的艺术风格没有过分地去夸大神的力量来衬托人类的渺小，而是始终保持人的理性，并且人的理性正是儒家所特别重视的。我国现存的宗教建筑中，佛教寺庙占多数。佛教建筑有塔、寺、石窟三种主要类型，佛教意识决定并影响着佛教建筑的特点。如佛塔的层层向上的形式，将人们的目光引向上苍，代表佛教徒摆脱现世苦难、向往天国的愿望。莲花寓意佛地净土的洁净高雅，是佛教建筑中的常用装饰图。放生池是佛家普度众生、慈悲为怀的体现。道教是我国土生土长的宗教，它是由殷商时期的鬼神自然崇拜，战国时期的方术和神仙信仰以及两汉时期的黄老学说糅合而成的。道教信奉"阴阳八卦"和"五行"学说，道教的宫观建筑就是深受这两种思想的影响。

民俗方面，在中国传统文化之中民俗文化是一个不容忽视的重要组成部分。民俗文化诞生于百姓市井、发展于民间，相对于作为封建社会主流文化的儒家文化，民俗文化更加自由、生动、富有世俗的生活气息。它往往源自民间的生产活动、民俗活动，因此具有不同的地域特色和民族风情。民俗文化映射到建筑领域，则体现在建筑的门窗形式、围墙形式、屋顶形式、装饰手法等。有些建筑的功能和形制就直接来源于民俗文化，比如宗庙和家祠的建立，源于人们对祖先的膜拜；戏台的搭建，是因为人们对戏剧等民俗活动的需要和热爱。民俗文化在建筑装饰上面得到尤为鲜明的体现，建筑装饰中的木雕、砖雕、绘画等的题材多源自一些民间传说，如八仙过海；或戏剧题材，如白蛇传；更多的则是用隐喻寄托一些美好的愿望，常见的有"三羊开泰""五蝠捧寿"等。

可见，中国传统建筑中所蕴含的文化是中华民族的珍贵精神财富，有着重要的意义与价值。

第二讲　中国传统艺术的成就

中国传统艺术极其丰富，是中国文化的重要组成部分，在中国传统文化中占有非常重要的地位。中国传统艺术具有浓郁的乡土气息，深厚的艺术内涵和生动的历史痕迹，既是中华民族的宝贵财富，也是全人类的宝贵财富。比如作为汉字书写艺术的书法，既是思想、文化记录的载体，又形成了独特的造型艺术；比如绘画在记录社会生活的同时，塑造了许许多多生动的形象，取得了极高的艺术成就；再比如各类建筑与雕刻作品，本身就是传统文化的物化形态。学习、了解和把握中国传统艺术，可以增强自身的艺术修养和审美能力，同时，也是人们感性地了解中国传统文化的一个非常重要的途径。

文房四宝

一、书法艺术

书法是汉字的书写艺术。汉字在漫长的演变发展的历史长河中，一方面起着思想交流、文化传承等重要的社会作用，另一方面它本身又形成了一种独特的造型艺术。把文字的书写性发展到一种审美阶段——融入了创作者的观念、思维、精神，并能激发审美对象的审美情感，就是一种真正意义上的书法的形成。

中国书法在长远的历史发展过程中，形成了独树一帜的民族艺术，是中华民族文化景观中独具东方艺术魅力的亮丽风景线，具有鲜明的特色和深厚的传统。一幅较为成功的书法作品，一般具有三个基本要素，即笔法、结构、章法。笔法指用笔的方法，包括起笔、收笔、圆笔、方笔、中锋、侧锋、露锋、藏锋、提按、转折等。结构是将笔画按照一定的规则组织成字，又称结字、结体或间架。书法的结构往往就文字的结构规律和作者的审美情趣做合适的艺术安排，并根据疏密、虚实、匀称、和谐、聚散、呼应等规律和技巧表现文字的形式美，给观者以丰富的美感、情趣，借以营造无穷的意境和趣味。书法的章法有大小之别。小章法即一字之内的点画关系如何布置，或几字之间怎样安排。大章法即是通篇字与字、行与行、正文与落款及用印之间的关系谋划、布置等，它要求一幅作品的字里行间有呼应、顾盼，要协调通畅而有整体感。

一般来说书法分为篆、隶、草、楷、行五种书体，每一大类又可细分。了解其区别有助于理解中国书法艺术的深广内涵。

（一）篆书

篆书是中国书法艺术的最早存在形态，分为大篆、小篆两种。

1. 大篆

大篆有广义和狭义之分，广义的大篆包括甲骨文、金文（或称钟鼎文）、籀文等，狭义的大篆指籀文，其代表为石鼓文。

（1）甲骨文

甲骨文是我国目前能见到的最早的成熟文字，它是殷商时期先民们刻在龟甲、兽骨上预测凶吉祸福，记载占卜、祭祀等活动的文字。

甲骨文已具备了中国书法的用笔、结构、章法三要素。从用笔上看，甲骨文的笔画因是用刀契刻在坚硬的龟甲或兽骨上，所以，刻时多用直线，曲线也是由短的直线接刻而成。其笔画粗细大多比较均匀；由于起刀和收刀直落直起，故多数线条呈现出中间稍粗两端略细的特征，显得瘦劲坚实，挺拔爽利，并且富有立体感。从结构上看，甲骨文外形多以长方形为主，间或少数正方形，具备了对称美或者一字多形的变化美。而且甲骨文在结字上还具有了方圆结合，开合辑让的结构形式，有的字还具有或多或少的象形图画痕迹，具有文字最初发展阶段的稚拙和生动。从章法上看，卜辞全篇行款清晰，文字大小错落有致。每行上下、左右，虽有疏密变化，但全篇显现行气贯穿、大小相依、左右相应、前后呼应的活泼局面。并且，字数多者，全篇安排紧凑，给人以茂密之感，字数少者又显得疏朗空灵，总之，都呈现出古朴而又烂漫的情趣。

甲骨文是中国最早的系统文字，也是比较成熟的文字。而上古文字的点横撇捺、疏密结构，确实初具用笔、结构、章法等书法要旨，孕育着书法艺术的美，很值得欣赏与品味。郭沫若在1937年出版的《殷契粹编》的序言中，就对甲骨文的书法非常赞赏："卜辞契于龟骨，其契之精而字之美，每令吾辈数千载后人神往。文字作风且因人因世而异，大抵武丁之世，字多雄浑，帝乙之世，文咸秀丽。而行之疏密，字之结构，回环照应，井井有条……足知现存契文，实一代法书，而书之契之者，乃殷世之钟王颜柳也。"

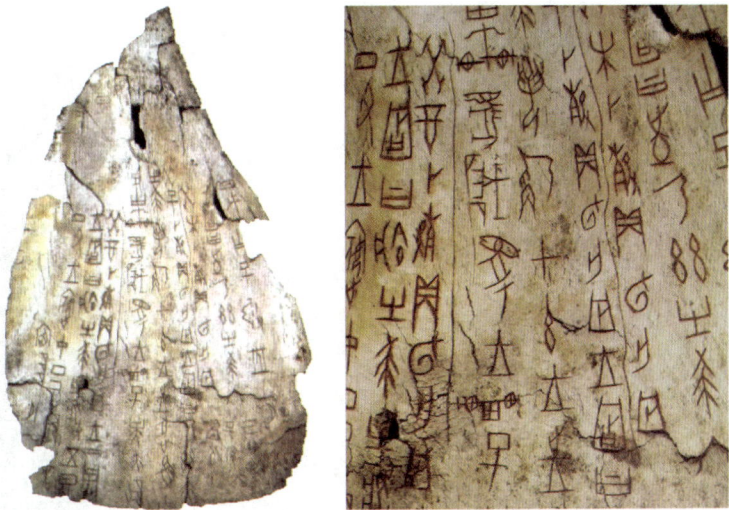

甲骨文

（2）金文

金文指的是殷商与周朝青铜器上的铭文，也叫钟鼎文。商周是青铜器的时代，青铜器中的礼器以鼎为代表，乐器以钟为代表，"钟鼎"是青铜器的代名词。金文的内容是关于当时祀典、赐命、诏书、征战、围猎、盟约等活动或事件的记录，都反映了当时的社会生活。金文起于商代，盛行于周代，是从甲骨文的基础上发展起来的文字。

金文的特点是比甲骨文秀丽且直笔多，方圆规范，笔画粗细均匀，严整清晰。周代金文，总体比商代甲骨文进一步稳定、规范、简化和符号化了；若与之后的小篆相比，其结构仍未定型，部分字的笔画增减、偏旁部首的安排仍有某种随意性。特别是周初金文因承袭商代文字，还保留了比甲骨文更加原始、图画性更强的形态。金文字体结构疏密相间，比甲骨文方正整齐，笔画分布均匀对称，笔道比甲骨文粗，字的体势较甲骨文雍容厚重。虽然金文大都是铸在青铜器上的，但却能清晰地看出，它们有的笔法圆润精美、玲珑敦厚；有的清晰流畅、秀丽灵巧。字形较有规律性，章法上也比较讲究字距行列的整洁，有的严整规矩，有的显得疏朗开阔。周宣王时铸成的《毛公鼎》上的金文很具有代表性，其铭文共32行，近500字，是出土的青铜器中铭文最长者。《毛公鼎》铭文的字体结构严整，瘦劲流畅，布局不弛不急，行止得当，是金文作品中的佼佼者。此外，《大盂鼎》铭、《散氏盘》铭也是金文中的上乘之作。

（3）籀文

籀文是真正的大篆，籀文相传为周宣王时的太史籀在原有文字的基础上改造而来，因此命名为籀文，现存最具代表性的籀文为秦代的石刻文字，因这些文字刻在十个鼓形的石头上，因此被称为石鼓文，是流传至今最早的刻石文字。今藏在北京故宫博物院。

李献簋铭文

石鼓文其书法字体多取长方形，体势整肃，端庄凝重，笔力稳健，石与形，诗与字浑然一体，充满古朴雄浑之美。石鼓文比金文规范、严整，但仍在一定程度上保留了金文的特征，它是从金文向小篆发展的一种过渡性书体。就篆书的艺术而言，钟鼎文、石鼓文结构奇古，融入了先民质朴的美，更受后人所喜爱。石鼓文是集大篆之成，开小篆之先河，在书法史上起着承前启后的作用，是由大篆向小篆演变而又尚未定型的过渡性字体。石鼓文被历代书家视为习篆书的重要范本，故有"书家第一法则"之誉。

大篆的发展结果产生了两个特点：一是线条化，早期粗细不匀的线条变得均匀柔和；二是规范化，字形结构趋向整齐方正，逐渐摆脱了图画的象形意味，奠定了方块字的基础。

石鼓文

2.小篆

小篆是秦始皇统一六国后，推行"书同文，车同轨"，统一度量衡的政策内容之一；其实行由丞相李斯负责，在秦国原来使用的大篆籀文的基础上，进行简化，创制了统一的汉字书写形式。

小篆是在大篆的基础上简化和发展而来的，小篆字形修长，布白对称匀称，用笔中锋圆转，线条粗细变化不大，具有遒劲、圆润之美。唐代孙过庭在《书谱》中说："篆尚婉而通。""婉""通"二字，准确揭示出篆书用笔的基本笔势和篆书笔画的基本特点。小篆有的铸造在铁器上，有的刻在石碣、石碑上，其传世代表作有《泰山刻石》残部。另有《泰山刻石》《琅琊台刻石》二石真迹拓片存世，《会稽刻石》《峄山刻石》后人摹刻本传世，据传上述刻石皆为李斯所书。秦相李斯是我国书法史上第一个有记载的书法家。后世篆书名家有唐代的李阳冰，五代的徐铉、徐锴，明代的李东阳，清代的邓石如、吴昌硕等。

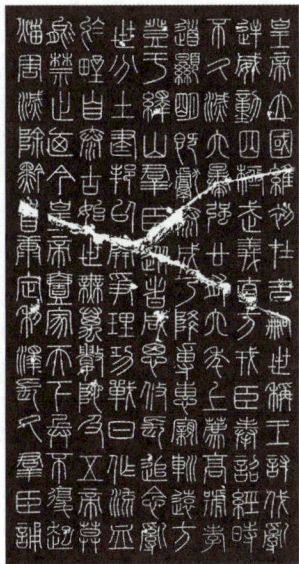

唐 峄山刻石摹本

（二）隶书

隶书是在篆书基础上，为适应书写便捷的需要产生的字体。分"秦隶"（也叫"古隶"）和"汉隶"（也叫"今隶"），隶书的出现，是古代文字与书法的一大变革。

隶书是汉字中常见的一种庄重的字体，书写效果略微宽扁，横画长而直画短，讲究"蚕头燕尾""一波三折"。它起源于秦朝，在东汉时期达到顶峰，书法界有"汉隶唐楷"之称。也有说法称隶书起源于战国时期。

隶书繁盛的标志为汉隶。西汉初期仍然沿用秦隶的风格，到新莽时期开始产生重大的变化，产生了点画的波尾的写法。到东汉时期，隶书产生了众多风格，并留下大量石刻。《张迁碑》《曹全碑》是这一时期的代表作。魏晋以后的书法，草书、行书、楷书迅速形成和发展，隶书虽然没有被废弃，但变化不多，出现了一个较长的沉寂期。到了清代，在碑学复兴浪潮中隶书再度受到重视，隶书的第二次发展高峰出现了，郑燮、金农等著名书法家在继承汉隶的基础上加以创新，使隶书焕发了新的活力。

隶书是从篆书发展而来的，隶书由篆书简化演变而成，字形化圆为方，笔画化弧为直。到东汉时，撇、捺等点画美化为向上挑起，轻重顿挫富有变化，具有书法艺术美。风格也日趋多样化，极具艺术欣赏的价值。隶书的代表作品主要有：《张迁碑》《曹全碑》《礼器碑》《史晨前后碑》《乙瑛碑》《石门颂》等。

曹全碑（局部）　　　乙瑛碑（局部）

（三）草书

广义的草书包括各个历史时期形成的各种形式的潦草之书，狭义的草书是指书法上有一定法度、自成系统的草写汉字，草书萌芽于秦而成于汉，一部分是隶书快写或减省的结果，也有一部分从篆书的快写演绎而来。草书分为章草、今草、狂草三类。

章草始于汉初，盛于东汉。章草始于篆书向隶书演化的过程中，隶书对章草的影响较大，字体具有隶书形式，字字区别，不相纠连，所以又把章草称为草写的隶书。章草的代表人物汉代有史游、杜度、崔瑗、张芝、张旭等人，三国有皇象、索靖等人。最有名的书法作品有晋代王羲之的《十七帖》、唐代孙过庭的《书谱》等。

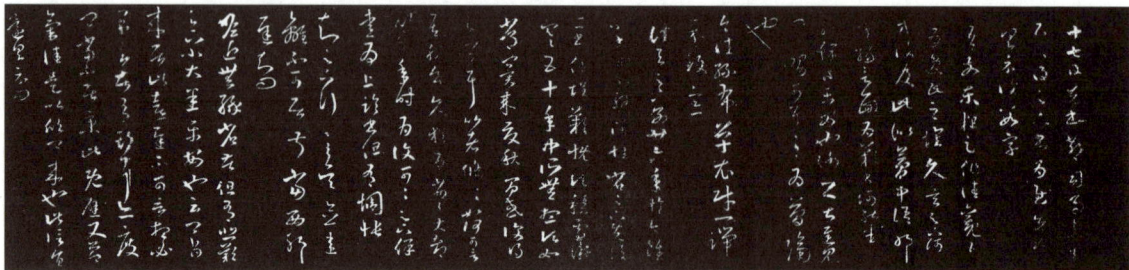

晋　王羲之　十七帖（局部）

今草是从章草演变而来的。汉代张芝对创立今草起了很大作用，被称为"草圣"。很可惜的是，没有他的墨迹传世。"今草"之名，是晋代为了和章草相区别起的名。今草草书笔画省略，相互萦带，便于快捷书写，以符号代替偏旁部首，既具有法度的规范性，又具有极大的灵活性。历代很多书法名家都善今草，黄庭坚、赵孟頫、鲜于枢、祝允明、文徵明、徐渭、张瑞图、傅山、王铎等书法大师都留下了许多今草墨宝。

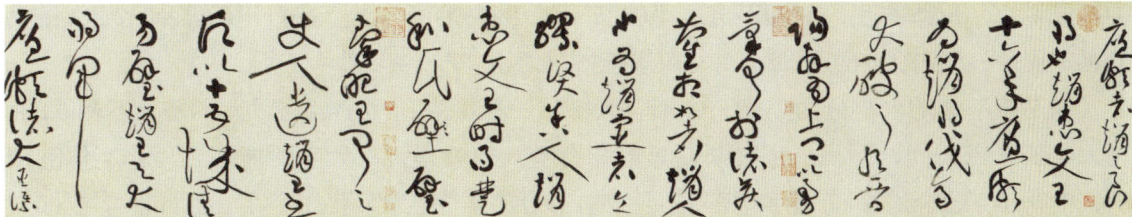

宋　黄庭坚　廉颇蔺相如传（局部）

狂草字的写法和今草是一样的，不同的是写得狂放，连带、省略更多，最能体现书者狂放的性情。史称"颠张醉素"，是讲张旭、怀素常在醉酒后，笔飞墨舞，其狂草线条流走飞动，结体险绝，谋篇奇特，犹如夏云变幻莫测，痛快淋漓。狂草最有名的作品有唐代张旭的《古诗四帖》、唐代怀素的《自叙帖》。

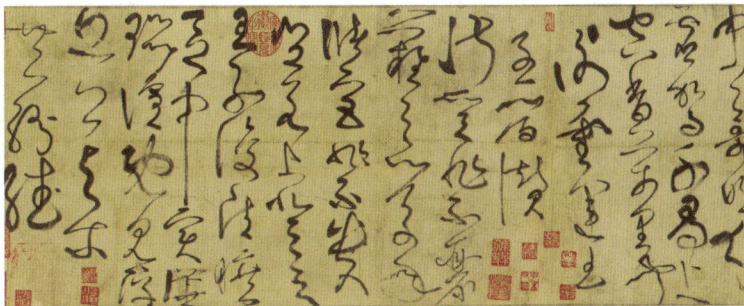

唐　张旭　古诗四帖（局部）

无论是章草、今草还是狂草，由于笔迹潦草且变化多，一般人不易辨认，所以作为交际工具的实用价值并不大。不过，草书作为书法品式的一种，它的艺术价值却很高，是最善表达书者情感的书体。我国的传统书法艺术是借助于结构的精巧、点画的照应、笔道粗细刚柔的变化、行笔的气势以及墨色的浓淡等，来表现某种情趣和意境的，而草书在这些方面都可以进行充分发挥。草书还有个独特之处，即融笔法的灵动多变为一体，就是它的结构和用笔不受笔画大小、正斜、轻重、笔道方向和字形笔顺的限制，能将楷行隶篆熔为一炉而增强其表现能力，从而使书家能在最广阔的领域里纵横驰骋，极尽变化之能事，使自己的情采和风格得以充分地表现。草书是集众美而有象，写意境而无穷，能够让人从中得到很好的艺术享受。

草书观赏性很高，但是不容易写好。如果没有楷书和行书的功底，控制结构就很困难，用笔与章法更不易臻善。所以前人说："作草书难于作真书，作颠素（张旭、怀素）草书又难于作'二王'草书，愈无蹊径可着手处也。"（谢肇淛《五杂俎》）初学书法，宜先学楷书、行书，不宜从草书入手。

（四）楷书

楷书，也叫正楷、真书、正书。由隶书逐渐演变而来，更趋简化，横平竖直。《辞海》

中解释说它"形体方正，笔画平直，可作楷模"。楷书始于东汉，盛行于魏晋南北朝，楷书的名家很多，到唐代达到顶峰，有"汉隶唐楷"之说。

楷书按字体的大小分为小楷、中楷、大楷。一般说来，写小字与写大字是大不相同的，写大字要紧密无间，而写小字必要使其宽绰有余。也就是说写大字要能做到写小字似的精密，而写小字要能做到有大字似的局促，故古人所谓"作大字要如小字，而作小字要如大字"。又苏东坡论书有"大字难于结密而无间，小字难于宽绰有余"的精语。根据历代书法家积累的经验，学习书法应先写大楷，作基本练习。掌握好大楷的点画、结构、布白，做到点画准确精到，结构疏密得当，则退而写小楷可做到结体宽绰开张，点画规矩清楚；进而学榜书则能结密无间而气魄宏阔，不致涣散无神。

楷书按照时期，可分为魏碑和唐楷。魏碑是指魏晋南北朝时期的书体，可以说它是一种从隶书到楷书的过渡书体。魏碑经常带有汉朝隶书的写法在其中，因此它的楷书性质还不成熟，但正是这种不成熟性，造成了百花齐放的场面，意态奇异，形成了一种独特的美，康有为评价魏碑有"十美"：一曰魄力雄强，二曰气象浑穆，三曰笔法跳跃，四曰点画俊厚，五曰意态奇异，六曰精神飞动，七曰兴趣酣足，八曰骨法洞达，九曰结构天成，十曰血肉丰美。而狭义的楷书则是指唐朝以后逐渐成熟起来的唐楷，其代表人物有初唐的欧阳询、虞世南、褚遂良、薛稷，楷书历史上名家众多，最为著名的四大家是：唐欧阳询（欧体）、唐颜真卿（颜体）、唐柳公权（柳体）、元赵孟頫（赵体）。

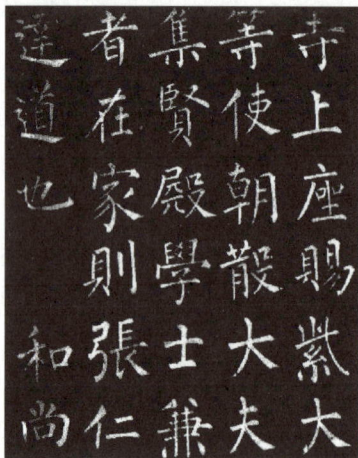

唐 柳公权 玄秘塔碑（局部）　　　　唐 欧阳询 皇甫诞碑（局部）

（五）行书

行书是介于楷书、草书之间的一种字体。它是为了弥补楷书的书写速度太慢和草书的难于辨认而产生的。行书笔势不像草书那样潦草，也不要求像楷书那样端正。楷法多于草法的叫"行楷"。草法多于楷法的叫"行草"。

行书大约是在东汉末年产生的，晋代是行书发展的第一高峰，王羲之是最杰出的代表；唐代是行书发展的第二高峰，著名书家有颜真卿、欧阳询、柳公权等。宋代书法家营造了行书发展的第三高峰，开启了"尚意"的一代新风，代表者是苏轼、黄庭坚、米芾，蔡襄四大家。

行书是各种字体中最为流行的，它之所以长盛不衰，是因其所具有的实用性和艺术性。楷书实用性强，而艺术性相对不足；草书则是艺术性强，但实用性相对不足。在浩如烟海的书法艺术宝库中，行书无疑是一座最为绚烂多姿、丰富厚重的宝藏。其中，王羲之创作了被誉为"天下第一行书"的《兰亭序》，颜真卿创作了"天下第二行书"《祭侄文稿》，苏轼创作了"天下第三行书"《寒食帖》，王珣创作了《伯远帖》，王献之创作了《鸭头丸帖》，这些作品因创作时代不同，其风格也各有千秋，但都展现了行书的艺术精髓。

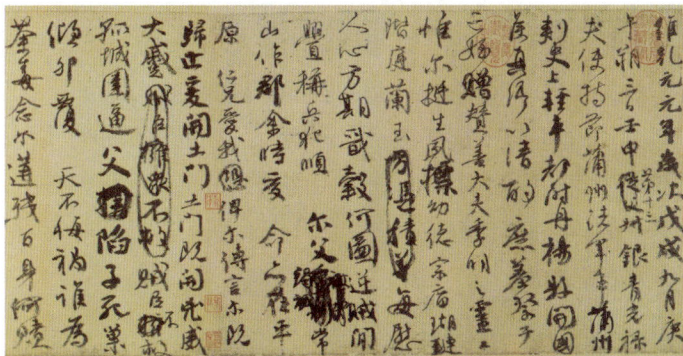

唐 颜真卿 祭侄文稿（局部）

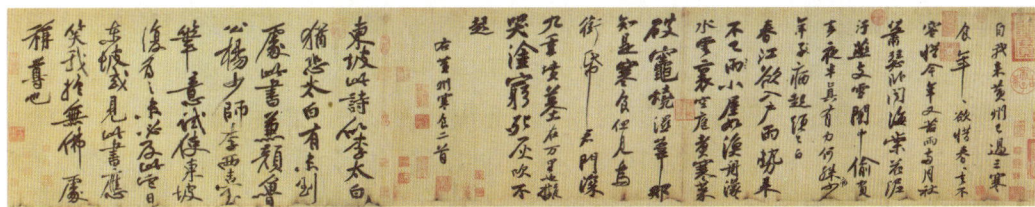

北宋 苏轼 寒食帖（局部）

二、绘画艺术

中国画简称"国画"，是中华民族创造的具有悠久历史与鲜明民族特色的绘画艺术。

中国画是中国文化的重要组成部分，根植于民族文化土壤之中。它不单纯拘泥于外表形似，更强调神似。它以毛笔、水墨、宣纸为特殊材料，建构了独特的透视理论，大胆而自由地打破时空限制，具有高度的概括力与想象力，这种出色的技巧与手段，不仅使中国传统绘画独具艺术魅力，而且日益被世界现代艺术所借鉴吸收。

中国画主要有以下特色：第一，以线条为塑造形象的主要手段，讲究用笔，用墨，使线、墨、色交相辉映，达到气韵生动的艺术效果；第二，托物寓情，画中有诗；第三，诗、情、画、印融为一体。中国画强调"外师造化，中得心源"，要求"意在笔先，画尽意在"，强调融化物我，营造意境，达到以形写神，形神兼备，气韵生动。由于书画同源，以及两者在达意抒情上都和用笔方式、线条运行有着紧密的联结，因此绘画同书法、篆刻相互影响，形成了显著的艺术特征。

中国画基本上可以分为三大类：人物画、山水画、花鸟画。

1. 人物画

人物画是以人物形象为主体的绘画之通称，是中国画中的一大画科，人物画所表现的是人类社会中人与人的关系，其出现早于山水画、花鸟画等。人物画内容上大体分为道释画、仕女画、肖像画、风俗画、历史故事画等。历代著名人物画有东晋顾恺之的《洛神赋图》卷，五代南唐顾闳中的《韩熙载夜宴图》，北宋李公麟的《维摩诘像》，南宋李唐的《采薇图》等。

现在已知最早的独幅人物画作品是战国楚墓出土的《人物龙凤》与《人物御龙》帛画，到了汉代，人物画在线描技法、想象力和复杂画面的构图能力方面，都远超前代。如墓室壁画中人物的神情刻画生动有趣，富于变化。刻画人物的线条流畅飞扬，洗练洒脱，简括纵放。魏晋南北朝时期画家们已不满足于描绘事物的外形，而把更多的注意力投放到刻画人物性格方面来，这一时期的著名画家顾恺之，明确提出了"以形写神"的主张，使人物画向着"神形兼备"的道路发展。

隋唐时代的绘画以人物画尤其是道释人物画为主流，人物画在唐代尤其大放异彩，出现了一大批如阎立本、吴道子、张萱等这一时代的名画家。五代两宋是中国人物画深入发展的时期。随着宫廷画院的兴办，工笔重彩着色，人物画更趋精美，又随着文人画的兴起，民间稿本被李公麟提高为一种被称为白描的绘画样式。由于宋代城乡经济的发展，宋与金的斗争，社会风俗画和具有现实意义的历史故事画亦蓬勃发展。张择端的杰作《清明上河图》便产生于这一时期。南宋时画家受禅宗思想影响，梁楷的泼墨、简笔写意人物画，标志着写意人物画肇兴，中国人物画开始朝另一方向发展。仕女画、高士画大量出现。

人物画在元代开始衰落，这种衰落甚至影响到以后的明清时代。纵观元、明、清三代，在历史上很有成就的人物画画家寥寥可数。明末清初标新立异、风格卓然的著名人物画家应推大画家陈洪绶。明清之后，中国画走进了近代中国社会，在人物画方面，人们开始在透视、人体解剖、明暗关系、色彩变化等方面吸收西洋画的表现方法，使中国人物画的表现形式更加丰富多彩。

人物画力求将人物个性刻画得逼真传神，气韵生动、形神兼备。其传神之法，常把对人物性格的表现，寓于环境、气氛、身段和动态的渲染之中。故中国画论上又称人物画为"传神"，"传神"就是传达出被描绘对象的精神。顾恺之的传世之作《洛神赋图》取材于曹植的《洛神赋》，传说曹植少时曾与上蔡（今属河南省驻马店市）县令甄逸之女相恋，后甄逸之女被嫁给其兄曹丕为后，而甄后在生了明帝曹叡后又遭谗致死。曹植在获得甄后遗枕后感而生梦，因此写出《感甄赋》以作纪念，明帝曹叡将其改为《洛神赋》传世。而洛神是传说中伏羲之女，溺于洛水为神，把甄后与洛神相提并论，实际上也是一种对甄后的怀念和寄托。曹植在《洛神赋》中以浪漫主义的手法，通过梦幻的境界，描写人神之间的真挚爱情，但终因"人神殊道"无从结合而惆怅分离。顾恺之利用绘画手段再现了文学原作的主题，感人至深。画面中凄婉浪漫的气氛通过人物之间的情感关系和内心深处的心灵变化表现出来，尤其是眼神的描绘，洛神的眼神或含情脉脉或感伤惆怅，曹植的神情或依依不舍，或怅然若失。人物无言的眼神之中流露出两者一往情深的真切爱情和相恋而不能相守的无奈悲痛，加剧了浪漫悲凄的气氛。曹植的原文借对梦幻之境中人神恋爱的追求，抒发了爱情失意的自我感伤。顾恺之以其丰富的想象力和艺术才能对文学作品进行再创造，传达出无限惆怅的情意和哀伤的情调。

顾恺之 洛神赋图（局部）

2. 山水画

中国山水画是以山川自然景观为主要描写对象的中国画，表现的是人与自然的关系，将人与自然融为一体。传统上按画法风格分为青绿山水、金碧山水、水墨山水、浅绛山水、小青绿山水、没骨山水等。

《游春图》介绍

中国山水画较之西方风景画，起码早了 1 000 余年。山水画最初描绘的山川风光是作为人物画补景出现的，形成于魏晋南北朝时期，但尚未从人物画中完全分离。隋唐时始独立，至唐代山水画开始兴盛，并开创了两大流派：其一是李思训父子继承和发扬了展子虔的绘画技法，形成了工细巧整、金碧辉煌的青绿山水画派；其二是王维以水墨画山水，笔意清润、笔迹劲爽，是水墨山水画派的始祖。五代和北宋时期山水画达到了前代未有的高峰，出现了对后世影响深远的众多名家，如荆浩、关仝、郭熙等；南宋时以"南宋四家"李唐、刘松年、马远、夏圭为著名。至元明清时期，山水画出现了流派纷呈、百花齐放的局面，如"元四家"的黄公望、王蒙、倪瓒、吴镇；明朝以戴进、蓝瑛为代表的"浙派"，以沈周、文徵明为代表的"吴门派"，以董其昌为代表的"华亭派"等；清代山水大家有以原济、髡残、弘仁、八大山人为代表的"四僧"及宫廷"四王"等；近代山水画坛则有黄宾虹、李可染、关山月、傅抱石、张大千等。我们现在能见到最早的山水画是隋代展子虔的《游春图》，它描绘了江南二月桃杏争艳时人们春游的情景，展示了秀美河山的盎然生机。

中国山水画不仅仅是一种艺术门类，它更多的是通过对自然物象的描绘和主观感受去抒发情怀，表达一种精神上的美，意境上的美。王维晚年的《辋川图》是中国山水画的代表，画面以由亭台楼榭组成的别墅为中心向外展开。别墅古朴端庄，树林掩映，处于群山的环抱之中，由墙廊围绕，形似车辋，故名辋川。别墅里错落有致的亭台楼榭，用细笔和重色描画得细致入微，也表现出一派安静祥和的景象。在别墅外，一条小河在门前流过，一位船夫正撑船经过，船中三两人自然而闲适。《辋川图》里的人物，弈棋饮酒，投壶流觞，个个儒冠羽衣，意态萧然。整幅画描绘出一所山水环绕中的隐逸别居，呈现出淡泊超尘的意境，给人精神上的陶冶和身心上的审美愉悦。由于这幅《辋川图》，辋川成为文人们理想的山川游地，也成了士大夫精神生活所向往的"神境"。

王维 辋川图（局部）

3. 花鸟画

在中国画中，凡以花卉、花鸟、鱼虫等为描绘对象的画，均可称之为花鸟画。花鸟画表现的是大自然中的各种生命与人和谐相处，是中国传统的三大画科之一。花鸟画中的画法中有"工笔""写意""兼工带写"三种。工笔花鸟画即用浓、淡墨勾勒对象，再深浅分层次着色；写意花鸟画即用简练概括的手法绘写对象；介于工笔和写意之间的就称为兼工带写。中国花鸟画描绘的对象，实际上不仅仅是花与鸟，而是泛指各种动植物，包括花卉、蔬果、翎毛、草虫、飞禽等。以描写手法的精工或奔放，分为工笔花鸟画和写意花鸟画（又可分为大写意花鸟画和小写意花鸟画）；又以使用水墨色彩上的差异，分为水墨花鸟画、泼墨花鸟画、设色花鸟画、白描花鸟画与没骨花鸟画。

中国花鸟画有着深远的历史渊源。可以说原始社会是我国花鸟画的萌芽时期，战国时期花鸟画已初具面貌了。如前文提到的出土于湖南长沙陈家山战国楚墓中的《人物龙凤》《人物御龙》，这两幅帛画中的龙、凤、鹭、鱼都属花鸟画的范畴，并且已经达到了相当高的艺术水平。花鸟画发展到秦汉时期，其所涵盖的范畴更加广泛，人们通常会将牛马、神鸟、花草、鱼、龙、鹤等动物形象刻画在壁画、陶器漆器、画像砖、画像石、帛画上。花鸟画在魏晋南北朝时期得到了长足的发展。据唐代张彦远《历代名画记》记载，当时已有了卷轴画，并有了专门画花鸟的名家。例如，曹不兴以画龙得名，戴逵以擅画走兽传世。同时见于记载的有顾恺之的《凫鸭图》、史道硕的《鹅图》、顾景秀的《蝉雀图》等十余位画家及其花鸟画作品，足见花鸟画在此时已具有了相当的规模。但此时对花鸟画的艺术表现尚未上升到理论的层面，花鸟画作为独立画科来说，其尚处于萌动状态。直到花鸟画发展到了唐代，它才以一个独立的画科的面貌出现。唐代是封建社会发展到顶峰的一个时代，经济、文化的发展昌盛，使花鸟画也得到了空前的发展。其间出现了不少的画家，形成了不同的艺术流派。五代时期，花鸟画有了空前的发展，出现了"黄筌富贵、徐熙野逸"两种风格，使中国花鸟画从此分为两大流派，被后人称为"徐黄二体"。宋代是花鸟画的一个高峰时期，很多画家逐渐转向重神似写意、轻外在形似的审美风格，写意花鸟画得到了较好发展。随着写意花鸟的深入发展，以明末的徐渭为代表的画家自觉实现了以草书入画并强烈抒发个性情感的变革。至清初朱耷（八大山人）则达到了史无前例的高水平。经过数千年的发展，中国花鸟画积累了丰富的创作经验形成了自立于世界民族之林的独特传统，终于在近现代产生了吴昌硕、齐白石、潘天寿、关山月、李苦禅等花鸟画大师。

中国花鸟画一般要借物抒情，但花鸟画的借物抒情并不是硬加到作品上的，而是要善于抓住动植物与人的某种思想情感的联系，再加以艺术的夸张强调，实际上是把客观世界中的"物"与主观精神中的"我"有机地统一起来。如王冕的《墨梅图》描绘倒挂着的风姿绰约的白枝梅花，枝条茂密，前后错落。枝头缀满繁密的梅花，或含苞欲放，或绽瓣盛开，或残英点点，正侧偃仰，千姿百态，犹如万斛玉珠撒落在银枝上。白洁的花朵与铁骨铮铮的干枝相映照，清气袭人，深得梅花清韵，干枝描绘得如弯弓秋月，挺劲有力。梅花的分布富有韵律感。此图要表达的主题与画中的诗"吾家洗砚池头树，朵朵花开淡墨痕。不要人夸好颜色，只留清气满乾坤。"表达的主题一样，赞美墨梅不求人夸，只愿给人间留下清香的美德，实际上是借梅自喻，表达自己对人生的态度以及不向世俗献媚的高尚情操。花鸟画的妙处不仅是简单表现出自然的风景事物，更重要的是传达出绘画之人的思想情感。

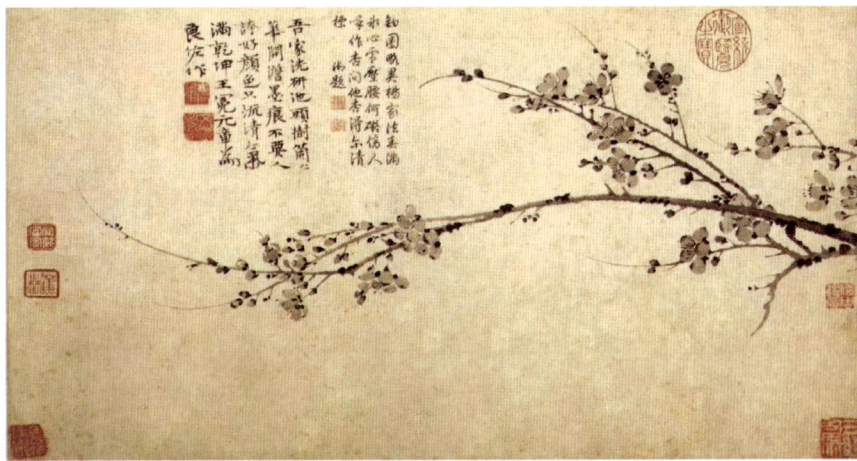

元 王冕 墨梅图（局部）

三、建筑艺术

中国的古代建筑具有悠久的历史传统和光辉成就。它和欧洲建筑、伊斯兰建筑并称世界三大建筑体系。

陕西半坡遗址发掘的方形及圆形浅穴式房屋已有六七千年的历史；修建在崇山峻岭之上、蜿蜒万里的长城，是人类建筑史上的奇迹；建于隋代的河北赵州桥，在科学技术同艺术的完美结合上，早已走在世界桥梁科学的前列；山西应县佛宫寺木塔，是世界现存最高的木结构建筑；北京明、清两代的故宫，则是世界上现存规模最大、建筑精美、保存完整的古代宫殿建筑群；至于我国的古典园林，它以独特的艺术风格，成为中国文化遗产中的一颗明珠。这一系列现存的技术高超、艺术精湛、风格独特的建筑，在世界建筑史上自成系统，独树一帜，是我国古代灿烂文化的重要组成部分。

中国古代建筑具有下列形制与特点。

中国古代建筑造型优美。尤以屋顶造型最为突出，主要有庑殿、歇山、悬山、硬山、攒尖、卷棚等形式。庑殿顶也好，歇山顶也好，都是大屋顶，显得稳重协调。屋顶中直线和曲线巧妙地组合，形成向上微翘的飞檐，不但扩大了采光面、有利于排泄雨水，而且增添了建筑物飞动轻快的美感。

中国古代建筑的装饰丰富多彩。其建筑包括彩绘和雕饰。彩绘具有装饰、标志、保护、象征等多方面的作用。油漆颜料中含有铜，不仅可以防潮、防风化剥蚀，还可以防虫蚁。彩画多出现于内外檐的梁枋、斗拱及室内天花、藻井和柱头上，构图与构件形状密切结合，绘制精巧、色彩丰富。明清的梁枋彩画最为瞩目，清代彩画可分为三类，即和玺彩画、旋子彩画和苏式彩画。

雕饰是中国古建筑艺术的重要组成部分，包括墙壁上的砖雕、台基石栏杆上的石雕、金银铜铁等建筑饰物。雕饰的题材内容十分丰富，有动植物花纹、人物形象、戏剧场面及历史传说故事等。在古建筑的室内外还有许多雕刻艺术品，包括寺庙内的佛像，陵墓前的石人、石兽等。

中国古代建筑特别注意与周围自然环境相协调。建筑本身就是一个供人们进行居住、工作、娱乐、社交等活动的环境，因此不仅内部各组成部分要考虑配合与协调，而且要特别注意与周围大自然环境的协调。中国古代的建筑设计师们在进行设计时都十分注意周围的环境，对周围的山川形势、地理特点、气候条件、林木植被等，都要认真调查研究，务必使建筑布局、形式、色调等跟周围的环境相适应，从而构成一个大的环境空间。

中国古建筑以木材、砖瓦为主要建筑材料，以木构架结构为主要的结构方式。此结构方式由立柱、横梁、顺檩等主要构件建造而成，各个构件之间的结点以榫卯相吻合，构成富有弹性的框架。中国古代木构架有抬梁、穿斗、井干三种不同的结构方式。抬梁式是在立柱上架梁，梁上又抬梁，所以称为"抬梁式"，宫殿、坛庙、寺院等大型建筑物中常采用这种结构方式。穿斗式是用穿枋把一排排的柱子穿连起来成为排架，然后用枋、檩斗接而成，故称作穿斗式，多用于民居和较小的建筑物。井干式是用木材交叉堆叠而成，因其所围成的空间似井而得名，这种结构比较原始简单，现在除少数森林地区外已很少使用。木构架结构有很多优点，首先，承重与围护结构分工明确，屋顶重量由木构架来承担，外墙起遮挡阳光、隔热防寒的作用，内墙起分割室内空间的作用。由于墙壁不承重，这种结构赋予建筑物以极大的灵活性。其次，有利于防震、抗震，木构架结构类似于今天的框架结构，由于木材具有的特性，构架的结构所用斗拱和榫卯又都有若干伸缩余地，因此在一定限度内可减少地震等自然灾害对这种构架所造成的危害。"墙倒屋不塌"形象地表达了这种结构的特点。

中国古代建筑的平面布局具有一种简明的组织规律。就是以"间"为单位构成单座建筑，再以单座建筑组成庭院，进而以庭院为单元，组成各种形式的组群。就单体建筑而言，以长方形平面最为普遍。此外，还有圆形、正方形、十字形等几何形状平面。整体而言，重要建筑大都采用均衡对称的方式，以庭院为单元，沿着纵轴线与横轴线进行设计，借助于建筑群体的有机组合和烘托，使主体建筑显得格外宏伟壮丽。民居及风景园林则采用了"因天时，就地利"的灵活布局方式。

中国古代建筑大体上可以分为四大类型：宫殿建筑、陵墓建筑、寺庙建筑、园林建筑。

（一）宫殿建筑

宫殿建筑，又称宫廷建筑，为传统建筑之精华，是古代皇帝为了巩固自己的统治，突出皇权的威严，满足精神生活和物质生活的享受而建造的规模巨大、气势雄伟的建筑物。它以皇宫为代表，皇宫无疑是国家最重要的建筑。秦朝阿房宫；汉朝未央宫、长乐宫；唐朝太极宫、大明宫；明清紫禁城等，都是中国历史上最宏伟的建筑。皇宫具有高、大、深、庄四大特点，目的是显示帝王之威。

我国宫殿建筑历史悠久，商代初期就有了它的雏形。秦始皇统一中国后，为炫耀自己的权势先后建立了咸阳宫、兴乐宫、阿房宫等。直到汉代，宫殿建筑主流形式仍然是高台建筑，追求"非壮丽无以重威"之势，建筑群的总体布局没有形成理想的组合方式。至隋文帝营建大兴宫，才将宫殿建筑依纵向序列排列，使空间序列取得了整齐、庄重、威严的艺术效果。这一布局方式直接为唐宋等朝代继承并都有相应的发展，比如大明宫创造了门阙合一的承天门，宋东京的宫殿中发明了千步廊。明清两代则将以往的实践经验兼收并蓄，创造了一系列宫殿艺术珍品，北京故宫就是其中最经典的代表作。

北京故宫（紫禁城），作为明清两朝帝王的皇宫，体现了中国古代建筑的最高成就，是中国古代宫殿建筑中保存最完整、规模最浩大的精品，充分体现了中国古代宫殿建筑"高、大、深、庄"的特点。故宫的天安门，是进入大清门（原址在人民英雄纪念碑南侧）后的第一个重点建筑，大大高于一般房屋，这主要是显示帝王的威严。"大"是指占有空间众多，故宫的建筑群恰如一大队金盔红袍庄严群立的战阵。所占有的空间大，自然就显出其"深"来，从大清门到天安门到午门到太和门最后到太和殿，正是这个由建筑的变化形成的节奏起伏的深长的时间的进程，不断地加重人们对帝王的敬畏情绪。"庄"是通过建筑完全沿中轴线对称排列和墙柱门的深红色显示出来，人们在对称建筑中行进，内心自然会产生一种肃穆之感。

北京故宫太和殿

（二）陵墓建筑

如果说宫殿建筑是为了显示现世帝王的威严，陵墓则是为了显示已逝帝王的威严。中国古代习用土葬，以秦始皇陵为代表。

我国的陵墓建筑已有两千多年的历史。商代以前，陵墓不垒坟，盛行深埋。春秋战国时期，随着高台建筑的增多，陵墓不仅筑土垒坟，而且植树，并设有供人祭祀用的殿堂。秦始皇营建骊山墓，把陵墓建筑推向第一个高潮。受此影响，秦汉时期的陵墓大多规模巨大。到了唐宋，陵墓有较大的改变。首先是为了防盗和突出宏伟气势，因山为陵成为定制；其次是陵墓的神道加长，门阙及石像增多，陵区内多设陪葬墓。明代陵墓继承唐宋因山为陵、陵区集中、神道深远的做法，但基本上放弃了先前正方形布局，陵墓形制更为自由，同环境的结合更为密切，地面建筑更加高大，其气势也更加壮阔。清陵大体沿袭明代的传统，不同的是各陵神道分立，后妃另建陵墓。

在古代陵墓建筑方面，最有代表性的要数明十三陵。明十三陵是中国明朝皇帝的墓葬群，坐落在北京西北郊昌平区境内的燕山支脉的天寿山麓。这里自永乐七年五月始作长陵，到明朝最后一帝崇祯葬入思陵止，其间230多年，先后修建了13座皇帝陵墓、7座妃子墓、1座太监墓，共埋葬了13位皇帝、23位皇后，2位太子、30余名妃嫔、1位太监。13座皇陵均依山而筑，分别建在东、西、北三面的山麓上，形成了体系完整、规模宏大、气势磅礴的陵寝建筑群。

（三）宗教建筑

在我国古代，宗教建筑是仅次于宫殿建筑和陵墓建筑的另一重要的建筑类型。在中国古代各类宗教中，最具有影响力的是佛教和道教。佛教起源于古印度，而道教是中国本土宗教。佛教的主要建筑有佛寺、佛塔和石窟，道教的主要建筑为道观。

佛寺是佛教僧侣供奉佛像、舍利（佛骨），进行宗教活动和居住的处所。佛教传入中国后，"寺"随之而出现，佛寺布局上沿袭中国传统的庭院形式。佛寺至北魏发展为前塔后殿式，即在正方形院落中，除了主体建筑外，在其后面还有一座佛殿。后来，伴着佛教中国化的过程，佛寺也逐渐吸收了中国传统的建筑布局样式，体现出鲜明的民族特色。整个寺院分为若干院落，而主要建筑都布置在中轴线上，从前至后有一至三座殿堂，常见的有天王殿、大雄宝殿、观音殿等。在中轴线两侧的厢房则依次设置客堂、斋堂、云会堂（禅堂）、祖师堂等配殿。现存最古老的寺庙是建于唐代的山西五台山南禅寺和佛光寺。除此以外，河北正定隆兴寺、浙江宁波保国寺、山西大同华严寺等都是宋、辽、金时期保留下来的重要遗存。明清佛寺留存最多，较多集中在山西五台山、四川峨眉山、浙江普陀山、安徽九华山这四大佛教名山中。东汉永平十年建立的洛阳白马寺是已知最早的佛寺建筑。

佛塔是佛教建筑中颇具特色的一种建筑类型，它起源于古印度。最初佛塔是作为藏舍利（佛骨）用的，以后渐渐发展成为一种纪念建筑。佛塔随佛教传入中国后，由于中国文化自身强大的主体地位的影响，塔的内涵和建筑形式都发生了较大的变化。其种类日趋多样，有楼阁式、密檐式、金刚宝座式、窣堵波式等数种，其中楼阁式是中国佛塔的主流形式。山西应县佛宫寺释迦塔是我国现存最高、最古老的一座木构塔式建筑，也是我国现存的唯一一座木结构楼阁式塔。

佛宫寺释迦塔

中国佛教石窟是一种依山开凿出来的特殊佛寺，因此，也称石窟寺。石窟艺术是一种宗教文化，取材于佛教故事，在中国兴于魏晋，盛于隋唐。它吸收了印度犍陀罗艺术和笈多艺术的精华，融汇了中国绘画和雕塑的传统技法和审美情趣，反映了佛教思想及其汉化过程，是研究中国社会史、佛教史、艺术史及中外文化交流史的珍贵资料。我国最著名的石窟群有四处，即甘肃敦煌莫高石窟、山西大同云冈石窟、河南洛阳龙门石窟和甘肃天水麦积山石窟。

道观是道士修炼的场所，它是道教的宗教建筑，道观的建筑原则与平面布局也都等同于宫殿建筑，只是规模较小，并且在装饰及室内摆设上带有各自的宗教色彩，观内建有对称的钟楼和鼓楼。著名的道观有北京白云观，安阳长春观等。

甘肃敦煌莫高窟

（四）园林建筑

中国的古典园林，是指在一定的地域范围运用工程技术和艺术手段，通过改造地形（或进一步筑山、叠石、理水）、种植树木花草、营造建筑和布置园路等途径创作而成的自然环境和游憩境域。常见的有亭、榭、廊、阁、轩、楼、台、舫、厅堂等建筑物。

园林建筑是中国传统建筑中的一个重要门类。在3 000多年前的周朝，中国就有了最早的宫廷园林，此后，历代王朝的都城和地方著名城市无不建造园林。中国古典园林是人类文明的重要遗产，它被举世公认为世界园林之母，世界艺术之奇观。以江南私家园林和北方皇家园林为代表的中国山水园林形式，是中国传统建筑在世界园林发展史上独树一帜的重大成就，是全人类宝贵的历史文化遗产。中国的园林建筑历史悠久，在世界园林史上享有盛名，在世界三大园林体系中占有辉煌的地位。

中国古典园林建筑包括宏大的皇家园林和精巧的私家园林。从其发展过程来看，前者发展较快，在秦汉和隋唐时期就掀起过两次高潮，而后者直至唐宋时期才有了较大的发展。

皇家园林的特点是规模大，景点多和气势奢豪。北京的颐和园是这方面的杰出代表。颐和园位于北京西郊，建成于清乾隆十五年。19世纪与20世纪之交，颐和园曾先后被英法联军和八国联军侵略者所毁，分别经过两次重修。颐和园占地近3平方千米，其中水域面积占3/4，园中殿、堂、楼、阁、廊、榭、亭、桥等建筑拥山抱水，绚丽多姿，构成了一幅优美的图画。

与皇家园林相比，集中于江南的私家园林规模较小，以修身养性、闲适自娱为园林主要功能。园主多为文人学士或退隐官员，园林风格以清高风雅、淡素脱俗为主要追求，充溢着浓郁书卷气与闲适之气。苏州的拙政园、留园、网师园等都是这方面的杰作。1997年12月4日联合国教科文组织世界遗产委员会第21届全体会议批准了以拙政园、留园、网师园、环秀山庄为典型例证的苏州古典园林列入《世界遗产名录》；2000年11月30日，联合国教科文组织世界遗产委员会会议批准沧浪亭、狮子林、艺圃、耦园、退思园增补列入《世界遗产名录》。

四、音乐艺术

中国传统音乐浩如烟海，品种丰富，形式多样，且有高度的审美和人文研究价值，是中国传统文化中一颗璀璨夺目的明珠。学习中国传统音乐，继承和弘扬中国民族文化，是新时代青年肩负的历史使命。

中国传统音乐又称"国乐"，是运用中华民族特有的艺术形式与方法，创造出独具东方色彩、具有中华民族形态特征的音乐，某种语境下又称为中国民族音乐。通常以1840年鸦片战争为分界，鸦片战争前的中国音乐体裁被界定为中国传统音乐，比如宫廷音乐、文人音乐、宗教音乐、戏曲音乐、说唱音乐等均属于中国传统音乐的范畴；而鸦片战争后借鉴西方音乐理论、创作手法、体裁与形态特征而创编的中国音乐被称为"中国新音乐"。

据中国考古学家以及历史学家的研究，在古老的中华大地上，有人类活动的历史可以追溯到大约170万年前，中国传统音乐的历史也不少于1万年。纵观历史长河，中国音乐从远古时代萌芽，以清代作为古代最后一个历史时期，从风格特征的维度我们大致可以把中国音乐分为四个阶段：第一阶段大致是从远古到商代，其诗、歌、舞三位一体，表演带有集体性。这个阶段的历史很漫长，它可以被认为是中国音乐发展的萌芽期，带有中华民族早期天真烂漫的文化气质，其音乐具有浓烈的巫文化特质，与巫术有着密切的关系，巫乐是当时很重要的代表。第二阶段是从西周到秦朝，这个时期建立了体现农业民族特点的礼乐制度，出现了对后世有着极其深远影响的礼乐文化，同时在音乐体裁、乐器制作、音乐理论以及音乐表演等方面都趋于成熟。礼乐制度既是统治制度、社会制度，也是音乐制度，音乐具有教化和审美的功能，寓教于乐，用音乐来调和和灌输礼仪，中国人在音乐中完成了作为礼仪之邦的基本思维的建立。第三阶段是从秦到五代，这一阶段的中国音乐一方面表现出在中央集权制度下，官方的宫廷歌舞音乐高度发展，另一个重要方面体现了中原文化与其他民族文化的融合，史学家们称这一阶段为"歌舞伎乐时代"。第四阶段为宋元明清时期，这一阶段民间的音乐生活表现得非常活跃，出现了市民欣赏音乐的场所勾栏瓦舍，产生了大量的民间音乐体裁，如说唱、戏曲、民歌、器乐等，音乐风格活泼生动，丰富多彩，可以称其为民间音乐时代。

中国传统音乐的分类，从音乐流行的社会层面看，常见的有"四分法"：宫廷音乐、文人音乐、宗教音乐、民间音乐。其中，民间音乐按照不同的艺术体裁分为：说唱音乐、戏曲音乐、民歌、民乐、民间歌舞。每类音乐又各有多种形式、体裁、乐种和作品。

（一）说唱音乐

说唱音乐又称曲艺音乐，是融文学、音乐、表演三位一体的艺术形式，具有以叙述性为主、兼有抒情性，与语言音调密切结合的音乐特征，是我国传统音乐的重要组成部分。它结合地方民间音调，采用地方方言将说与唱高度结合，为散、韵相间的吟诵性音乐，具有鲜明的地方色彩。说唱音乐的结构普遍比较灵活，曲牌体和板腔体是两种常见的结构，其演出形式通常由一人或数人自持乐器如鼓板、弦乐器等边说唱边作身法、眉眼的表演，时常由一人身兼说与唱的数个角色任务，灵活简便。说唱音乐通常大致分为十类：评书评话类、相声类、鼓词类、弹词类、渔鼓道情类、牌子曲类、琴书类、杂曲类、走唱类、板诵类。

我国的说唱音乐有着悠久的历史，有关记述可以追溯到春秋战国时期的著名学者荀子撰写的《成相篇》，采用韵文和散文相杂的文学形式，讲述古代圣王的故事。早期的说唱音乐如汉代的长篇叙事诗《孔雀东南飞》《陌上桑》《焦仲卿妻》，南北朝时期的《木兰诗》。汉代的说唱陶俑则从实物方面给后人提供了古代说唱艺术的生动画面。

唐代"变文"的出现为说唱音乐形成的标志，1899年在敦煌莫高窟发现我国现有记载的最早的说唱文本。宋代《清明上河图》中就描绘了市民在街边观赏说唱的图景，宋代"勾栏瓦肆（舍）"说唱艺术极为繁荣，出现了内容丰富、形式多样诸如陶真、诸宫调、"涯词"、道情等曲种。元、明时期的"词话"，清代的"弹词""鼓词""道情""琴书""牌子曲"，多数仍保留至今。

说书俑

（二）戏曲音乐

中国的戏曲与古希腊的悲剧和喜剧、印度的梵剧并称为世界三大古老戏剧。戏曲是中国的传统戏剧形式，堪称我国传统文化的集大成者，是包含文学、音乐、舞蹈、美术、杂技以及表演（含武术、舞美）等表现手段，各种因素综合的舞台艺术。而戏曲音乐是戏曲艺术中烘托舞台气氛、表现人物思想感情、刻画人物性格的重要元素，包括声乐部分的唱腔、韵白和器乐部分的伴奏、开场及过场音乐。其中以唱腔为主，有独唱、对唱、齐唱和帮腔等演唱形式，是发展剧情、刻画人物性格的主要表现手段。

中国戏曲的主要声腔有：昆腔、高腔、梆子腔、皮黄腔；主要剧种有：京剧、越剧、黄梅戏、评剧、豫剧、川剧、婺剧、绍剧、蒲剧、徽剧、闽剧、莆仙戏、梨园戏、高甲戏、赣剧、采茶戏、汉剧、湘剧、祁剧、湖南花鼓戏、粤剧、潮剧、桂剧、彩调、壮剧、川剧、黔剧、滇剧、傣剧、藏剧、皮影戏等360多种。其中京剧、越剧、黄梅戏、评剧、豫剧又被称为中国五大国剧。

黄杨扁担软溜溜——秀山花灯

中国戏曲最早可以追溯到原始歌舞中巫舞与傩舞的巫术表演以及商代宫廷的优人表演。巫术表演用来取悦神灵、驱邪避凶，优人表演以歌舞、诙谐、作乐、耍杂技等服侍于帝王公卿左右。先后又经历了秦汉"百戏和"、角抵戏；魏晋南北朝"歌舞戏"；唐代"参军戏"的萌芽时期；宋"杂剧"和金"院本"的雏形时期；元"杂剧"至明初"传奇"的成熟时期；明代嘉靖、隆庆年间的发展时期；明代万历年间的繁荣时期；清初的集成时期；清代中叶的转折时期以及近代的传承创新时期。

《贵妃醉酒》剧照

（三）民歌

　　民歌即中国民间歌谣，也叫民俗歌谣，是人民群众在生活和劳动实践中自己创作、自己演唱、经过广泛的口头传唱而产生和发展起来的具有浓郁地方风格的方言歌曲艺术。民歌属于民间文学中的一种形式，能够歌唱或吟诵，多为韵文。中国是一个多民族的国家，民歌内容丰富，色彩多样，艺术形态各具特色，作品数量多如牛毛。学术界通常把民歌分为汉族民歌与少数民族民歌两类，其中，汉族民歌通常按照演唱场合和音乐风格的不同又分为号子、山歌、小调三大体裁类别；少数民族民歌大多由自己的民族习惯划分，大多数少数民族能歌善舞，民歌被赋予了鲜明的舞蹈韵律，且种类繁多，数量巨大，比如蒙古族的长短调、狩猎歌、朝鲜族的抒情谣和农谣、彝族的"四大腔"（海菜腔、山药腔、五山腔、四腔）、哈萨克族的冬不拉弹唱歌、侗族的多声部"大歌"等，深受人民群众以及专业音乐工作者的喜爱，有着极高的艺术审美价值和历史人文价值。

遥远的呼唤——川江号子

　　我国民歌有着悠久的历史和传统，远在原始社会时，我们的祖先在狩猎、搬运、祭祀、娱神、求偶等活动中开始了他们的歌唱。如上古文献《弹歌》中记录："断竹，续竹；飞土，逐肉。"它十分概括地描写了原始时代狩猎劳动的全过程。全首民歌虽仅有八个字，却好像一幅栩栩如生的原始射猎图，是我们了解和认识原始时代人们生产和生活的珍贵资料的艺术瑰宝。春秋战国时期，我国诞生了第一部诗歌总集《诗经》，其中的"国风"部分采集了从西周到春秋中叶黄河流域500余年间15个诸侯国的民歌，故又称十五国风。《诗经》中的歌词极富想象力和艺术美感，展现了古代先民的生活、情感和审美情趣，是不可多得的艺术珍品。先秦的民歌中，南北各地音乐交汇的《楚辞》富于幻想和热情，其文辞风格凝练深邃、气度不凡，且充满神秘色彩。汉代出现了专门的音乐机构——乐府，且在汉武帝时期受到高度重视。民歌在这一时期得到了很大的发展，乐府乐工们收集了大量"赵、代、秦、楚"地区的民歌，著名文人司马相如等也创作诗词、歌赋，并且出现了一批以著名音

乐家李延年为代表的作曲者，涌现了一大批的"乐府新声"。

从汉代到隋唐，民歌相继出现了相和歌、南朝民歌（南方民歌）与北朝民歌（北方民歌）、曲子等形式。这一时期民歌的显著特点是多民族音乐文化的交流、融合。在今天现存的南北民歌中仍然能分辨出其深远的影响。宋代为民间歌曲填词的风尚使之出现"词牌"这一文学形式，而更为重要的是，大量的民间歌曲成了宋代说唱艺术和戏曲艺术的曲调来源，并最终脱去了民歌的抒情特质，被赋予了更强的戏剧表现力。明清以来，随着城镇的日渐繁荣和市民文艺的勃兴，民歌迎来了一次历史发展高峰，行走江湖的唱曲艺人促进了各地民歌的传播、加工和创作，城镇小调成为流行时尚，深受老百姓的喜爱，记录有民歌小曲的刊本开始出现，这其中有不少文人的参与，例如明代文人冯梦龙整理的《山歌》《挂枝儿》，清代李调元的《粤风》，华广生的《白雪遗音》等，这些歌集收录有各类民歌上百首。至清代，见于部分著录的小曲已多达208首，这其中的许多曲调至今仍在民间广为流传，例如《绣荷包》《剪剪花》《刮地风》《叠断桥》等。

20世纪以来，经历了1911年辛亥革命，1919年五四运动以后，随着人民革命运动的迅速发展，中国民歌进入了新的发展时期，反帝反封建的战斗主题便成为它新的特点和历史使命。

（四）民乐

中国民间器乐，历史悠久，源远流长。仅从已出土的文物即可证实，远在先秦时期，就有了多种多样的乐器。如我国有实物可考的最古老的乐器为1987年5月在河南舞阳县贾湖新石器时代遗址墓葬中出土的距今9 000年的骨笛。其他乐器还有浙江余姚河姆渡氏族社会遗址出土的骨哨，仰韶文化遗址西安半坡村出土的埙，河南安阳殷墟中出土的石磬、木腔蟒皮鼓；湖北随县曾侯乙墓出土的编钟、编磬、悬鼓、建鼓、枹鼓、排箫、笙、篪、瑟等。这些古乐器向人们展示了中华民族的智慧和创造力。

周代，中国已有根据乐器的不同制作材料进行分类的方法，分成金（钟、铙）、石（磬）、土（埙）、革（鼓）、丝（琴、瑟）、木（柷）、匏（笙）、竹（箫、篪）八类，叫作"八音"。在周末至清初的3000多年中，中国一直沿用"八音"分类法。

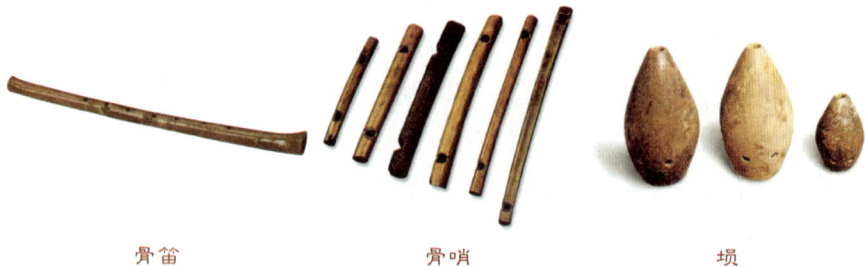

骨笛　　　　　　　　　骨哨　　　　　　　　　埙

曾侯乙编钟

我国的传统音乐民间器乐按照表演形式，分为合奏乐和独奏乐。合奏乐体裁多样，形式丰富，有诸如由丝弦乐器和主管乐器合奏的丝竹乐、由管弦乐器与打击乐器配合的吹打乐、纯粹以打击乐器合奏的清锣鼓、弦乐器合奏的弦索乐等。独奏乐比较成熟的形式并不多，大多数的独奏作品都是从传统声乐伴奏和器乐合奏中演化而来的，著名的独奏曲有古琴曲《梅花三弄》、古筝曲《渔舟唱晚》、琵琶曲《十面埋伏》、唢呐曲《百鸟朝凤》、笛曲《鹧鸪飞》、笙曲《凤凰展翅》、二胡曲《二泉映月》、京胡曲《夜深沉》、马头琴曲《万马奔腾》等。

（五）民间歌舞

我国民间舞蹈是中华民族艺术宝库中的璀璨明珠，它不仅历史悠久、题材广泛、内容丰富、形式多样，而且数量之多也是世界上所罕见的。据《中国民族民间舞蹈集成》总编辑部初步调查，2000年我国各民族共有民间舞蹈17 636个，其中汉族舞蹈14 291个，少数民族舞蹈3 345个。这些舞蹈展现了各地人民的审美情趣、民俗风情和娱乐生活，具有鲜明的地域特色和极高的文化价值。通常学术界将民间舞蹈按体裁分为"歌舞"和"乐舞"两种类型，融合音乐与表演于一体。歌舞指载歌载舞、歌舞相间的表演形式；乐舞则以乐伴舞、随乐而舞，或者以乐器为道具，边舞边奏。在民间，歌舞乐三者结合的形式最为普遍。

民间歌舞音乐分为器乐和声乐两部分。声乐歌唱部分主要来源于各地的民歌歌谣，伴以有节奏的音乐，与舞蹈韵律紧密结合，融为一体；器乐主要起伴奏作用，以锣、鼓、镲等打击乐器为主，间有笙、管子、箫、唢呐等旋律性民间乐器，乐曲大多风格热烈豪放。

从民间歌舞的功能上来看，我国汉族的舞蹈多半用于娱乐，例如北方各地的秧歌，南方的采茶舞、花鼓、花灯等，在大型的传统节日活动中均会出现；少数民族的舞蹈常用于祭祀、礼仪以及各类民俗活动，带有较强的实用性功能，如纳西族的宗教舞蹈"东巴舞"、蒙古族的祭祀舞蹈"安代"、侗族立春时节的民俗舞"舞春牛"、朝鲜族的长鼓舞以及农乐舞、傣族的孔雀舞等。

🔍 体验活动

活动名称："国乐妙音"作品创演

活动目标：

1. 知识目标

让学生通过查找资料探索民族音乐、传统音乐、民间音乐的内涵界定与联系。

2. 能力目标

通过对传统音乐的学习和了解，小组合作选择优秀且感兴趣的传统音乐作品进行二度创演。

3. 素养目标

学生在创演活动的过程中充分展示、表达自己的才能，在实践操作中增强优秀传统文化的传承与文化发展意识，坚持守正创新，增强主人翁意识，提升文化自信，增强民族自豪感。

活动步骤：

1. 材料准备

传统音乐作品音（视）频素材、作品所需道具、传统服饰等。

2. 具体步骤

（1）查找资料：搜集并选择有关传统音乐的作品素材（6人为一组）。

（2）根据原有搜集素材创编作品脚本。

（3）小组排练。

（4）小组作品展演：作品视频录制并上传至作业群。每组推荐1名同学说明自己作品展演的主题，选择较好的两组进行课堂展示。

第四章
代代相传的民俗文化

　　民俗是一个国家或民族中的广大民众所创造、享用和传承的生活文化。它来自人民，传承于人民，规范于人民，同时又深藏在人民的行为、语言和心理中。五里不同风，十里不同俗，每个地方都有自己的风俗习惯。中国历史悠久，国土辽阔，民族众多，各地区、各民族殊风异俗，形形色色。民俗文化虽然产生于遥远的过去，但凭借其顽强的生命力在历史的长河中代代流传，延续至今，它像一条无形的链，贯穿于历史和现实、昨天和今日，传统的岁时节日、宴飨饮食、婚丧嫁娶、人生仪礼、着装打扮等共通交互，构成了蔚为壮观的民俗文化。

中国传统饮食文化

孙中山在《建国方略》中说："我中国近代文明进化，事事皆落人之后，惟饮食一道之进步，至今尚为文明各国所不及。"随着历史和社会的进步，饮食也从最初满足人们的基本生存需求的产物，发展为各具形态的审美心理，逐渐形成了一种社会习俗，成为民俗文化的重要组成部分。

一、食文化

（一）中国食文化概述

民以食为天，世界上任何一个国家和民族都有与众不同的饮食习惯和味觉倾向，并各自将这些精妙的技艺发展成了一种习俗，一种文化，这使得无数食客流连在世界的每一个角落。作为世界文明古国之一，中国饮食的历史几乎与中国的文明史一样长。在充饥果腹之外，人们赋予了饮食更多的文化意味，即所谓的"食文化"。

随着社会和经济的发展，饮食业在不断地发展着。从食物摄取的角度讲，人类诞生之初，并不会生火用火，更不懂得制作熟食，根据中国的历史记载和传说，燧人氏教会了人们钻木取火，从此进入了食用熟食的时代。自此奠定了人类饮食史上的一次大飞跃的物质基础。先秦时期，是中国饮食文化的成形时期。春秋战国时期，中国古人已经掌握了成熟的农耕技术，但食物的种类结构与现在不同。到汉代，中国的饮食文化日趋丰富，这都归功于中原与西域饮食文化的交流。唐宋时期是饮食文化发展的高峰，讲究"素蒸声音部、罔川图小样"，最具代表性的是烧尾宴。烧尾宴是唐代长安曾经盛行过的一种特殊宴会，是指士人新官上任或官员升迁，招待前来恭贺的亲朋同僚的宴会，寓意割去从前生活的"尾巴"，获得新的成就。明清时期饮食文化的发展进入了又一高峰，是唐宋食俗的继续和发展，同时又混入其他民族习俗的特点，饮食结构有了很大变化，主食菰米已被彻底淘汰，麻籽退出主食行列改为用于榨油，豆类也不再作为主食，成为菜肴，产自北方黄河流域的小麦的产量大幅度增加，面成为宋以后北方地区的主食，明代又一次大规模引进马铃薯和甘薯，蔬菜的种植达到较高水准，人工畜养的畜禽成为肉食主要来源。满汉全席代表了清代饮食文化的最高水平。

从物质文化的角度讲，中国饮食文化是指原料的生产、加工和进食的方式。从精神文化的角度讲，中国饮食文化是指人们在食物原料的生产、加工和进食过程中的社会分工及其组织形式、价值观念、分配制度、道德风貌、风俗习惯、艺术形式等。中国饮食文化就是中国人在长期的饮食实践活动中创造出来的物质财富和精神财富的总和。中国人的饮食生活逐渐形成了以谷物为主食，以其他肉类、蔬菜、瓜果为副食，以茶、酒等为饮料的饮食结构。

（二）中国八大菜系

我国的菜系，是指在一定区域内，由于气候、地理、历史、物产及饮食风俗的不同，经过漫长历史演变而形成的一整套自成体系的烹饪技艺和风味，并被全国各地所承认的地方菜肴，菜肴在烹饪中有许多流派。鲁、川、苏、粤四大传统菜系形成历史较早，后来，浙、闽、湘、徽等地方菜也逐渐出名，于是形成了我国的"八大菜系"。

1. 鲁菜

鲁菜起源于山东地区，是中国传统四大菜系中唯一的自发型菜系（相对于淮扬、川、粤等影响型菜系而言），是历史最悠久、技法最丰富、难度最大、最见功力的菜系之一。

鲁菜口味以咸鲜为主。讲究原料质地优良，以盐提鲜，以汤壮鲜，调味讲求咸鲜纯正，突出本味，火候精湛，精于制汤，善烹海味。

鲁菜——清
蒸加吉鱼

2. 川菜

川菜是中国传统的四大菜系之一。起源于川渝地区，以麻、辣、鲜、香为特色。川菜的出现可追溯至秦汉时期，在宋代已经形成流派，在明末清初辣椒传入中国一段时间后，川菜进行了大革新，逐渐发展成了现在的川菜。川菜是中国最有特色的菜系，也是民间流传最广的菜系。口味麻辣为主，菜式多样，口味清鲜醇浓并重，以善用麻辣调味（鱼香、麻辣、辣子、陈皮、椒麻、怪味、酸辣诸味）。

川菜素来享有"一菜一格，百菜百味"的声誉。川菜在烹调方法上，有炒、煎、干烧、炸、熏、泡、炖、焖、烩、贴、爆等38种之多。在口味上特别讲究色、香、味、形，兼有南北之长，以味的多、广、厚著称。历来有"七味"（甜、酸、麻、辣、苦、香、咸），"八滋"（干烧、酸、辣、鱼香、干煸、怪味、椒麻、红油）之说。

3. 粤菜

粤菜即广东菜，是中国传统四大菜系之一，源自中原地区，经历了两千多年的发展历程后，到了晚清时期已日渐成熟。由广府菜（即广州菜）、潮州菜（也称潮汕菜）、东江菜（也称客家菜）三种地方风味组成，三种风味各具特色。粤菜是起步较晚的菜系，但它影响深远，由于广东地区独特的地理位置、历史沿革以及粤菜的口味特点等因素，粤菜在世界范围内广为流传，世界各国的中菜馆，多数是以粤菜为主，因此，有不少人认为粤菜是海外中国的代表菜系。

粤菜口味以鲜香为主，用料广博，选料精细，擅长小炒，要求掌握火候和油温恰到好处。还兼容许多西菜做法，讲究菜的气势、档次。

粤菜善于在模仿中创新，依食客喜好而烹制。烹调技艺多样善变，以炒、爆为主，兼有烩、煎、烤，讲究清而不淡，鲜而不俗，嫩而不生，油而不腻，有"五滋"（香、松、软、肥、浓）、"六味"（酸、甜、苦、辣、咸、鲜）之说。时令性强，夏秋尚清淡，冬春求浓郁。这种追求清淡、追求鲜嫩、追求本味的特色，既符合广东的地理特点，又符合现代营养学的要求，是一种科学的饮食文化。

鱼香肉丝

豉汁凤爪

4. 苏菜

苏菜即江苏菜系，是中国四大传统菜系之一。江苏菜系在烹饪学术上一般称为"苏菜"，由金陵菜、徐海菜、淮扬菜和苏锡菜四种风味汇成，是宫廷第二大菜系，今天国宴仍以淮扬菜系为主。

苏菜选料讲究，刀工精细，口味偏甜，造型讲究，特色鲜明。由于江浙地区气候潮湿，又靠近沿海，所以往往会在菜中增加糖分，来去除湿气。苏菜很少放辣椒，因为吃辣椒虽然能够去除湿气，但是容易上火。因此，江浙菜系口味以偏甜为主，如无锡排骨、松鼠鳜鱼等。

苏菜口味以清淡为主。用料严谨，注重配色，讲究造型，四季有别。烹调技艺以炖、焖、煨著称；重视调汤，保持原汁，口味平和。善用蔬菜。其中淮扬菜，讲究选料和刀工，擅长制汤；苏南菜口味偏甜，注重制酱油，善用香糟、黄酒调味。

松鼠鳜鱼

5. 闽菜

闽菜是以闽东、闽南、闽西、闽北、闽中、莆仙（莆田、仙游）地方风味菜为主形成的菜系。以福州菜为代表。口味鲜香为主。尤以"香"见长，清鲜不腻。闽菜三大特色，一长于红糟调味，二长于制汤，三长于使用糖醋。

闽菜清鲜，淡爽，偏于甜酸。尤其讲究调汤，汤鲜、味美，汤菜品种多，具有传统特色。闽菜有"福州菜飘香四海，食文化千古流传"之称，最突出的烹调方法有醉、扣、糟等，其中最具特色的是糟，有炝糟、醉糟等。闽菜中常使用的红糟，由糯米经红曲发酵而成，糟香浓郁、色泽鲜红。糟味调料本身也具有很好的去腥膻、健脾肾、消暑火的作用，非常适合在夏天食用。

6. 浙菜

浙江地处中国东海之滨，素称鱼米之乡，特产丰富，盛产山珍海味和各种鱼类。浙菜是以杭州、宁波、绍兴和温州四种风味为代表的地方菜系。浙菜采用的原料十分广泛，注重原料的新鲜、合理搭配，以求味道的互补，充分发掘出普通原料的美味与营养。

浙菜菜式小巧玲珑，清俊逸秀，菜品鲜美滑嫩，脆软清爽。运用香糟、黄酒调味。烹调技法丰富，尤其在烹制海鲜河鲜方面有其独到之处。其口味注重清鲜脆嫩，保持原料的本色和真味。菜品形态讲究，精巧细腻，清秀雅丽。

浙江点心有团、糕、羹、面，品种多，口味佳。例如，嘉兴肉粽、宁波汤圆、绍兴臭豆腐、湖州馄饨等。

7. 湘菜

湘菜，又叫湖南菜，是中国历史悠久的八大菜系之一。湘菜特别讲究调味，尤重酸辣、咸香、清香、浓鲜。夏天炎热，其味重清淡、香鲜，冬天湿冷，味重热辣、浓鲜。湘菜调味，特色是"酸辣"，以辣为主，酸寓其中。"酸"是酸泡菜之酸，比醋更为醇厚柔和。湖南大部分地区地势较低，气候温暖潮湿，古称"卑湿之地"。而辣椒有提热、开胃、祛湿、祛风之效，故深为湖南人民所喜爱。剁椒经过乳酸发酵，具有开胃、养胃的作用。

湘菜口味以香辣和酸辣为主，品种繁多。色泽上油重色浓，讲求实惠；香辣、香鲜、软嫩。重视原料互相搭配，滋味互相渗透。

8. 徽菜

徽州菜，简称徽菜。徽菜起源于南宋时期的徽州府（其范围大致包含现安徽省黄山市，宣城市绩溪县以及江西省婺源县），徽菜是古徽州的地方特色，其独特的地理人文环境赋予徽菜独有的味道，由于明清徽商的崛起，这种地方风味逐渐进入市肆，流传于苏、浙、赣、闽、沪、鄂等长江中、下游区域，具有广泛的影响，明清时期一度居于八大菜系之首。根据2009年出版的中国徽菜标准，正式确定徽菜为皖南菜、皖江菜、合肥菜、淮南菜、皖北菜五大风味，沿江菜、沿淮菜、皖南菜的总称。因为徽州人喜爱饮茶，所以徽菜一般浓油赤酱，所谓重油、重色、重火工，芡重，色深，味浓。同时由于古徽州地区多山多水多食材，徽菜注重食物的本真，以烹饪山珍水产见长，代表菜肴有"毛峰熏鲥鱼""火腿炖甲鱼""腌鲜鳜鱼""黄山炖鸽""雪冬烧山鸡"等。

徽菜口味以鲜辣为主。擅长烧、炖、蒸，而爆、炒少，重油、重色、重火功。重火工是历来的，其独到之处集中体现于擅长烧、炖、熏、蒸类的功夫菜上，不同菜肴使用不同的控火技术，形成酥、嫩、香、鲜的独特风味，其中最能体现徽式特色的是滑烧、清炖和生熏法。

小炒黄牛肉

臭鳜鱼

二、茶文化

（一）茶的起源与传播

中国是茶树的原产地，茶文化的发祥地，无论老百姓的开门七件事"柴米油盐酱醋茶"，还是文人的七件宝"琴棋书画诗酒茶"，都含有茶。

关于茶的起源，《神农本草经》记载："神农尝百草，日遇七十二毒，得茶而解之。"有"茶圣"之称的陆羽在其《茶经》中也说道："茶之为饮，发乎神农氏。"由此可见，远古时期的人民已经发现了茶树，并且发现了茶叶的药用价值。之后很长的一段时间里，人们对于茶叶的使用，主要在药用方面，后来，才逐渐转作食用或者饮用。

纵观中国茶的发展历史，经历了药用、食用、作酒及饮料几个阶段。秦之前，以药用功能为主，人们使用早期的陶制或瓷制鼎、釜、罐等器物进行混煮，喝茶汤、吃茶叶。秦汉魏晋时期，药用、品茗兼具。西汉王褒《僮约》里讲到"烹茶尽具"和"武阳买茶"之事。魏晋时期，因为特殊的社会环境和风气，玄学盛行，崇尚清谈，文人们更是把饮茶品酒当成生活的一部分，以此排解郁闷之气。唐代饮茶之风盛行，加之"茶圣"陆羽的出现，茶叶遂成了举国之饮。陆羽的《茶经》是我国乃至世界现存最早、最完整、最全面的茶学专著，被誉为"茶叶百科全书"，也标志着茶文化的产生。当时盛行"煎茶法"，饮茶人特别讲究，不但要把茶叶碾碎，还要放盐、葱、姜、橘皮、红枣等以调味，而且也出现了专门的烹煮茶具。古人说，茶"兴于唐而盛于宋"，两宋是茶文化的繁盛期，时兴"点茶法"，对饮茶的品质、过程要求更严，文人们之间也流传着许多"斗茶"的佳话。元、明、清是茶文化的普及期。明清时，人们已经不再简单地注重饮茶的形式，而是将饮茶和茶艺升华到精神的高度，将儒、释、道的哲学精华融于其中，承载寄予的内在力量，为茶文化的丰富和发展注入了新的活力。

我国是世界上茶叶品类最多的国家之一，因而对茶叶的分类有不同的标准。通常按照制作工艺的不同，分成绿茶、白茶、黄茶、青茶、红茶和黑茶六大类。绿茶是我国产量、销量最大的茶类，也是出现最早的茶叶。红茶是我国第二大茶类，主要可分为三大类：小种红茶、功夫红尘和红碎茶。其中祁门红茶与阿萨姆红茶、大吉岭红茶、锡兰高地红茶合称"世界四大红茶"，享誉海内外。

大红袍

古人饮茶，重在一个"品"字，不仅品茶的优劣，也寄茶寓情，品味人生。因此，古人自然而然地将茶的色、香、味、形与天地自然、人文精神、生活哲理等结合起来，形成了独具中国特色的茶艺、茶道、茶文化。

道在中国文化里，含义丰富，因此对于茶道的理解，也是见仁见智。近代学者吴觉农先生认为，茶道是"把茶视为珍贵、高尚的饮料，饮茶是一种精神上的享受，是一种艺术，或是一种修身养性的手段"。所谓茶道是以修身养性为宗旨的饮茶艺术，通过泡茶、赏茶、闻茶、饮茶，以增进友谊，学习礼法，修身养性。茶道充满了谦和之美，具有一定的时代性和民族性。中国茶道融合了儒、释、道精神，以儒家思想为核心，内涵丰富，注重自然美、随和美。通常认为，中国茶道有四字真谛：和、静、怡、真，契合了中华民族传统的审美情趣和哲理风范。

"和"是中国茶道哲学思想的核心，源自《周易》的"保合大和"，意味着天地万物的阴阳协调，保全大和之元气，最终达到天人合一的和谐之美。体现在茶事中，有泡茶时"酸甜苦涩调太和，拿握迟速量适中"的中庸之道，有待客时"奉茶为礼尊长者，备茶浓意表浓情"的明伦之礼，有饮茶时"饮罢佳茗方知深，赞叹此乃草中英"的谦和之行，有饮茶时环境和心境"朴实古雅去虚华，宁静致远隐沉毅"的行俭之德。

"静"乃中国茶道修身养性、追寻自我的必由之径。无论道家还是儒家或佛家，都主张静以悟道。在饮茶的宁静氛围中，神思遐想，洞察大千世界，洗涤净化心灵，达到至静之境。

"怡"是指饮茶过程中的身心享受，感受雅俗共赏、怡然自得的愉悦之美。文人雅士追求"茶之韵"，王公贵胄讲究"茶之珍"，百姓追寻"茶之味"，道家重在"茶之功"，佛家体验"茶之德"。

中国茶桌礼仪

"真"是终极追求，讲求的是事物的本性本质。体现在茶事中，不仅包括茶的真茶、真香、真味，品茶器具的材料也要真竹、真木、真陶、真瓷，还要包含真心、真情、真诚、真闲。

我国茶文化对周边国家的影响深远，日本和朝鲜地区都较早形成了自己的茶道精神，日本茶道精神是"和、敬、清、寂"，朝鲜茶道精神是"清、净、和、乐"。

（二）陆羽与《茶经》

具有传奇身世的陆羽，用毕生精力撰成中国第一部茶学专著《茶经》，按源、具、造、器、煮、饮、事、出、略、图叙述了唐以及唐以前的茶事，《茶经》的问世标志着中华茶文化的确立。

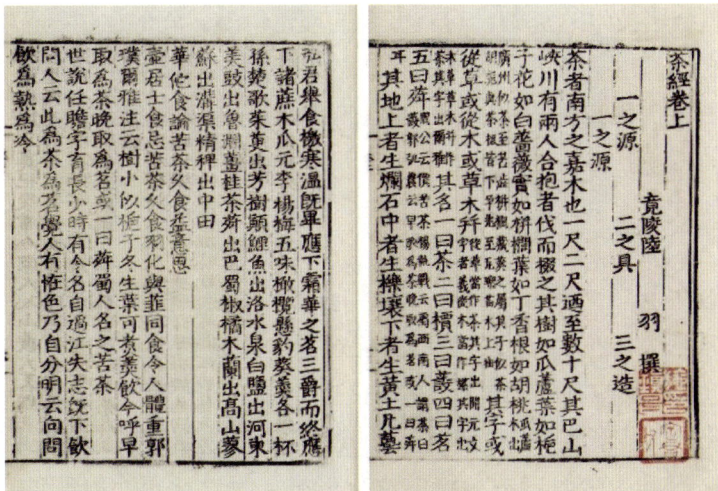

《茶经》书影

陆羽是唐朝复州竟陵（今湖北省天门县）人。陆羽是一个弃儿，三岁时被竟陵龙盖寺住持智积禅师在西湖一带捡得。后来，他"以《易》自筮"，得到"渐"卦，卦辞为"鸿渐于陆，其羽可用为仪"，由此，他以"陆"为姓，以"羽"为名，以"鸿渐"为字。

1. 陆羽《茶经》的主要内容

佛门出身的陆羽不但熟悉茶事，而且还以煎得一手好茶而闻名。作为一个有心人，陆羽一直注意收集历代茶叶史料，并亲自参与调查和实践，总结几十年宝贵经验，撰成《茶经》一书，《茶经》全书共分三卷十节，7 000余字，分别按源、具、造、器、煮、饮、事、出、略、图叙述了唐以及唐以前的茶事。

（1）源：论述茶的起源、名称、品质，介绍茶树的形态特征、茶叶品质与土壤的关系。

（2）具：详细介绍制作饼茶所需的19种工具的名称、规格和使用方法。

（3）造：讲茶叶种类和采制方法，指出采茶的要求，并提出了适时采茶的理论。

（4）器：详细叙述了28种煮茶茶具，还论述了各地茶具的好坏及使用规则。

（5）煮：写煮茶的方法和各地水质的优劣，叙述饼茶茶汤的调制，着重讲述烤茶的方法。

（6）饮：讲饮茶风俗，叙述饮茶风气的起源、传播和饮茶习俗，提出饮茶的方式方法。

（7）事：叙述古今有关茶的故事、产地和药效。

（8）出：评各地所产茶的优劣，并将唐代茶叶生产区域划分成八大茶区，按品质分为四级。

（9）略：谈哪些茶具、茶器可省略以及可以省略哪些制茶过程。

（10）图：提出把《茶经》所述内容写在素绢上挂在座旁，《茶经》内容就可一目了然。

2. 陆羽《茶经》的历史意义

《茶经》是中国茶文化发展到一定阶段的产物。对唐代及唐代以前的茶的历史、产地、功效、栽培、采制、煎煮以及饮用都做了充分的阐述，对茶树起源的研究具有重要意义，也奠定了现代茶树栽培技术的基础，具有极高的理论价值。同时，《茶经》中提出的茶道精神和茶艺、茶道要素，也推动了茶文化的形成，是当代茶文化的重要参考文献。故此，《茶经》可以说是中国古代最完备的一部茶书，它的出现标志着中国茶文化在唐代中期的正式确立。

三、酒文化

酒文化是指酒在生产、销售、消费过程中所产生的物质文化和精神文化的总称。酒文化包括酒的制法、品法、作用、历史等酒文化现象，既有酒自身的物质特征，也有品酒所形成的精神内涵，是制酒饮酒活动过程中形成的特定文化形态。

酒在人类文化的历史长河中，不仅仅是一种客观的物质存在，还是一种文化象征。酒文化以酒为载体，以酒为中心形成独特的文化形态。酒文化具有鲜明的民族性与时代性，同时还对社会生活各个方面产生很大的影响。

（一）酒文化的发展概述

中国酒的历史，可以上溯到人类社会发展史的上古时期。《史记》中便有纣王"以酒为池，悬肉为林""为长夜之饮"的记载，《诗经》中有"为此春酒，以介眉寿"的诗句，这些都表明中国酒的兴起已有五千年的历史了。中国是世界上最早酿酒的国家之一。中国酒的原始发明者到底是谁，众说纷纭，莫衷一是。那么，酒究竟源于何时，源于何方？虽然没有有形的文字记载，但在民间具有天才想象力的老百姓却把酒的发明归功于神，从而诞生了许多与酒有关的美丽动人的传说。

1. 酒文化的起源

（1）酒星酿造说

中国民间流传"酒星造酒"的传说，把酒星当作天神，说酒是天上的酒星酿造的。宋代窦苹在《酒谱》中也有这样的记载："天有酒星，酒之作也，其与天地并矣"。意思是酿酒的起源与宇宙的生成有关。

（2）猿猴造酒说

商代兽面纹爵

在中国的历史文献中，对"猿酒"有不少的记载。明代李日华在《紫桃轩杂缀》中载："黄山多猿猱，春夏采杂花果于石洼中，酝酿成酒，香气溢发，闻数百步。野樵深入者或得偷饮之，不可多，多即减酒痕，觉之，众猱伺得人，必嬲死之。"《清稗类钞·粤西偶记》中也说："粤西平乐（位于今天广西壮族自治区东部）等府，山中多猿，善采百花酿酒，樵子入山，得其巢穴者，其酒多至数石，饮之，香美异常，名曰猿酒。"

（3）仪狄造酒说

仪狄造酒说始载于《世本》。《世本》是秦汉间人辑录古代帝王公卿谱系的书，书中讲："仪狄始作酒醪，变五味。"认为仪狄是酒的始作人，后来又衍生出西汉人刘向编订的《战国策》中所记载的："昔者，帝女令仪狄作酒而美，进之禹，禹饮而甘之，遂疏仪狄，绝旨酒，曰：后世必有以酒亡其国者。"东汉人许慎在撰《说文解字》"酒"条时，也记载了"古者仪狄作酒醪，禹尝之而美，遂疏仪狄"。到三国时，蜀汉学者谯周著《古史考》也说"古有醴酪，禹时仪狄作酒"，将仪狄奉为酒的发明人。

（4）杜康造酒说

"杜康造酒"一说在民间也广为流传，特别得力于三国时代曹操的乐府诗《短歌行》，诗中道："慨当以慷，忧思难忘，何以解忧，唯有杜康。"在这里，杜康已成为美酒的代名词了，人们都因此把杜康当作了酿酒的祖师爷。

杜康到底是什么时代的人？自古至今扑朔迷离。杜康很可能是先秦时期一位著名的酿酒大师，凭着他对高粱的认识，开始用它的种子酿酒，留下的高粱秸则制成箕、帚等工具。由于高粱是极好的酿酒原料，酿出的酒味道不同凡响，格外美好，杜康之名也因之鹊起。宋代《酒谱》的作者窦苹也是这样推论的。

2. 酒文化的形成与发展

在我国原始社会，酿酒就已经很盛行了。但是远古时期的酒，是未经过滤的酒醪，呈糊状和半流质，这种酒适合食用而不是饮用。我国已知最早的青铜器，是夏朝一种叫爵的酒器。商朝人善于饮酒，酒文化也十分盛行。青铜器制作技术的提高，促使中国的酒器制造达到了前所未有的繁荣，甚至出现了"长勺氏"和"尾勺氏"这种专门以制作酒具为生的氏族。当时的饮酒风气很盛，特别是贵族饮酒极为盛行，最典型的代表是纣王造酒池肉林，整日里美酒伴美色，留下了"酒色文化"。到了周代，"酒礼"与"酒德"被大力倡导，酒的主要用途被限制在祭祀上，因此出现了"酒祭文化"。周代最严格的礼节是酒礼。饮酒，尤以年长者为优厚，"六十者三豆，七十者四豆，八十者五豆，九十者六豆"，这就是周代的"酒仪文化"。

春秋战国时期，由于铁制工具的使用，生产力有了很大发展，这就为酒的进一步发展提供了物质基础，春秋战国时期的文献也对酒多有记载。从商至春秋战国时期，酿酒技术有了明显提高，随之提高的是酒的质量。

秦朝经济繁荣，酿酒业也随之兴旺。秦汉年间出现了"酒政文化"，即统治者屡次禁酒，通过提倡戒酒来减少五谷的消耗，但仍然屡禁不止。到了汉代，酒的用途更加扩大，如东汉名医张仲景用酒来治疗疾病。汉代酒文化的基本功能是调和人伦、献谀神灵和祭祀祖先，饮酒还开始与各种节日相互联系，形成了独具特色的饮酒习俗。汉以后，酒文化中"礼"的色彩也愈来愈浓，酒礼也变得严格。三国时期是我国的酒文化的发展时期，酿酒的技术、原料、种类等都有了很大进步。三国时期的酒风剽悍、嗜酒如命。陶元珍先生云："三国时饮酒之风颇盛，南荆有三雅之爵，河朔有避暑之饮。"

由于秦汉年间提倡戒酒，因此到魏晋时期酒才有合法地位。民间自由酿酒的现象在此时相当普遍，酒业市场也十分兴盛，并出现了酒税，这是国家的财源之一，"酒财文化"由此形成。到了魏晋南北朝时期，名士饮酒的风气也很盛行。人们借助于酒抒发人生感悟以及对社会的忧思和对历史的慨叹，酒进入了精神层面，从而拓展了酒的文化内涵。

唐朝诗词的繁荣，促使辉煌的"酒章文化"的出现，"酒催诗兴"是唐朝酒文化最凝练的体现。酒催发了诗人的诗兴，从而内化在其诗作里，酒也就从物质层面上升到了精神层面。唐朝的酒肆日益增多，酒令也十分盛行。酒与诗词、音乐、书法、美术、绘画等相互融合，融入了百姓的日常生活中，使酒文化进入了高度发达时期。宋朝酒文化是唐朝酒文化的延续和发展，因此与唐朝的酒文化相比，宋朝酒文化更丰富，也与我们如今的酒文化更接近。宋代的酒业繁盛，因此酒店遍布各地，蒸馏法的发明使白酒从此成为中国人饮用的主要酒类。在金政权的统治区域内，北方民族素有豪饮之风，金代有着烧锅酒文化，因此也有着浓厚的酒文化底蕴。

明代农民起义战火不断，而清王朝末期不御外侵，导致百姓四处迁徙避患，"酒域文化"在地域文化形成下产生。明清以后，酒成了人们生活中不可缺少的饮品。饮酒与节日紧密结合，如元旦饮椒柏酒、端午饮菖蒲酒、正月十五饮填仓酒、重阳饮菊花酒、中秋饮桂花酒。清代有"酒品之乡，京师为最"的说法。明清两代是中国酒文化发展的又一个高峰时期。明清饮酒十分讲究"陈"字，陈酒十分受到推崇，所谓"酒以陈者为上，愈陈愈妙"。此外，酒文化也被推向了修身养性的境界高度。由于酒令五花八门，因此无论是人物、花草鱼虫、诗词歌赋、戏曲小说、时令风俗都能入令，中国的酒文化从高雅的殿堂被推向了通俗的民间，从在名人雅士间普及到被里巷市井所爱好。

如今，酒文化的核心应当是"酒民文化"。酒与人的关系更加密切，酒更加广泛地融入了人们的日常生活，如生日宴、婚庆宴、丧宴等均有相关的酒俗和酒礼。随着时代的变化，如今中国的酒文化也融入了更多具有时代性和中国特色的内容，尤其是人情文化。

（二）古酒的种类

中国是酒的故乡，是酒文化的发源地之一，也是世界上最早酿酒的国家之一。在中国数千年的酒文化发展史中，中国人民酿造了众多美酒，其种类经久不衰并且扬名中外。

古酒大体可分为两种，即果实、谷类酿造而成的有色酒和无色的蒸馏酒，也可细分为白酒、黄酒、葡萄酒、米酒和药酒几类。

1. 白酒

白酒，俗称烧酒，是指用含淀粉或糖质的谷物为原料，经过糖化发酵酿制而成的一种蒸馏酒。主要特点是无色或微黄，质地纯净，具有独特的芳香和风味，味感丰富。

中国是最早掌握白酒酿制技术的国家之一。中国古代在酿酒技术上的一项重要发明，就是酒曲造酒。古人"以白为美"，故酿造的酒得到"玉液""琼浆"等美称，现代称之为白酒。中国白酒与外国的白兰地、威士忌、朗姆酒、伏特加、金酒、龙舌兰酒、日本清酒齐名，被誉为世界著名八大蒸馏酒之一。中国白酒不论在种类上还是在酿造手艺上都具有不可比拟的优势。同样的原料，用不同的生产工艺，在不同的地方生产出来的白酒的味道与品质都是不尽相同的。杜牧诗吟"借问酒家何处有，牧童遥指杏花村"指的是山西汾酒；苏东坡著名的《喜雨亭记》用"花开酒美喝不醉，来看南山冷翠微"的句子盛赞柳林西凤酒。

2. 黄酒

黄酒，是世界上最古老的三大酒种之一，是我国特有的酒种，被称为国酒。黄酒主要以稻米、黍米、小麦等传统谷物为原料，加上酒曲发酵酿制而成。中国的黄酒酿造技术在世界范围内具有独特性。中国人开始大量酿造黄酒是在3000多年前的商周时代，当时的古人就独创酒曲复式发酵法。晋代江统在《酒诰》中说："有饭不尽，委于空桑，郁结成味，久蓄气芳。本出于此，不由奇方。"据考证，黄酒发源始于衡阳。王冕"解冻燎

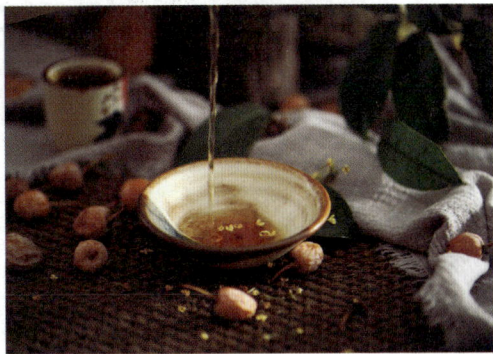

黄酒

枯槁，屏寒贳黄酒"，讲的正是黄酒功效。寒冬季节饮少许黄酒，可通经活络，驱寒暖体。经过数千年的发展，黄酒的品种琳琅满目，如绍兴黄酒、金华黄酒、丹阳黄酒、九江封缸酒、山东兰陵酒等。

3. 葡萄酒

《荷马史诗》描述当奥德赛误入独眼巨人洞内面临死亡威胁时，他发动手下人四处采集野葡萄，用脚踩出葡萄汁，酿成葡萄酒，将独眼巨人灌醉，乘机逃脱。这是人类对于葡萄酒最早的文字记载。对于中国来说，葡萄酒并不是"洋酒"，中国最早关于葡萄酒的文字记载出现在司马迁的《史记》中："宛左右以蒲陶为酒，富人藏酒至万余石，久者数十岁不败。"我国早在西汉时期便已经种植葡萄。据《史记·大宛列传》所载，西汉建元三年，张骞奉汉武帝之命出使西域，带回了大量西域地区的农作物，其中就包括"蒲陶"（即葡萄），于是天子始种苜蓿、蒲陶等农作物。至唐、元两朝我国葡萄酒的生产和饮用情况达到鼎盛，葡萄酒作为日常饮品更是已经开始活跃在文学作品中，正如王翰的《凉州词》写道："葡萄美酒夜光杯，欲饮琵琶马上催。醉卧沙场君莫笑，古来征战几人回。"

葡萄酒是用新鲜的葡萄或葡萄汁经发酵酿成的酒精饮料，由于葡萄品种和葡萄酒生产工艺各不相同，酒的风格自然也各有特色。

4. 米酒

米酒，又称甜酒，是中华民族的特色酒之一，具有深厚的历史文化积淀。杜甫有"樽酒家贫只旧醅"的诗句，可见唐朝时农家已有自酿自饮和用米酒待客的风俗。米酒用糯米酿制，是中国传统的特产酒。其主要原料是江米，所以也叫江米酒，在北方一般称为米酒或街酒，是用蒸熟的江米（糯米）拌上酒酵（一种特殊的微生物酵母）发酵而成的一种甜米酒。其酿制工艺简单，口味香甜醇美，含酒精量极低，因此深受人们的喜爱。我国用优质糙糯米酿酒，已有千年以上的悠久历史。

葡萄酒

米酒

5. 药酒

中国药酒的出现和中国白酒的出现同样无从考证。药酒，顾名思义，是指用于医疗用途的酒，是中国又一特色酒。中国医学者认为"酒为百药之长"，酒性温，味辛而苦甘，有温通血脉、宣散药力、温暖肠胃、驱散风寒、振奋阳气、消除疲劳等作用。

药酒的命名可追溯到先秦至汉代，古籍《黄帝内经》中载有鸡矢醴，东汉张仲景著

《金匮要略》中载有红蓝花酒等，皆指药酒。汉代以后，随着人们对药酒的认识加深，药酒命名的方法逐渐增多。在现代社会药酒的用途更加广泛，其主要的医治功能更是得到广泛的认同。我国的中药资源丰富，不同的药配上不同的酒之后会有不同的主治功能。

（三）酒与文学

中国酒文化与中国古代文学息息相关。古今诗人在酒后纷纷吟诗留世，记录那一时的畅快、深情、惬意，留下了许许多多脍炙人口的名句名篇。

1. 陶渊明：与酒为伴的人生之幸

陶渊明是中国文学史上第一个大量写饮酒诗的诗人。他的作品更多地是表现自己退隐官场，隐居山水田园的闲适安逸的生活，最出名的是他的田园诗和饮酒诗。

陶渊明爱酒，在其自传文章《五柳先生传》中谈到因为家贫不能常得酒，经常赴亲朋好友之约去喝酒："性嗜酒，家贫不能常得。亲旧知其如此，或置酒而招之；造饮辄尽，期在必醉。既醉而退，曾不吝情去留。"他在归隐后时常饮酒，时常读书，在会书中之意后饮酒，在酒中感慨人生，"闲静少言，不慕荣利。好读书，不求甚解，每有会意，便欣然忘食。"

酒对陶渊明而言，是创作灵感的源泉。他在饮酒过后，诗兴大发，随意扯出一张纸，便开始大肆抒发，待到第二日清醒后，再修改润色。慢慢的，酒后做的诗越来越多，诗稿越积越厚，他将它们整理抄录，一共得到20首诗，陶渊明把这组诗定题为《饮酒二十首》，题序言说："余闲居寡欢，兼比夜已长，偶有名酒，无夕不饮。顾影独尽，忽焉复醉。既醉之后，辄题数句自娱；纸墨遂多，辞无诠次，聊命故人书之，以为欢笑尔。"

2. 李白：酒与诗并重的诗仙

李白是我国历史上伟大的浪漫主义诗人，世称诗仙。李白的诗歌，富于浪漫色彩，反映现实，讴歌山川，抒发壮志，为我国古典诗歌发展史上的高峰。他的诗现存900多首，不少诗作里都提到了酒。他的诗与酒有着千丝万缕的联系，如《把酒问月》中的"唯愿当歌对酒时，月光长照金樽里。"《月下独酌》的"花间一壶酒，独酌无相亲。举杯邀明月，对影成三人。"《金陵凤凰台置酒》"豪士无所用，弹弦醉金罍"等。

又如李白在醉眼朦胧时挥笔疾书，写下的《清平调词三首》，深得唐玄宗和杨贵妃的赞赏，唐玄宗命李龟年马上歌唱这首新作。丝弦轻拨，音色婉转，歌声悠扬，萦绕在沉香亭畔，听得人如痴如醉。杨贵妃喝着进贡的葡萄美酒，陶醉在乐声之中。唐玄宗更是亲自吹笛伴奏。

3. 杜甫：亦爱亦恨的酒情

杜甫，与李白合称"李杜"，后人称他为"诗圣"。酒对他而言，亦友亦敌，亦爱亦恨，各种情感纠葛，最终一生还是逃脱不了与酒的牵绊。哀怨是酒，如《九日》中的"酒阑却忆十年事，肠断骊山清路尘"；憎恨是酒，如《自京赴奉先县咏怀五百字》中的"朱门酒肉臭，路有冻死骨"；欢喜是酒，如《闻官军收河南河北》中的"白日放歌须纵酒，青春作伴好还乡"; 抒怀是酒, 如《绝句漫兴九首》其四中的"莫思身外无穷事, 且尽生前有限杯"; 解愁是酒, 如《落日》中的"浊醪谁造汝? 一酌散千忧"。

4. 李商隐: 景醉酒醉诗更醉

史上将李白、杜甫合称为"李杜", 后又将晚唐时的李商隐和杜牧称为"小李杜"。李商隐诗风接近杜甫, 杜牧诗风似李白, 他们的诗都有着强烈的伤感情绪, 与当时的时代背景和自身的经历有关。

李商隐与酒的交际更多地发生在服丧期间, 会昌二年至会昌五年间, 李商隐因母亲去世服丧而辞官闲居。在这一时期, 李商隐的生活寂寞且颓废, 整日无所事事, 满心的政治抱负也渐渐逝去, 他平日或在庭院中栽花植树, 或出门游山玩水, 终日与酒为伴, 饮酒写诗, 借酒消愁。在此期间他创作了大量的咏诵花木景观的诗歌, 如《花下醉》中"寻芳不觉醉流霞, 倚树沉眠日已斜。客散酒醒深夜后, 更持红烛赏残花。"究竟是为什么而醉, 李商隐没有明说, 正是这种朦胧和隐晦, 让我们更加向往花的醉人、酒的醉人还有诗的醉人。

5. 苏轼: 酒后大作遗醉千年

苏轼是北宋中期文坛领袖, 在诗、词、散文、书、画等方面取得很高成就。苏文纵横恣肆, 苏诗题材广阔, 清新豪健, 善用夸张比喻, 独具风格。苏轼生性放达, 为人率真, 好交友、好美食、好饮酒。苏轼与酒有关的作品, 较为出名的是《水调歌头·中秋》与《江城子·密州出猎》。

《水调歌头·中秋》写于宋神宗熙宁九年丙辰中秋, 苏轼喝了一整夜的酒, 直到天亮。在酩酊大醉中, 他写了这首词, 既是酒后抒情, 又用来表达他对多年不见的弟弟苏辙的怀念。一弯明月, 一杯浊酒, 便能勾起内心深处的渴望与回忆。而苏轼则是把这份深情刻画得淋漓尽致, 也难怪南宋胡仔在《苕溪渔隐丛话》中说: "中秋词, 自东坡《水调歌头》一出, 余词尽废。"

《江城子·密州出猎》写的是苏轼在密州做地方长官时去打猎的场景, 同样是饮酒后的词作。那时苏轼已是年过四十, 看到当时打猎的情景, 心血来潮, 要发一发小伙子那种"狂劲儿", 学习三国时代匹马单枪搏斗猛虎的孙权(孙郎), 亲手射杀猛虎, 抒发志向。

这两首词都是酒后之作, 一篇委婉深情, 一篇壮志豪迈, 两种风格纷纷落于笔下, 抒于心头, 引得后世纷纷模仿学习, 一代大师的经典之作, 对后世影响颇深。

悠悠千年历史, 中国古人留下的诗作与酒风深深影响着后世, 在继承与发展中, 成为酒文化中一颗闪亮的明珠。如今我们品读他们与酒的相遇和磨合, 在其中寻找酒文化的身影。

第二讲　中国传统节日文化

人类的行为、观念随着人类的起源、进化、发展日益丰富, 文化的内涵也随之日渐深厚。假如某种行为观念变成大多数人约定俗成的习惯性定势，则成为一种习俗，有些习俗以传统节日和某些节日习俗的形式流传下来。据不完全统计，我国目前有全国性、地方性和民族性的节日达200多种，其中比较重要的要数春节、清明节、端午节、中秋节、重阳节等。

一、中国传统节日的习俗

（一）春节

1. 春节的由来

作为最受中国人重视的传统佳节，春节已经陪伴中国人走过了3 000年的历史。自远古以来，天文、物候和社会生产活动等通常被中国人当作时间变化的重要参照。夏以前的先民就已经产生并掌握了时间周期"年"的概念。《尔雅·释天》称："夏曰岁，商曰祀，周曰年，唐虞曰载。""年"是农业社会中最重要的时间概念，是对农耕生活规律的系统总结。秦汉时期，因为社会生活的不断发展变化，人们的岁时观念也随之改变，除供农耕参考之外，岁时更多地与社会生活关联起来，使之具有明显的社会意义。自汉武帝太初元年始，以夏历正月初一为"岁首"（即"年"），年节的日期由此固定下来，并一直延续至今。汉中期以后，岁首正月初一被称为正月旦、正旦等，是皇家举行大规模朝会的重要庆祝日。受此影响，民间也将年节民俗活动由传统的腊日、腊明日移到"正日"。东汉崔寔《四民月令》载，正日礼信的主要内容为祭祀祖先、礼敬尊长，其次是宗亲乡党互相拜贺。后世拜年的传统由此而来。

春节的传说

魏晋南北朝时期，朝廷仍然沿袭岁首朝贺大典，民间的元日活动则越发丰富多彩，先是在门前燃放爆竹"以辟山臊恶鬼"，然后再给尊长拜年。春节有法定假日，却是从唐代开始的，通常是年前3天年后3天，加上正日，刚好与今天的春节黄金周长度一样。同样，朝廷举行朝贺大典，而民间阖家团聚。唐代以后的宋、元、明、清各代，春节的叫法时有变化，或元日，或元旦，或新年，但朝野的庆祝活动大同小异，只是有时更重规模和场面，还会举办各种节日灯火和杂艺表演，摆出与民同乐的姿态。而民间的年俗活动则在原有的传统基础上，不断丰富，更为有趣。

1911年辛亥革命以后，开始采用公历（阳历）纪年，1912年1月1日，中华民国临时大总统孙中山宣布以公历为标准纪年，被称为公历或阳历，而传统历法则被称为农历或阴历，遂称公历1月1日为"元旦"，称农历正月初一为"春节"。1914年1月，北洋政府内务部提出"拟请定阴历元旦为春节"。有着3000年历史的传统农历新年岁首被官方正式易名为"春节"，而元旦、新年的叫法被公历1月1日占用。1949年中华人民共和国成立，历法上继承了民国时期的传统，在采用公元纪年的同时，对传统年节也给予了特别关注，"春节"成为社会上下对农历新年的叫法。作为迄今历史最久、流传地域最广、过节人数最多的中国传统节日，春节的确堪称中华民族第一大节，其存续和发展对中国乃至全世界都产生着深远的影响。

2. 春节的习俗

（1）除尘沐浴

中国人过年的习俗极其隆重，腊月二十三"送灶"后到除夕夜之间的时间叫作"迎春日"，俗称"扫除日"，家家户户都进行大扫除，"腊月二十四，掸尘扫房子"。在民间，除尘与祭灶也是密切相关的，据说，灶神平时要记人间的过错，屋尘是他的记事簿，为了删除灶神的备忘录，人们在祭灶这天同时要清扫屋尘，平时大家对屋内清扫格外谨慎，害怕冒犯神灵，现在将居家的灶神送走了，许多禁忌也随之解除。因为汉语中"尘"与"陈"谐音，所以新春扫尘也就有了除陈布新的含义，蕴含着破旧立新的愿望和辞旧迎新的祈求。

春节前，民间还有"剃年头"的风俗，即赶在年前理发。旧俗有正月不能理发的忌讳，民间一直到二月二龙抬头后才开始理发。这种旧习在我国一些地区尚有遗存。另外，年前人们一定要洗澡沐浴，以洁净之身迎接新年。今天，人们仍有年前大扫除的习惯，但出发点已不再是清扫一切"穷运""晦气"，人们更希望家里家外清爽地迎接春节。

（2）张贴春联和福字

春联，又称对联、对子，题写在红纸上，是最具中国特色的节日礼俗。当最早的春联形式出现的时候，还没有发明造纸术，那时候的"春联"，是题写在桃符上的，桃符是用桃木做的两块大板，上面分别书写上传说中的降鬼大神"神荼"和"郁垒"的名字，用以驱鬼压邪。即便到了宋朝，题写桃符依然是主流，否则怎会有"总把新桃换旧符"的诗句流传至今。但是，自宋朝起，竹纸已经开始盛行，渐渐有取代桃木之势。直到明太祖朱元璋登基，颁布一道家家户户必须贴春联的圣旨，老百姓们恐是为了省事，便用红纸替代桃木，当然，这只是后人的揣测。还有一种说法就跟年兽"夕"有关了。夕惧怕红色。每逢除夕，家家户户都会挂上红布条，驱逐猛兽，辟邪消灾。后来，人们开始在家门口贴上红纸，这就演变成了如今的春联，贴春联成为春节时一个重要的文化仪式。

除了贴春联，过年还要贴门神、年画等有中国红元素的物件，不同的是年画是在绘画的角度上发展了对降鬼大神"神荼"和"郁垒"的信仰。在贴春联、年画的同时，人们要在自家屋门上、墙壁上、门楣上贴上大大小小的中国红"福"字。春节贴"福"字，是民间由来已久的风俗。"福"字指福气、福运，寄托了人们对幸福生活的向往，对美好未来的祝愿。由于"倒"与"到"谐音，人们常在家里的箱柜门上倒贴"福"字，寓意福气"到"了。

（3）除夕守岁

除夕是指农历腊月的最后一天的晚上。"除"有交替之意，除夕的意思是"月穷岁尽"，"旧岁至此而除，来年另换新岁"。除夕日，一般要在家里祭祖。除夕离不开年夜饭，这顿饭又被称作"团圆饭"，吃年夜饭，是年节中的重要习俗。吃团圆饭要讲究规矩和礼数，长幼尊卑依次序入座。热气腾腾的火锅象征生活"红红火火"；鸡与"吉"谐音，"鱼"则与"余"谐音，象征"吉庆有余""年年有余"；煎炸食物，预祝家运兴旺。吃年夜饭的习俗，自南北朝时期就有翔实记载。《荆楚岁时记》中说道："岁暮，家家具肴蔌，诣宿岁之位，以迎新年。相聚酣饮。留宿岁饭，至新年十二日，则弃之街衢，以为去故纳新也。"也就是说，年夜饭首先要吃好喝好，然后还要留下一些，到正月十二，泼洒在街边，取辞旧迎新之意。

贴春联

汤圆

年夜饭离不开饺子，尤其是要赶制更年饺子。因为饺子谐音"交子"，除夕之夜新旧年交替的子时吃饺子，有追求吉利和企盼来年丰收的寓意。明朝沈榜著《宛署杂记》载："元旦拜年，作匾（扁）食。"也就是说，春节吃饺子的习俗在明代已经开始盛行。除了饺子，还有一些地区在年夜饭中会安排吃年糕、汤圆、春卷等象征团圆吉祥的主食。

（二）清明

1. 清明的由来

清明节，又称踏青节、行清节、三月节、祭祖节等，节期在仲春与暮春之交。清明节源自上古时代的祖先信仰与春祭礼俗，兼具自然与人文两方面内涵，既是自然节气点，也是传统节日。

清明节在历史发展中主要是融合了流行于北方地区的寒食节。寒食节是流传于我国古代北方中原一带的节日，寒食节初为节时，禁烟火、只吃冷食。传说寒食节是在春秋时代为纪念晋国的忠义之臣介子推而设立的节日，三国时曹操《明罚令》、晋朝人陆翙《邺中记》也都记载寒食断火，起于介子推。

清明作为节气，在汉代完备的二十四节气中已经出现，它是位于冬至后的第八个节气。由于是节气，所以有农事方面的活动。东汉崔寔《四民月令》说："清明节，命蚕妾治蚕室，涂隙穴，具槌、持箔、笼。"可见汉以来人们认为清明是预祝蚕室的吉时。直到明清时期，"暖蚕种""祀蚕姑"仍是清明的农桑习俗。

明代地方志保留不少寒食和清明二节的记载，一些地方志只记载寒食而无清明，寒食节的内容是扫墓，有的地方还保留了古代断火的传统。但绝大多数明代方志只记清明一节，反映了寒食节逐渐消亡，并入清明节的现实。

2. 清明的习俗

（1）扫墓

清明扫墓，即为"墓祭"，谓之对祖先的"思时之敬"，祭扫祖先是对先人的缅怀方式，其习俗由来久远。根据清代著名学者赵翼《陔余丛考》的研究，可知墓祭祖先起源于春秋战国之际。扫墓祭祖，是清明节习俗的重要环节。清明祭祀按祭祀场所的不同可分为墓祭、祠堂祭，以墓祭最为普遍，清明祭祀的特色就是墓祭，又被称为扫墓。另一种形式是祠堂祭，又称庙祭，是指一个宗族的人聚集在祠堂共祭祖先，祭完后要开会聚餐，这种祭祀是团聚族人的一种方式。

（2）插柳与簪柳

清明节，中国民间有插柳习俗。其来源说法较多，后人一般认为此习俗是为了纪念介子推。介子推为明志守节而焚身于大柳树下，让晋文公和群臣百姓痛心不已。第二年，晋文公亲率群臣爬上山来祭拜介子推时，发现当年被烧毁的那棵老柳树居然死而复生，晋文公当下便将老柳树赐名为"清明柳"，并且当场折下几枝柳条戴在头上，以示怀念之情。从此以后，群臣百姓纷纷效仿，遂相沿成风。清明插柳簪柳成为纪念介子推的一种方式。

另外，也有地区将清明插柳簪柳作为驱鬼辟邪的一种做法。我国北方一些地方将清明节、中元节、寒衣节，合称为"三大鬼节"。因受佛教观世音菩萨手持柳枝蘸水普度众生的影响，许多人便认为柳条有驱鬼辟邪的作用，把柳枝称为"鬼怖木"。北魏贾思勰《齐民要术》中写道："取杨柳枝著户上，百鬼不入家。"清明既然是鬼节，值此柳条发芽时节，人们便纷纷插柳簪柳以辟邪了。簪柳在不同地区风俗有所不同，或男女皆戴，或妇女戴，或儿童戴。

（3）踏青与娱乐

中国民间长期保持着清明踏青的习惯，踏青习俗由来已久。清明时节，春回大地，自然界到处呈现一派生机勃勃的景象，正是郊游的大好时光，于野外迎春郊游便成了一种风俗。据《旧唐书》记载："大历二年二月壬午，幸昆明池踏青。"可见，踏青春游的习俗早已流行。

荡秋千的历史很古老，最早叫千秋，后为了避忌讳，改之为秋千。秋千，意即揪着皮绳而迁移。荡秋千也是中国古代清明节习俗之一。五代王仁裕《开元天宝遗事》载"天宝宫中至寒食节竟竖秋千，令宫嫔辈戏笑以为宴乐。帝呼为半仙之戏，都中士民因而呼之"，宋代宰相文彦博诗《寒食日早发赴积庆庄拜扫过龙门马上作》，诗中描写为"桥边杨柳垂青线，林立秋千挂彩绳"。

风筝又称"纸鸢""鸢儿"，放风筝也是清明时节人们所喜爱的活动。每逢清明时节，人们不仅白天放，夜间也放。夜里在风筝下或拉线上挂上一串串彩色的小灯笼，像闪烁的明星，被称为"神灯"。除了这些，史料记载清明还有许多娱乐活动。《荆楚岁时记》就记载了寒食节有斗鸡、雕画鸡蛋和"斗鸡卵"的习俗，以及蹴鞠（踢球）和施钩（拔河）等游戏。

（三）端午

1. 端午的由来

端午亦称端五，是中国最大的传统节日之一。"端"的意思和"初"相同，称"端五"也就如称"初五"；端五的"五"字又与"午"相通，按地支顺序推算，五月正是"午"月。又因午时为"阳辰"，所以端五也叫"端阳"。五月五日，月、日都是五，故称重五，也称重午。此外，端午还有许多别称，如夏节、浴兰节、女儿节，天中节、地腊节、诗人节等。

关于端午节的来历，归纳起来，大致有以下说法：传说端午节是为了纪念战国时代楚国诗人屈原，他在五月初五这天投汨罗江自尽殉国。屈平，字原，通常称为屈原，又自云名正则，号灵均，战国末期楚国丹阳（今湖北秭归）人，楚武王熊通之子屈瑕的后代。屈原虽忠于楚怀王，却屡遭排挤，怀王死后又因顷襄王听信谗言而被流放，最终投汨罗江而死。此说最早出自南梁吴均《续齐谐记》和南梁宗懔《荆楚岁时记》。据说，屈原投汨罗江后，当地百姓闻讯马上划船捞救，一直行至洞庭湖，始终不见屈原的尸体。为了寄托哀思，人们荡舟江河之上，此后才逐渐发展成为龙舟竞赛。百姓们又怕江河里的鱼吃掉他的身体，就纷纷回家拿来米团投入江中，以免鱼虾糟蹋屈原的尸体，后来就成了吃粽子的习俗。端午节吃粽子、赛龙舟与纪念屈原有关，有唐代文秀《端午》诗为证："节分端午自谁言，万古传闻为屈原。堪笑楚江空渺渺，不能洗得直臣冤。"

还有些说法则说端午节与纪念吴国大夫伍子胥有关。春秋时期吴国忠臣伍子胥含冤而死之后，化为涛神，世人哀而祭之，故有端午节。这则传说，在江浙一带流传很广。

不过在端午节由来的众多说法中，还是以纪念屈原的说法影响最为广泛。由于屈原的人格伟大，诗艺超群，人们也愿意把"端午节"作为纪念日归之于他。

2. 端午的习俗

（1）药俗

中国古代会把五月特别是夏至节气视为不太吉祥的时间段。阴恶从五而生，五月五日被古人看作不吉利的恶时，而这恰恰是阳气运行到端点的端阳之时。事实上，最晚在战国时，北方人把五月五日视为"恶月""恶日"。齐国孟尝君生于五月五日，其父根据俗信，在其降生时就要遗弃他，幸亏其母私下抚养，才使他长大成人。这反映出当时以五月五日生子为不祥的观念。东汉《风俗通》所载五月五日诸事不吉的说法更多，如"俗云五月到官，至晚不迁""五日盖房，令人头秃""俗说五月五日生子，男害父，女害母"。从战国到两汉，五月五日一直是人们深恶痛绝的"恶日"，人们每逢此时要避恶。

积极对付恶月、恶日的办法是以药克毒。战国时代成书的《夏小正》记载："此日蓄采众药以蠲除毒气。"《荆楚岁时记》也说五月五日要"采杂药"。众药、杂药，古人又称之为"百药"，认为五月初五采药最灵验，药越多，效越大。端午采药之俗，直至明清时代尚且如此。

端午节的药俗还表现在沐浴和饮雄黄酒。端午沐浴的习俗起源甚早,战国时代已有明确记载。《大戴礼记》说五月五日,蓄兰为沐浴。《楚辞》讲"浴兰汤兮沐芳华"。明清时期饮雄黄、菖蒲酒较为盛行。嘉靖《汀州府志》记载甚详:"饮酒,午时侵晨,磨雄黄和草药于酒饮之,以辟邪气;及午供养祖先毕,则切菖蒲泛酒,大小胥庆,盖以菖蒲能延年故也。"饮酒毕,要将酒洒向四壁、角落,以避虫蛇。有的还在小孩的面颊耳鼻涂酒,以避毒。

（2）吃粽子

粽,即"粽籺",俗称粽子,主要材料是糯米、馅料,用箬叶(或柊叶)包裹而成,形状多样,有尖角状、四角状等。粽子由来久远,最初是南方人民用来是祭祀祖先神灵的贡品。传入北方后,北方人用黍米(北方产黍)做粽,称"角黍"。端午食粽的风俗,千百年来在中国盛行不衰,已成了中华民族影响最大、覆盖面最广的民间饮食习俗之一,而且流传到朝鲜、日本及东南亚诸国。

晋周处《风土记》说,俗重端午与夏至同。"黏米一名粽,一名角黍,盖取阴阳包裹未散之象也。"这是最早有关粽子的文献记载,从文中阴阳包裹未分之意看,它是指夏至阳气之至极,阴气之始至,最初应当是夏至的食品。直至今日,每年农历五月初,中国百姓家家都要浸糯米、洗粽叶、包粽子,其花色品种更为繁多。

（3）佩饰

端午避恶,还以饰物禳除灾祸,这表现在人们佩戴饰品和家门装饰两方面。人们把插艾草和菖蒲作为端午节重要内容之一。如挂艾草于门,艾,又名家艾、艾蒿,《荆楚岁时记》记载:"采艾以为人,悬门户上,以禳毒气。"有关艾草可以驱邪的传说已经流传很久,它还具备医药的价值,如《荆楚岁时记》中说:"鸡未鸣时采艾,见似人处,揽而取之,用灸有验。""采艾为人形,悬门户上,以禳毒气。"

中国传统文化中,象征五方五行的五种颜色"青、红、白、黑、黄"被视为吉祥色。端午以五色丝线系臂,曾是很流行的节俗。传到后世,即发展成佩戴如长命缕、长命锁、香包等多种漂亮饰物,它们成为端午节特有的民间艺品。在端午节这天,孩子们要在手腕和脚腕系上五色丝线以驱邪。除了五色丝以外,端午还可以佩戴香囊、艾虎等饰品。

装饰五毒图是又一颇具特点的端午节风俗。《岁时广记·插艾花》记载:"端五,京都士女簪戴,皆剪缯楮之类为艾,或以真艾,其上装以蜈蚣、蚰蜒、蛇、蝎、草虫之类,及天师形象,并造石榴、萱草、踯躅假花,或以香药为花。"蜈蚣、蚰蜒、蛇、蝎、草虫成了妇女头饰所剪缯楮上的装饰图形。

（四）中秋

1. 中秋的由来

中秋节,又称祭月节、月光诞、月夕、秋节、仲秋节、拜月节、月娘节、月亮节、团圆节等，是中国民间的传统节日。中秋节源自天象崇拜，由上古时代秋夕祭月的习俗演变而来。最初"祭月节"的节期是在干支历二十四节气"秋分"这天，后来才调至夏历（农历）八月十五，也有些地方将中秋节定在夏历八月十六。中秋节自古便有祭月、赏月、吃月饼、玩花灯、赏桂花、饮桂花酒等民俗，流传至今，经久不息。

中秋节起源于上古时代，普及于汉代，定型于唐朝初年，盛行于宋朝以后。中秋节源自天象崇拜，由上古时代秋夕祭月演变而来。祭月，历史久远，是我国古代一些地方古人对"月神"的一种崇拜活动，二十四节气的"秋分"，是古老的"祭月节"。"中秋"一词现存文字记载最早见于汉代，它的含义有二：一是中秋八月，二是指作为节日的八月十五日。最早出现的"中秋"一词是指前者，《周礼·春官·籥（"yuè"，乐器，编者注）师》说："中春昼击土鼓，吹豳诗以逆暑。中秋夜迎寒，亦如之。"据东汉郑玄注可知，豳诗指《诗经·豳风·七月》，是言寒暑之事的迎气歌，迎暑以昼求诸阳，迎寒以夜求诸阴。换言之，中秋八月夜晚迎寒气之阴，与仲春二月白天迎暑气之阳对应。即寒暑的代表是月亮和太阳。唐人陆德明为《周礼》"圭璧以祀日月星辰"句的释文说："祭日月谓若春分朝日，秋分夕月。"夕月就是秋分晚上祭月，也就是所谓"迎寒"。古代二、八月春、秋分的迎寒暑之气、祭日月，反映出天体崇拜和时间周期的观念，也被纳入阴阳的理论。

据记载，在汉代时，有在中秋或立秋之日敬老、养老，赐以雄粗饼的活动。大约是在唐代，中秋节成为官方认定的全国性节日。据学者统计，唐诗中现存有九十余首歌咏中秋的诗篇，反映出唐代文人赏月风气，表现的内容多是以赏月抒发感情。不过唐代的八月十五日赏月只是一种民俗活动，并没有纳入官方的节日系统，尚未成为"节"。北宋时期，中秋节已经成为普遍的民俗节日，并正式定阴历八月十五为中秋节。《东京梦华录》说开封"中秋夜，贵家结饰台榭，民间争占酒楼玩月"。民间争占酒楼玩月是值得注意的。南宋《新编醉翁谈录》更为详细地记载了拜月风俗："京师赏月之会，异于他郡。倾城人家子女，不以贫富，自能行至十二三，皆以成人之服服饰之，登楼或于中庭焚香拜月，各有所期。男则愿早步蟾宫，高攀仙桂……女则澹伫妆饰，则愿貌似嫦娥，圆如洁月。"文中出现了"拜月"一词，反映出人们对月亮的崇拜，较之玩月等词，更显示出虔诚的心态和节日行为的仪式感。

到明清时，中秋已成为中国民间的主要节日之一，功利性的拜祭、祈求与世俗的情感、愿望构成普通民众中秋节俗的主要形态。明清时期赏月风俗普及，表现在各地方志列出"中秋"节日加以介绍，其内容是，一般要在庭中陈瓜果、月饼供月，进行祭拜，然后赏月。《帝京景物略·春场》说八月十五日祭月，人们在纸肆购买月光纸，家设月光位，如嘉靖河南《固始县志》记载："中秋列瓜果酒饼，男女望月罗拜，已而欢饮，谓之玩月。"

2. 中秋的习俗

（1）祭月赏月

赏月的风俗来源于祭月。祭月，在我国是一种十分古老的习俗，实际上是古人对"月神"的一种崇拜活动。在古代有"秋暮夕月"的习俗。夕月，即拜祭月神。自古以来，在广东部分地区，人们都有在中秋晚上拜祭月神（拜月娘、拜月光）的习俗。拜月，设大香案，摆上月饼、西瓜、苹果、红枣、李子、葡萄等祭品。在月下，将"月神"牌位放在月亮的那个方向，红烛高燃，全家人依次拜祭月亮，祈求福佑。祭月赏月，托月追思，表达了人们的美好祝愿。祭月作为中秋节重要的祭礼之一，从古代延续至今，逐渐演化为民间的赏月、颂月活动，同时也成为现代人渴望团聚、寄托对生活美好愿望的主要形式。

（2）吃月饼

月饼，又称月团、小饼、丰收饼、团圆饼等，是中国的汉族传统美食之一。月饼最初是用来拜祭月神的供品。发展至今，吃月饼和赏月是中国南北各地过中秋节的必备习俗。月饼象征着大团圆，人们把它当作节日食品，用它祭月、赠送亲友。传统月饼就是中国本土传统意义下的月饼，按产地、销量和特色来分主要有四大派别：广式月饼、京式月饼、苏式月饼和潮汕月饼（一说为"滇式月饼"）。

清　月饼模具

众所周知，月饼是中秋节的节日食品，月饼的出现和普及在一定程度上标志着中秋节习俗的形成，有学者认为吃月饼的风俗最早在唐代已有之。

（3）燃灯观灯

中秋之夜，有燃灯以助月色的风俗。如今湖广一带仍有用瓦片叠塔并于塔上燃灯的节俗。江南一带则有制灯船的节俗。近代中秋燃灯之俗更盛。今人周云锦、何湘妃《闲情试说时节事》一文说："广东张灯最盛，各家于节前十几天，就用竹条扎灯笼。做果品、鸟兽、鱼虫形及'庆贺中秋'等字样，上糊色纸绘各种颜色。中秋夜灯内燃烛用绳系于竹竿上，高竖于瓦檐或露台上，或用小灯砌成字形或种种形状，挂于家屋高处，俗称'树中秋'或'竖中秋'。富贵之家所悬之灯，高可数丈，家人聚于灯下欢饮为乐，平常百姓则竖一根旗杆，灯笼两个，也自取其乐。满城灯火不啻琉璃世界。"中秋燃灯之俗其规模似乎仅次于元宵灯节。早在北宋《武林旧事》中，记载中秋夜节俗，就有将"一点红"灯放入江中漂流玩耍的活动。中秋玩花灯的习俗，多集中在南方，如佛山秋色会上，就有各种各式的彩灯：芝麻灯、蛋壳灯、刨花灯、稻草灯、鱼鳞灯、谷壳灯、瓜籽灯及鸟兽花树灯等，令人赞叹。

此外，中秋月圆夜在公共场所挂着许多灯笼，人们都聚集在一起，猜灯笼上写的谜语。因为中秋猜灯谜是大多数年轻男女喜爱的活动，同时在这些活动上也传出爱情佳话，因此也衍生成为一种男女相恋的形式。

（五）重阳

1.重阳的由来

在我国古代，一、三、五、七、九为阳，二、四、六、八为阴，道家阴阳观念之中认为九是至阳之数，因此农历九月初九，重九便是重阳，重阳节之名也是因此而来。由于"九九"音同"久久"，又因为这个时节适宜老人活动，由此，又形成了新的习俗：祭奠先祖，尊老敬老，并得名"老人节"。2006年，重阳节被列入第一批国家级非物质文化遗产名录。

重阳的源头在先秦时期。《吕氏春秋·季秋纪》中说："（九月）命冢宰，农事备收，举五种之要。藏帝籍之收于神仓，祗敬必饬。"《礼记》中说："是月也，大飨帝，尝牺牲，告备于天子。"这两段文字是说九月农作物丰收了，人们要祭天帝和祖先，报答天帝和祖先的恩德。但是，重阳节习俗的原型与"火"有关，也就是远古时期祭祀大火的仪式。因为古人并不会自己生火，并且这个时期内基本是不会出现"天火"的。《夏小正》中曾提到"九月内火"，正是这个意思。正是因为"火"的消失，使得将"火"作为信标的古代人感到恐惧，寒冷的冬天即将到来，没有火是非常可怕的事情。于是，人们在这个时候就会和"火神到来"时一样举行祭火活动，为火神送行。到目前为止，在某些地区的重阳节风俗中还是能够找到当年"送火神"仪式的遗留，比如江南地区的重阳节就有祭灶的传统，这就是古代送火神风俗曾经存在过的痕迹。

在汉朝时期，人们已经将春天的上巳、寒食以及秋天的重阳视为春秋两季的大节日。《西京杂记》中就写过"三月上巳，九月重阳，士女游戏，就此祓禊登高"之句，可见已经将上巳和重阳并列了，而这春秋两季的大型节日，正是由"火焰"串联起来。魏晋时，重阳节的节日气氛渐浓，备受文人墨客吟咏。晋代文人陶渊明在《九日闲居》诗序文中说："余闲居，爱重九之名。秋菊盈园，而持醪靡由，空服九华，寄怀于言。"这里同时提到菊花和酒，可知魏晋时期重九时有了赏菊、饮酒的习俗。南梁宗懔《荆楚岁时记》云："九月九日，四民并籍野宴。"唐朝时，重阳节被定为正式节日。从此以后，宫廷、民间一起庆祝重阳节，并且在节日期间进行各种各样的活动。据记载，正式将农历九月九日列为国家认定的节日是在唐德宗李适年间，将重阳节列为"三令节"之一。宋代，重阳节更为热闹，《东京梦华录》曾记载了北宋时重阳节的盛况。《武林旧事》也记载南宋宫廷"于八日作重九排当"，以待翌日隆重游乐一番。明代皇宫中宦官宫妃从九月初一时就开始一起吃花糕庆祝，九日重阳，皇帝还要亲自到万岁山登高览胜，以畅秋志；清代，重阳节的风俗依旧盛行。发展至近代，重阳节被赋予了新的含义，1989年，我国政府将每年的九月九日定为老人节，将传统与现代和谐地结合起来，使这一传统佳节成为尊老、敬老、爱老、助老的新式节日。

2. 重阳的习俗

（1）秋游登高

农历九月九，正是秋高气爽的好时节，也是出门游玩散心的好时节。古人认为重阳和迎火神、送火神相对，上巳踏青是迎青活动，九月九就应有"辞青"活动。清朝时期，潘荣陛所写《帝京岁时纪胜》中就有关于这一点的记载："（重阳）有治看携酌于各门郊外痛饮终日，谓之辞青。"

关于登高，《礼记·祭法》中曾经提道："山林川谷丘陵，能出云，为风雨，见怪物，皆曰神。"当时的人们对于科技方面的知识的掌握和现在自然不可同日而语，在采集和狩猎等活动中，每每见到飘动的云、流动的水、跑动的奇怪动物，便会认为是神，所以在古人看来，山更加像是神一般的东西，"登高望远"的最初之意也是如此，正是为了向山神祈福。

（2）遍插茱萸

遍插茱萸是旧时汉族民间节日风俗，流行于黄河中下游、淮河、长江流域等地。茱萸其实是一种药用植物，其果实可以入药，有香味，能够驱虫、祛除风邪湿气，还能促进消化，治疗寒暑病症。而重阳节和茱萸联系在一起也是因为当时的人们认为重阳节是大凶之日，免不了会有灾难发生，所以用茱萸来冲一冲重阳节的"煞"，趋吉避凶。所以，重阳节又叫"茱萸节"，插茱萸的习俗也是这样来的。

重阳节清气上扬，浊气下沉，人们用天然药物茱萸等调整体魄健康，使其适应自然气候变化。重阳节佩戴茱萸也成为历代盛行的习俗。

重阳节

（3）赏菊饮酒

在菊花怒放的重阳节里，观赏菊花成了节日的一项重要内容。传说赏菊习俗起源于晋代大诗人陶渊明。陶渊明不为五斗米折腰，回归田园后，以隐居出名，以诗出名，以酒出名，也以爱菊出名，后人效仿他，于是就有重阳赏菊的风俗。他曾说"酒能祛百虑，菊解制颓龄"，可见他对菊花的高度评价。古代文人士大夫，还将赏菊与宴饮结合起来，希望自己和陶渊明的追求更加接近。古代，人们在重阳节一定会喝菊花酒，这种酒象征着吉祥，据说还能够趋吉避凶。其实关于食用菊花的习俗早在春秋时期就已经出现了，屈原就曾经写过"夕餐秋菊之落英"，意思是说在晚餐时吃菊花的花瓣。而用菊花酿酒则是在汉魏时期风行起来的，东晋时期的方士葛洪也曾在《西京杂记》中说："菊花舒时，并采茎叶，杂黍米酿之，至来年九月九日始熟，就饮焉，故谓之菊花酒。"明清时期仍然有重阳节饮菊花酒的习俗，并且在原来的配方中加入了一些草药，比如地黄、当归、枸杞等，增加菊花酒的保健功效，使它成为当时最流行的酒类之一。

二、中国传统节日的特点

（一）岁时性

中国独特的地理环境、生活方式与人文传统，催生了中国人特有的传统节日的时间观念，这种时间观念的表述方式就是"岁时"。岁时是一种套合概念，它是年度周期的岁年与春夏秋冬四个季节的配合，即古人所说"四时成岁"的意思。岁时是古代中国人对时间的感受，以及对时间进行切分操作的人文符记，是依据自然变化的规律提炼出来的时间系统。传统节日的岁时性，主要是指传统节日是与天时、物候的周期性转换相适应，在人们的社会生活中约定俗成的、具有某种风俗活动内容的特定时日。不同的节日，有不同的民俗活动，且以年度为周期，循环往复，周而复始。

1. 依节气

中国传统岁时节日，主要是农业文明的伴生物。包括春节在内的传统节日，是在节气的基础上形成的，而节气又是中国人在漫长的农、牧、渔、猎等活动中逐渐形成的精神文化和生产经验的结晶。中国旧历是一个阴阳并用历，不是纯粹的阴历，而是以阴历为主，又以阳历为辅的阴阳合历。因为旧历以阴历为主，所以从战国时代以来，我国的农历便有二十四个节气的设置，农民才能把握农时，才知道清明下种、谷雨栽秧等许多农事活动的安排进而衍生出春节、端午、中秋等那么多富有诗意的节日。两千多年来，中国人民生产和生活的实践已经证明，二十四节气不是故弄玄虚的迷信，而是千真万确的科学，它已经成了中国人生活方式的坐标和文化符号。

中国的传统节日服务于农业社会的时间节气，在年度时间中的分布错落有致，它依循民众的农业社会生产与生活节律，影响着中国人的传统节日分布，其中春秋二季是传统节日分布的重点时段。

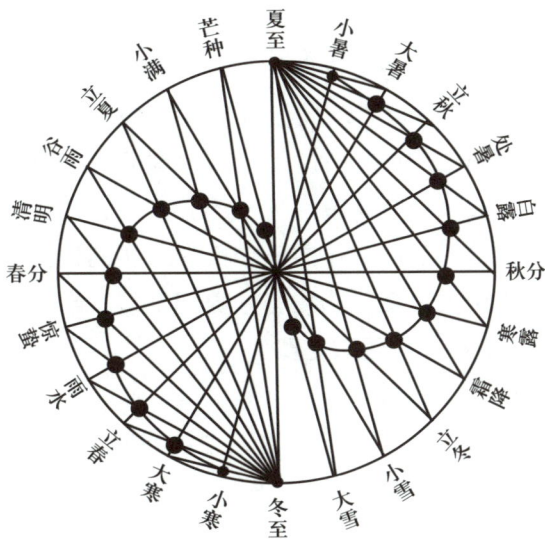

二十四节气图

2. 重阴阳观念

对于时间节律背后的动因，中国传统观念认为是阴阳二气的运动变化，因此在传统节日体系形成初期，阴阳观念是形成节日的重要依据。中国传统重要节日都分布在一、三、五、七、九月中，而且是月日重合，如一月一日（元旦）、三月三日（上巳）、五月五日（端午）、七月七日（七夕）、九月九日（重阳）等。阴阳调和是中国人固有的吉祥标志，对于两个阳数相重的时日，人们保持警惕与戒心。

人们认为阳盛日是时间流程中的危险日、恶日、灾难日。由此我们看到这些节日背后往往都有一个与死亡、分离或者灾难有关的传说，这类节日传说事实上是古代时日禁忌的文学讲述。随着人们生存能力的逐渐提高，人们在时间观念上逐渐脱离阴阳观念的制约，岁时节日也逐渐脱离死亡灾难等危险情绪，而形成庆祝欢愉的节俗主题。南北朝以后，元旦迎新、上巳春嬉、端午竞渡、七夕牛郎织女相会、重阳赏菊等已成为常规的节俗活动，还增加了中秋为八月节。中秋节一开始就以吉祥节日出现，它是传统节日主题发生重大调整的标志。

（二）礼节性

1. 主祭祀

中国是文明古国，由于历史悠久，地域广阔民族众多，祭祀活动可谓形式多样，但目的基本相同。人们朴素地认为，祭祀神灵能保证猎物的捕获、季节的轮回、气候的正常甚至庄稼的丰收，这种基于原始信仰的祭祀活动，日久成形，相沿成习，便成了传统节日的雏形。值得注意的是，在祭祀色彩较浓的中国节日里，往往融合着较多的神话传说，祭祀就成了中国传统节日不可分割的一部分。所以谈中国传统节日就不能忽略祭祀活动的客观存在。

纵观中国传统节日的产生和发展过程，我们发现有的节日起源于宗教仪式和祭祀，其中有的节日包含祭祀，有的节日与祭祀密切相关，有的节日主题就是祭祀。比如我国传统节日春节、元宵节（上元节）、清明节以及五月初五的端午节，七月初七的乞巧节，七月十五的中元节（鬼节），八月十五的中秋节，九月初九的重阳节，十月十五的下元节，腊月初八的腊八节，腊月二十三的祭灶节，腊月三十的除夕等，几乎无一例外都与祭祀有着千丝万缕的联系。祭祀是中国传统节日文化中一个极为重要的文化表现，正是有了祭祀行为的存在，从古至今的中国传统节日文化的内容才更加丰富。祭祀丰富了节日的内在含义和文化含义，从而使中国传统节日文化更加完整。

2. 修人情

在众多的传统节日习俗中，有一条贯穿着的主线，就是"礼尚往来""来而不往非礼也"，这是我们中华民族的传统美德。节日往来，可以说是人际关系、家族关系的桥头堡。通过这样的来往可以互相寒暄，交流生活信息，密切人际关系，也可以交流发家致富的经验。从春节开始，差不多每隔一段时间，就有一个重大的节日，随即开始了礼尚往来的循环活动。正月初二起，嫁出的姑娘（包括其晚辈亲戚等）要给娘家行拜年礼，礼品多为花馍、点心等。过了正月初五，娘家人要给外甥送灯笼。清明节，嫁出的女儿、外出的家族成员，要给祖先送烧纸钱、祭祖。"麦梢黄，女看娘，卸了拨枷，娘看冤家。"就是说小麦快成熟的时节，新出嫁的女儿要拜望娘家人，表示关心娘家夏收的准备情况。等待夏收后，娘家老人要看望嫁出的女儿家的收获情况。端午节，女儿要给娘家送粽子、油糕、绿豆糕。中秋节，女儿要给娘家送月饼。重阳节，娘家要给女儿家送花糕或"曲联"。这样一来一往，年复一年，循环不已，已经形成了一种风俗制度。

除了"礼"的需求，中国传统节日更是"情"的展现。春节回家、清明扫墓、端午节纪念屈原的传统习俗流露出的孝老爱亲、尊祖敬宗、精忠爱国等思想，这些观念最容易唤起人们对亲人、家庭、故乡、祖国的情感，唤起人们对民族传统文化的记忆，唤起人们对民族精神的认同，唤起人们同宗同源的民族情及对文化同根性的认同，这些都是传统节日具有强大文化凝聚力的表现。海外华侨回国祭祀祖先及在异国、异地的游子叶落归根等行为也是传统节日中民族凝聚力的体现，是情牵中华的体现。

（三）传承性

传承性是指中国传统节日和相关风俗现象在空间上的传播和时间上的传承。任何一项传统节日活动一经产生，必然要在一定范围的群体中扩散，并在一定的时间阶段中反复再现，不断复制，经过世世代代的流传，变成了一种固定的形式，制约着一个地区或民族的人们，使他们共同遵守而不可逾越，由此形成了节日的传承性。

1. 强自身

在中国古代，伴随着中国农业文明及历法的传播，中国传统节日也传播到了朝鲜、日本、越南、新加坡等周边国家，其中的某些重要节日至今仍是这些国家的传统节日。世界上其他国家凡是有华人聚居的地区，每逢春节，都有相应的充满中国文化特色的庆祝活动。

传统节日重新回归社会生活是不可逆转的文化趋势。近些年，随着我国国力的强盛和国际地位的提高，中国传统节日在世界上的影响也逐年扩大，其中最突出的例子就是春节。每逢春节，许多国家的首脑政要都要向中国人民和当地华人表示节日的祝贺，表达他们对中国的友好态度和对多元文化的理解与认同。21世纪以来，在民族觉醒意识之下，借助联合国保护非物质文化遗产的契机，传统节日得到复兴与重建。传统节日是一宗重大而又占有特殊地位的民族文化遗产，它是优秀民族文化的重要载体和集中展示方式。现在国家致力于保护好我国的传统节日，这样不仅有利于我国各民族文化的交流与融合，巩固民族团结，增强中华民族的凝聚力，还能够使全体民众拥有强烈的文化共同意识，增强中华民族的文化自信心，增强国人的民族自豪感，在强有力的文化旗帜下团结一心，从而产生构建和谐社会的巨大文化能量。

2. 讲传承

我国有许多古老的习俗，流传到近代，经过几千年考验，继承了中华民族的优良传统，给人们带来了"继往开来"的凝聚力。如春节拜年、元宵节闹花灯；端午节戴香包、划龙舟；吃粽子、油糕、绿豆糕；中秋节拜月、送月饼；重阳节登高望远、送花糕、送曲联；腊八节吃"腊八粥"、吃"腊八面"等风俗活动，都是传袭了千年以上的岁时习俗，都是从古代传承下来的，都反映了人们生活的需要，是自觉自愿组成的节日，继承这些传统节日有继往开来、慎终追远的作用。它秉承先人，教育后人，推动时代的前进。在传承的过程中，各民族的节日风俗相互影响、吸收和融合，形成了今天的传统节日体系。

（四）流变性

流变性是指传统节日在流传的过程中，其原有的内容和形式发生了变化。流变性是与传承性相对而言的特征。只有传承基础上的流变和流变过程中的传承，没有只传承不变革抑或一味变革而没有传承的传统节日。事物总是在矛盾中前进的，没有矛盾就没有竞争，没有竞争就没有发展，传统节日的形成，是一个不断竞争和发展的过程。随着时代的演进，人类物质文明的进步，一些传统的节日习俗必然受到历史的批判。继承传统的节日和节日习俗必须要有批判的眼力，坚持"批判地继承"的原则，继承其优秀精华，批判其糟粕。传统节日在流传的过程中，由于受社会的、政治的、生活的种种因素的影响而产生了内容和形式上的一系列的变化。人们生活的地域环境不同，生产和生活方式有异，决定了节日习俗在发展过程中会因地域不同而发生变化，再加上中华民族的几次大融合以及社会的发展，这些都导致了传统节日的变异。

1. 风俗变

人们会在流传的过程中对传统节日习俗加以补充和改进，对不健康的习俗，随着时代的变化，人们加以改造或取缔，这是节日风俗产生变异的客观规律。传统节日的习俗改变究其方式不外乎三种类型：其一是累积沉淀，即传统节日习俗事项在原有的基础上扩充增多。其二是除旧立新，即剔除不适应新形势的旧俗，使原有的习俗或整体或局部的发生变异。其三是完全消亡，即一些旧时代的习俗由于不符合新时代的生活方式和价值观念，而被新的文化体系所淘汰。

比如，我国有许多传统节日习俗，在全国各地、各个民族中，都普遍流传着。但由于民族不同，地区差异，同样的节日习俗，在传承的过程中，发生了不同的变化。如元宵节看花灯的风俗，经历了由简到繁、由低级到高级的过程，反映了时代的进步，文化科学知识的提高。初期的花灯，只限于手工操作，采用植物油、动物油以多种材料做成。随着时代的进步、科学的发展，高质纸的出现，推动了花灯追随时代前进，花灯的工艺制作水平也不断提高。自从电器业迅猛发展，元宵节的花灯也通过电光装置大放异彩了。初期的花灯，只限手提，固定灯台，而现代的灯会，多以电子设备为主，由静态的悬挂变为动态的展示。随着时代的进步，节日的花灯有了更高级的表现形式。

2. 功能变

从远古时代开始，我国各民族就出于生活和社会需要创造了丰富多彩的传统节日活动。在漫长的历史岁月中，随着社会的变迁和人们对节庆习俗需求的不同，我国传统节日的文化功能也在不断发生流变。中华人民共和国成立后，我国的社会制度发生了根本变化，社会变革促使我国现代民间信仰发生了本质性变化，人民不再信命和神灵，民间信仰活动逐渐走向衰落。十一届三中全会以后，随着社会的变迁和发展，现代社会进入了高度发达的文明社会，人们对祭祀活动的看法也逐渐理性。许多地区现代社会中传统节日的庆祝活动不再是纯宗教性仪式和祭祀内容，已经流变为一种程序性仪式，更多地被视为文体表演，用来营造节日氛围。

此外，一些传统节日习俗，例如舞龙、舞狮、赛龙舟等已经成了我国民族文化的行为仪式，在人们的心中具有了十分特殊的地位，其中蕴含着的民族与民间信仰具有非常强的民族凝聚力，能够唤醒强大的群体意识和激发集体行为。特别是在中华民族共同的节日里

第三讲 中国传统礼仪文化

面，舞龙、舞狮、赛龙舟等传统节日习俗会让所有的炎黄子孙找到民族归属感，在中华民族传统节日里世界各地只要有华人的地方就会有各种传统节庆活动。因此，这些历经千百年传承下来的拥有共同的神话背景、民族信仰和文化象征的节庆活动成为中华民族重要的文化符号，得到了全球华人的普遍认同。通过这些活动促使中华民族的民族意识和民族精神再一次得到了凝聚，从而形成了中华民族的一种文化自觉，使传统节日具有了无法替代的民族文化认同与民族归属功能。

舞狮

第三讲 中国传统礼仪文化

中华民族在五千年的历史长河中，形成了完整的礼仪规范和优秀的传统美德，中国也被称为"文明古国，礼仪之邦"。《中国礼仪大辞典》认为，礼指特定民族、人群或国家基于客观历史传统形成的，以确定维护社会等级秩序为核心内容的价值观念、道德规范以及与之相适应的典章制度、行为方式。简而言之，礼是人类为了维系社会的正常生活秩序所共同遵守的一种行为规则，礼貌、仪节是其外在表现的行为方式，一般称为"礼仪"，道德修养是其深层的精神内涵的表现，一般称为"礼义"。礼仪文明作为我国传统文化的一个重要组成部分，对社会历史发展有广泛深远的影响。在中国古代，礼仪制度具有"经国家，定社稷，序人民，利后嗣"的功能。中国传统礼仪文化内容丰富，所涉及的范围非常广泛，几乎渗透于古代社会的各个方面。中华传统礼仪文化贯穿于中华文明的始终，历史悠久，为中国几千年的历史进步与传承贡献了巨大的力量，集中体现了个人的修养和社会的文明程度。传统礼仪文化延续至今，我们应该继续让其发光发热，将其与培育和践行社会主义核心价值观结合起来，实现中国特色社会主义的文化自信。本讲在对传统礼仪文化追根溯源的基础上，重点介绍了传统日常生活中的成人礼、婚嫁礼、社交礼、宴饮礼等内容、流程以及禁忌，以促使学生了解中国传统文化，把古代礼仪的精华内化到自己日常生活的行为中。

一、传统礼仪文化的起源及发展

中华传统礼仪在历史传承沿袭过程中不断发生着吐故纳新的变革，从历史发展的角度来看，礼仪的起源、发展与演变的过程大致可分为四个阶段。

（一）礼文化的起源

礼仪起源于原始社会，在原始社会中晚期（约旧石器时代），同一氏族成员间在共同的聚集、狩猎、饮食生活中形成的习惯性语言、表情、动作，是构成早期礼仪的萌芽。整个原始社会是礼仪的萌芽时期，这一阶段的礼仪较为简单和虔诚，还不具有阶级性。其内容包括：制定了明确血缘关系的婚嫁礼仪；形成区别部族内部尊卑等级的礼制；为祭天敬神而确定了一些祭典仪式；约定了一些在人们的相互交往中表示礼节和表示恭敬的动作。这时期以敬神为主，在人类发展的最初期，人们对火山、地震、电闪雷鸣等自然现象无法解释，由此就认为天地间有神的力量，有鬼的存在，出于对天地鬼神的惧怕或对于去世的祖先的敬仰，人们就会举行一些形式，用物品来祭拜，这就诞生了礼的萌芽，为后来中国礼仪的发展奠定了基础。北京的"天坛""地坛"就是古代国君用来祭天祭地的建筑。

（二）礼文化的发展演变

1. 礼仪的形成时期：夏、商、西周三代

进入奴隶社会，统治阶级为了巩固自己的统治地位，把原始的宗教礼仪发展成符合奴隶社会政治需要的礼制，礼被打上了阶级的烙印。西周初期，周公旦辅政成王期间制礼作乐，中国第一次形成了比较完整的国家礼仪与制度。古代的礼制典籍也多修撰于这一时期，如周代的《周礼》《仪礼》《礼记》，就是我国最早的礼仪学专著。在汉以后2000多年的历史中，它们一直是国家制定礼仪制度所依托的经典著作，被称为"礼经"。

2. 礼仪的变革时期：春秋战国

这一时期，学术界形成了百家争鸣的局面，以孔子、孟子、荀子为代表的儒家思想家对礼教进行了研究和发展，对礼仪的起源、本质和功能进行了系统阐述。

孔子把"礼"看成是治国、安邦、平定天下的基础。他认为"不学礼，无以立"，"质胜文则野，文胜质则史。文质彬彬，然后君子"。他要求人们用礼的规范来约束自己的行为，要做到"非礼勿视，非礼勿听，非礼勿言，非礼勿动"。作为观念形态的礼，在孔子的思想体系中是同"仁"分不开的。孔子说："人而不仁，如礼何？"他主张"道之以德，齐之以礼"的德治，打破了"礼不下庶人"的限制。倡导"仁者爱人"，强调人与人之间要有同情心，要相互关心，彼此尊重。

到了战国时期，孟子把仁、义、礼、智作为基本的道德规范，礼为"辞让之心"，是人的德行之一。孟子把"礼"解释为对尊长和宾客严肃而有礼貌，即"恭敬之心，礼也"，并把"礼"看作是人的善性的发端之一。

荀子比孟子更为重视礼，他著有《礼论》，论证了"礼"的起源和社会作用。荀子把"礼"作为人生哲学思想的核心，把"礼"看作是做人的根本目的和最高理想，"礼者，人道之极也"。他认为"礼"既是目标、理想，又是行为过程。

3. 礼仪的强化时期：秦汉到清末

在我国长达2 000多年的封建社会时期里，礼仪的内容大致有涉及国家政治的礼制和家庭伦理的礼仪，这一时期的礼仪构成中华传统礼仪的主体。这一时期的礼仪的重要特点是尊君抑臣、尊夫抑妇、尊父抑子、尊神抑人。在漫长的历史演变过程中，它逐渐演变为妨碍人类个性自由发展、阻碍人类平等交往、窒息自由思想的精神枷锁。

4. 礼仪的发展时期：辛亥革命以后

辛亥革命后，中国传统礼仪规范、制度受到西方思想的冲击，国民党政府废除跪拜礼，代之以鞠躬、握手礼，取消"老爷""大人"之类的称谓，代之以"先生""君"的称呼。"五四"新文化运动后，对腐朽、落后的礼教进行了清算，符合时代要求的礼仪被继承、发展、流传，一些传统礼仪的繁文缛节逐渐被抛弃。1949年后，逐渐确立以平等相处、友好往来、相互帮助、团结友爱为主要原则的具有中国特色的新型社会关系和人际关系。改革开放以后，一些更具有时代感、接近国际惯例的礼仪、礼节陆续传入我国，同我国的传统礼仪一道融入社会生活的各个方面。

二、礼仪典籍

《周礼》《仪礼》和《礼记》被称为"三礼"，"三礼"是古代礼乐文化的理论形态，对礼义、礼法做了最权威的记载和解释，对历代礼制的影响最为深远。"三礼"记录、保存了许多周代的礼仪，其中，《周礼》偏重政治制度，《仪礼》偏重行为规范，而《礼记》则偏重对具体礼仪的解释、论述。由这"三礼"所涉及的各种礼制的总和，也就是"礼"的全部内容。"三礼"是有关我国古代政治制度的三部儒家经典，是中国古代礼仪制度的蓝本和百科全书，对中国后世的政治制度、文化传统、社会思想、伦理观念影响深远。历代都有对"三礼"的注疏，比较著名的如唐代杜佑的《通典·礼典》、清代秦蕙田的《五礼通考》等。

（一）《周礼》

《周礼》是三礼之首，初名《周官》《周官经》，是古文经学最重要的典籍之一，对中国古代官制的建置产生过深远的影响。《周礼》涉及范围广泛，是我们了解、认识和研究我国古代官制、政治史、文化史的一把钥匙。

《周礼》是记载古代设官分职的政典，搜集了周王朝及各诸侯国官制及行政制度，以儒家的政治理想加以增减取舍汇编而成。《周礼》全书共分六篇，包括"天官冢宰""地官司徒""春官宗伯""夏官司马""秋官司寇""冬官百工"。其中，"冬官"一篇早已散佚，西汉时补以"考工记"，称为"冬官考工记"。"周官"

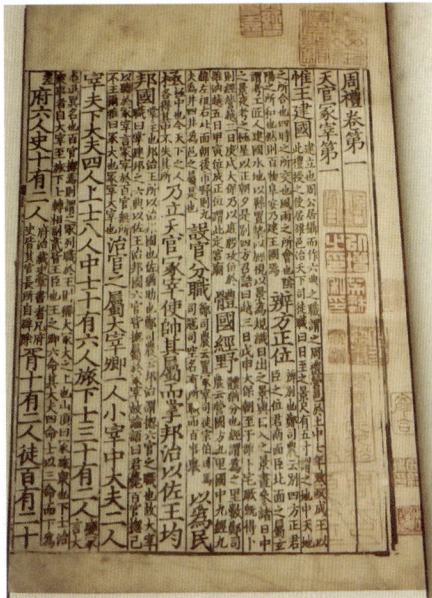

宋刻本《周礼》

这一书名的本意，是"周天之官"的意思，六官的大致分工展示了一个完善的国家典制，一切井然有序，富于哲理，令人有"治天下如运诸掌"的感觉。

《周礼》记载了先秦时期社会政治、经济、文化、风俗、礼法诸制，多有史料可采，所涉内容极为丰富，无所不包，堪称中国文化史之宝库。《周礼》的记载既有祭祀、朝觐、封国、巡狩、丧葬等国家大典，也有如用鼎制度、乐悬制度、车骑制度、服饰制度、礼仪制度等具体规范，还有各种礼器的等级、组合、形制、度数的记载，许多制度仅见于此书，因而尤其宝贵，影响了中国历史很多朝代，历朝修订典制，也都是以《周礼》为蓝本。

（二）《仪礼》

《仪礼》为先秦五经之一，又称《礼》《礼经》或《士礼》。《礼》是《仪礼》一书的原称，从战国时代的文献看，当时的人们都将《仪礼》称为《礼》。《仪礼》在"三礼"中成书最早，具有很强的实用性，在"三礼"中最早取得经的地位，是"礼"的本经。

《仪礼》原有两种版本，一种是汉高堂生所传，一种是从孔宅壁中得来。东汉郑玄合并两个版本，就是现在所流传的《仪礼》。关于本书的作者，古文派认为是周公所作，但也有人认为是孔子编订。其中，以孔子作《仪礼》说法比较合理，因为孔子确实曾将礼作为教学的实践环节。该书大致形成于春秋后期。

上古时期有"礼仪三百，威仪三千"的说法，但到了汉代，《仪礼》只剩了17篇，涉及春秋战国时期士大夫阶层生活各个方面的礼仪。宋朝王应麟根据《三礼义宗》将这17篇分为四类，《特牲馈食礼》《少年馈食礼》《有司》三篇记祭祀鬼神，祈求福佑之礼，属于吉礼；《丧服》《士丧礼》《既夕礼》《士虞礼》四篇记丧葬之礼，属于凶礼；《士相见礼》《聘礼》《觐礼》三篇记宾主相见之礼，属于宾礼；《士冠礼》《士昏礼》《乡饮酒礼》《乡射礼》《燕礼》《大射礼》《公食大夫礼》七篇记冠昏、宾射、燕飨之礼，属于嘉礼。

《仪礼》材料来源古老，内容广泛，对祭、丧、冠、婚、射、乡、朝、聘等典礼的仪式及各种礼乐器的形制、组合方式都有详细规定，后世许多贵族礼仪源于此，并深刻影响到日本、朝鲜等国家的礼俗文化。《仪礼》所记载的各种典礼，对于研究古人的伦理思想、生活方式、社会风气等，都有不可替代的价值。

（三）《礼记》

《礼记》是儒家学者解释说明经书《仪礼》的文章选集，属于礼仪的学理类著作，早期属于《仪礼》的参考书。《礼记》在"三礼"中地位最高，流传最广。

《礼记》的记有两种，一种是附于各篇正文后的"记"，对仪节的表述不详之处作补充，文字大多是零句散语，不相连缀。另一种是独立成篇的文章，内容丰富，包含追忆孔子言论、

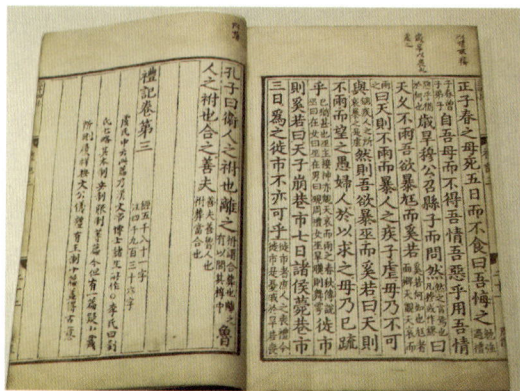

南宋刻本《礼记》

阐发礼学思想，描绘古代制度等内容。

《礼记》一书的作者不止一人，成书时间跨度也比较大，各篇完成的时间不同，上自战国，下至汉初。其中多数篇章可能是孔子的七十二弟子及其学生们的作品，还兼收先秦的其他典籍。西汉时期，礼学家戴德和他的侄子戴圣对其进行了编订，加上东汉郑玄对其出色的注释，《礼记》的地位上升为教科书，到了唐朝，政府把它列为"经书"，成为一般士人必读的书籍。

《礼记》的内容主要是记载和论述先秦的礼制、礼仪，解释《仪礼》，记录孔子和弟子等的问答，记述修身做人的准则。实际上，这部9万字左右的著作内容广博，门类杂多，涉及政治、法律、道德、哲学、历史、祭祀、文艺、日常生活、历法、地理等诸多方面，包罗万象，集中体现了先秦儒家的政治、哲学和伦理思想，是中国古代社会情况、典章制度和儒家思想方面的重要著作。其中，《大学》《中庸》《礼运》等篇具有非常丰富的哲学思想。

（四）《通典·礼典》

《通典》是我国历史上第一部记载典章制度的通史巨著，是一部记述唐天宝末年以前历代经济、政治、礼法、兵刑等典章制度及地志、民族的专书。共200卷，内分食货、选举、职官、礼、乐、兵、刑法、州郡、边防九门，子目1 500余条，约190万字。

作者杜佑，字君卿，京兆万年（今陕西省西安市）人，唐朝政治家、史学家，诗人杜牧的祖父。杜佑用36年的时间撰成了《通典》，创立史书编纂的新体裁，开创中国史学史的先河。

《通典》九门之一的《礼典》共100卷，占了整部《通典》篇幅的一半，足见杜佑对礼制的重视。《礼典》记录了中国古代历史上自上古时期至唐朝天宝末年的礼仪制度。杜佑结合礼制史记载的需要和当时的礼制状况在书的编排结构上进行了创新，整个篇章分为"礼制沿革"和"开元礼"两部分。其中，礼制沿革部分65卷，分为吉礼14卷、嘉礼18卷、宾礼2卷、军礼3卷、凶礼28卷，记录了我国古代自上古时期至唐前期的礼制沿革。第二部分为杜佑对150卷的政府礼典《大唐开元礼》撷取精要及缩编，共35卷。100卷的《礼典》为我们研究中古以前尤其是唐前期的礼仪制度、宗教文化、社会关系提供了重要的资料。

《通典·礼典》在内容、结构以及编纂方法上都有着自己的创新，不仅系统总结了历代礼制的沿革，还注意总结当朝礼制得失，梳理其脉络，古今结合，内容丰富全面，很多内容都具有开创意义，为以后礼制史的编写提供了很好的借鉴。可以说，《礼典》是中国古代历史上第一本礼制史通史著作，杜佑开启了对礼制沿革历史的考察。《礼典》之后，关于礼

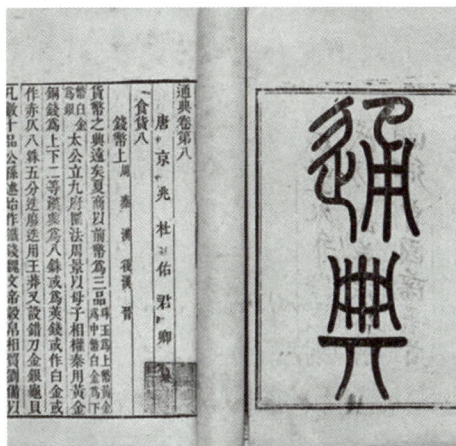

《通典》

制史的著作相继问世。

（五）《五礼通考》

《五礼通考》是清代秦蕙田历时38年编纂的礼仪经典注疏，其间参与编纂、校对的钱大昕、戴震、王鸣盛、卢文弨、蔡德晋、褚寅亮、盛世佐等，或儒学名家，或精于校勘，都是清代经学的代表人物。

秦蕙田，字树峰，号味经，江苏金匮（今江苏省无锡市）人，生于清朝康熙四十一年，卒于乾隆二十九年。

《五礼通考》在总结前人著述的基础上，扬长补短，因循徐乾学《读礼通考》体例，依杜佑《通典》五礼次序，对五礼"古今沿革、本末源流、异同得失之故咸有考焉"。全书262卷，加卷首《礼经作述源流》和《历代礼制沿革》4卷，共计266卷，对上起先秦、下至明末的中国古代礼制进行了全面而详尽的考证和评论，是一部研究中国古代礼学的集大成之作。该书裁减《十三经注疏》《二十四史》等文献，条分缕析，按类排比，后附案语，考辨吉、凶、宾、军、嘉五礼。其中吉礼44类；嘉礼15类；宾礼11类；军礼7类；凶礼8类，五礼总计共85大类。在某一门类下，先分细目讨论其礼制的总体情况，然后再按先后顺序考证历代礼仪的具体沿革变化，全面汇集整理了明代以前的礼学资料，系统论述了中国古代礼制发展的历史，详细考证了古代礼仪的具体内容，具有极高的学术价值。

《五礼通考》各门类虽然细目多寡不一，篇幅有大有小，但其内容均从纵横两个角度，对礼制的具体情况和沿革变化作了详尽的展示和考证。这实际上是完整地建立了中国古代礼制和礼学的框架体系，其研究成果的广度和深度都远远超过了前代礼学家。《五礼通考》受到当时学术界的高度评价。曾国藩盛赞此书："举天下古今幽明万事，而一经之以礼，可谓体大而思精矣。"

三、传统日常生活礼仪

"礼"在社会中无时不在，无处不有，出行有礼、坐卧有礼、宴饮有礼、婚丧有礼、寿诞有礼、祭祀有礼、征战有礼，等等。本节就日常生活中的礼仪择要介绍。

（一）成年礼

在氏族社会，男女青年发育成熟之前，都要经过一定程序的训练学习，等到身体成熟后，便要参加成年礼，从而正式成为氏族成员，开始参加氏族各种活动。成年礼在周代则演变为男子的冠礼，女子的笄礼，并作为制度确定下来。

1.冠礼

冠礼是古代中国汉族男性（多为贵族）的成年礼。按周制，古代的男孩子满6岁开始接受基础教育，10岁开始拜师学艺，到20岁的时候，他的知识结构大体完备，身体发育成熟，可以独立面对社会，就要适时举行冠礼。然天子诸侯为早日执掌国政，多提早行礼。传说周文王12岁而冠，周成王5岁而冠。古代的未成年儿童是不戴冠的，冠是成年男子身份的象征。

（1）准备阶段

举行冠礼前，首先要以占筮的形式确定日子，以"求其永吉"，这一礼仪称为"筮日"，体现了冠礼的神圣性。在冠礼日期确定后，还有戒宾、筮宾、宿宾，即挑选冠礼当天参与的宾客。古人把成人礼上升到奠基国本的高度，所以冠礼的准备阶段非常神圣，《礼记·冠义》说："古者冠礼，筮日筮宾，所以敬冠事。敬冠事所以重礼，重礼所以为国本也。"

（2）加冠仪式

举行冠礼当日清晨，家里要准备加冠用的三个帽子——缁布冠、皮弁、爵弁，分别置于三个竹盘中，由三位有司分别捧着，在台阶上往下依次站着，与冠礼相匹配的三套成年服装，在东房按顺序摆放，冠者则是一副儿童打扮，在东房等待典礼的开始。

冠礼开始后，先由赞者为冠者梳头，挽成发髻，再用帛将头发包好，插上簪子。做好一切准备。为了表示洁净，正宾都要先洗手，然后上堂到将冠者的席前坐下，亲手将冠者头上包发的帛扶正，然后接过有司手中的缁布冠为他戴上，正宾发表祝词并把冠仔细扶正，助手为冠者系好冠缨。冠者转身回到东房，换上与缁布冠配套的衣服，然后回到堂上面朝南，向来宾展示自己的成年衣冠，一加之礼到此完成。三次加冠之礼的仪节基本相同，只是加的冠是象征地位的皮弁和爵弁。

三加之礼完成后，冠者要以成年人的身份去拜见母亲，并与自己的兄弟姊妹、亲戚行礼。行礼完毕，冠者上堂，由大宾为他取表字。接着，冠者则改服礼帽礼服去拜见乡里的地方官，告知他们自己成年，请求他们对自己有所指教。此加冠、取字、拜见君长之礼，后世因时因地而有变化，民间各地举行冠礼的年龄在15至20岁之间。清中期以后，多移至娶妻前数日或前一日举行。

古代男子冠礼　　　　　　　　　中国古代各式冠

2. 笄礼

笄礼是汉族女性的成人之礼，也叫加笄，及笄，俗称"上头""上头礼"。笄，即簪子，古代女孩子在童年的时候并不用笄，所以笄就成为女子成年许嫁的象征，《礼记·曲礼》云"子许嫁，笄而字"，意思是女子许嫁之后行笄礼，取表字。所以笄礼与婚嫁紧密相连，它并非严格意义上的成年礼，而是从属于婚姻的一种礼仪。女子举行笄礼的时间是15岁至20岁。如果一直待嫁未许人，最迟也要在20岁时举行笄礼。

（1）准备阶段

笄礼准备阶段像冠礼一样要筮日、筮宾、戒宾，即选择有重要意义的日子，确定参礼人员，在宾客中选择有德才的女性长辈为正宾。为了表示慎重，要用笺纸书写请辞，行礼前三日，派人送达。行礼前一日再次恭请正宾，遣人以书致辞。

（2）笄礼仪式

笄礼当日，家中要准备行礼用的配饰发笄和罗帕、发簪、钗冠以及与之配套的三套礼服——素色的襦裙、曲裾深衣、正式的大袖长裙置于东房。由母亲在门前迎客，行笄者则穿彩衣在东房内等候。

笄礼开始后，主妇向正宾致谢，加笄者出来向宾客行礼，然后面向西正坐（就是跪坐）在笄者席上，赞者为其梳头。正宾盥洗完毕，笄者转向东正坐，有司奉上罗帕和发笄，正宾走到笄者面前，高声吟诵祝词，然后跪坐下（膝盖着席）为笄者梳头加笄，然后起身回到原位。赞者为笄者象征性地正笄。笄者起身，宾客向笄者作揖祝贺。笄者回到东房更换与头上发笄相配套的素衣襦裙后出来向来宾展示，然后面向父母亲，行正规拜礼。初加之礼到此完成，三次加笄之礼的仪节基本相同，只是佩戴的服饰和穿戴的衣服象征着不同的含义。

最后，还要给笄者取表字，过程与冠礼相同。尚未许嫁的女子是没有"字"的，所以，古时的人们把还没有许嫁的女子称为"待字闺中"。女子许嫁的笄礼和未曾许嫁的笄礼是不同的。未许嫁的笄礼只用自家主妇执礼，没有正宾。许嫁的笄礼，表明女子已经成人，也就意味着女子即将成为人妇，承担新的角色，意义重大，也更受重视。

清末 银步摇　　　　清末 银蝙蝠簪

古人对成人礼十分重视，其在人的一生中具有重要的意义，是对个人特定阶段的地位规定和角色认知。参加了成人礼，就代表这个人已经长大了，可以成家立业了。因此，传统成人礼是古人将个体生命加以社会化的程序和阶段性标志，青年男女只有通过成年礼仪，才能取得一定的社会地位和权利，才能被社会成员认同，同时也应当履行一定的义务。

成人礼从西周开始一直流传下来，但自近代以来逐渐没落。近年来，社会各界不断提倡要"弘扬优秀的传统文化",中华优秀传统文化正在走向复兴,成人礼这一古老的仪式才又重新回到大众眼中。由于现代社会提倡男女平等,因此男女都是十八岁举行成人礼,现代成人礼仪式也没有那么多繁文缛节,如有些地方设立成人节、有些学校举行集体成人礼活动,有些甚至简化为庄重的十八岁成人仪式宣誓。虽然成年礼的仪式随着时间的推移已经简化,但不变的是都意味着孩子已经长大成人,将会慢慢步入社会,担负起自己的责任,其精神内核都是通过成年礼仪培养受礼者的社会责任心,加强少年对于成人的意识,让他们清醒地认识到自己已经成年,无论是在法律上,还是在社会上,应以独立的人格开始承担来自社会和家庭的责任,对自己负责,对父母负责,对社会负责,对国家负责。成年礼不只是一个仪式,更包含着家人对孩子未来的期许和祝福。

(二)婚嫁礼

婚姻是人生大事,古今中外人们都非常重视。男方女方必须符合一定的条件与形式才是合法婚姻。据《周礼》记载,要使婚姻关系成立,必须同时具备三个条件:"一夫一妻""同姓不婚""父母之命,媒妁之言"。此外,还必须遵循谈婚、订婚到结婚等过程的礼仪,即所谓的"婚姻六礼",主要包括纳采、问名、纳吉、纳征、请期、亲迎,婚嫁礼对后代婚姻形式具有重要影响。

1.婚前六礼

(1)纳采

"纳采"是婚姻六礼中的第一礼,是"纳其采择之礼"的意思。即男方请人向女方说明缔结婚姻的请求,与如今的"提亲""说媒"大抵相同。纳采是男方向女方家表达一点信任,表示求亲的诚意,是需要携带礼品的。古代纳采用雁,原因有三:第一,大雁随着季节的改变而南飞北还,定时而且有规律,这象征了婚嫁有时,不可耽搁。第二,雁是一种"随阳"之鸟,喜欢往暖和的地方飞。用雁为礼,有夫唱妇随、不离不弃之意。第三,大雁迁徙,必成行列,则嫁娶之礼要长幼有序,不可逾越。因此,雁在古代婚礼中是很重要的礼物。

古代婚礼中的却扇礼

(2)问名

"纳采"之后是"问名",就是由媒人询问女方的姓名和生辰八字,通过占卜来看男女双方会不会相冲相克,以及有没有其他不宜结成夫妻的地方。"问名"也称为"过小帖"或"合八字"。问名也须携带礼物,一般用雁。

(3)纳吉

顾名思义,就是拿纳取吉祥之意。是男方问名、合八字后,在家庙中占卜,若得吉兆,则再次派媒人告知女方,并送礼表示要订婚的礼仪。纳吉仍用雁为礼,女家以礼相待。

(4)纳征

经过纳采、问名、纳吉之后,男女双方家庭对这桩婚事再无异议,于是议婚进入纳征这一环节。纳征一般在大婚前一个月至两周进行。纳征,也叫纳币,过大礼,即男方向女方送聘礼，至于聘礼的多少，随当地情况、当事人的经济情况等各方面因素而定。

（5）请期

定亲结束后，男方便通过占卜确定结婚的良辰吉日，之后派媒人携带雁到女方家中，征求女方家庭的意见，这就是"请期"。实际上，"请期"在当时只是礼节性的谦让，表达对女方家的尊重而已。

（6）亲迎

亲迎，也称迎亲，是"六礼"中的最后一礼，即新郎亲自迎娶新娘回家的礼仪。古代的亲迎必须在傍晚进行，这就是为什么《仪礼》中把婚礼写作"昏礼"。历代亲迎礼在流传过程中又加入了一些新环节，如"安床""压床""上阁""哭嫁"等。

经过复杂的"六礼"，男女双方的婚姻关系才正式成立。古代富家女子结婚时，基本严格遵循"六礼"的步骤，但普通人家的子女结婚则大多从简。

《清明上河图》中的嫁娶场面

2. 正婚礼

（1）拜堂

新郎、新娘进门后，接着就要"拜堂"，又称"拜天地"。拜堂的地方一般在洞房门前，设一张供桌，上面供有天、地、君、亲、师的牌位，供桌后方悬挂祖宗神幔。新郎、新娘就位后，由两位男宾引导，行三跪九叩礼，参拜天地、祖宗和父母。然后女东男西，行夫妻对拜礼。

（2）同牢合卺

"同牢"是指新婚夫妇共食同一牲畜之肉，表示共同生活的开始；"合卺"是指夫妇交杯而饮，不但象征夫妻合二为一，永结同好，而且也含有让新娘、新郎同甘共苦的深意。"同牢合卺"是古代婚礼中最具有社会意义的环节，是每对新婚夫妇行婚礼时必不可少的仪式。

3. 婚后礼

（1）拜见舅姑

古代对公婆的称呼为舅姑，"拜见舅姑"就是拜见公婆。这一仪节通常在"亲迎"后的第二天早晨举行。新娘早早起床，以新妇的身份上堂拜见公婆，向长辈进献礼物。公婆安排酒食款待新娘，同时赠送礼物，表示接纳新娘成为家庭中的一员。如果男女双方结婚时，公婆已去世，但是"拜见舅姑"的仪节也不能少，用"奠菜"礼仪拜祭公婆。"奠菜"一般在婚后的三个月内进行，到了宋代改为婚后三天。

至此，一场旷日持久的婚礼终告结束，新娘也终于完成了成妻、成妇礼，开始承担起一个家庭的责任了。

（2）三朝回门礼

古时结婚第三天，新婚夫妇会携带礼物前往女方家省亲，称为"回门"，也称为"归宁""拜门"等。"回门"礼，意思指新娘向父母和家人介绍在男方家的情况，主要是介绍女婿的情况，二是女婿拜见岳父岳母以及女方家兄弟姐妹和族亲。回门这天，女方家里会宴待宾客，这也是人们维系姻亲关系的重要一环。

婚礼是人一生中非常重要的一个大礼，从古至今一直被称为人生"大事"。在古代，它标志着一个人步入建立家庭、发展家族、传宗接代、继承香火的人生阶段。与之相对应的，也形成了一整套烦冗复杂的婚姻礼仪，构成了中国特色的传统婚姻礼俗。传统婚俗中的"三书六礼"中的"三书"是古人为保障婚姻所立的有效文字记录，从一个侧面表现了古人重礼仪的优良传统和对婚姻大事的重视。而"六礼"中的部分环节也包含对新人百年好合、白头偕老的祝愿。

随着社会的发展和文明的进步，中国现代婚礼更加文明和多元化，仪式也更为浪漫和简单，但仍然"形式感"满满。现在年轻人结婚喜欢用西式婚礼，但中国传统婚礼的精神内核仍有保留。如喝交杯酒是婚礼上的重要仪式之一，这个习俗起源于秦代，其寓意始终如一，象征着永结同心、夫妻相敬如宾，也有让新郎新娘同甘共苦的深意。现代婚礼中没有拜高堂这一环节，但向双方父母敬酒也是传统婚礼倡导的孝道的体现和延续。现代婚礼中的抛花球其实就是中国古代抛绣球的演变，寓意分享喜悦，传递快乐与祝福。酒筵从古至今几乎是每对新婚夫妇举行婚礼时必不可少的仪式，流传到今天，吃喜酒已成为民间举行婚礼的重要习俗。酒筵有繁有简，规模不等，其最主要的意义是新郎新娘的婚姻得到了亲朋好友的承认。因此，酒筵也是婚礼中最具有社会意义的环节。

婚礼，作为人生五礼之一，无论其形式怎么变化，但其意义都在于获取社会的承认。

（三）社交礼仪

交际的基本方式，也就是传递信息的基本符号，大致上归纳起来，不外乎是语言、身体姿势和文字这三大类。表现在传统的交际礼仪中，则主要是指称谓、相见礼以及与各种束帖、信函和有关的礼仪文字。我们主要讨论称谓和相见礼两个方面的内容。

1. 称谓礼

在我国传统文化的社交礼仪中，在称谓上具有尊人卑己的特点，敬称对人，置人于尊位，谦称对己，置自己于卑位，一谦一敬之间，礼数自见。在遇到特殊情况时还要用避讳称谓。

（1）敬称对方

敬称是对他人表示尊敬的称呼，称谓中包含着敬仰、颂扬的感情色彩。古人常把品德高尚、智慧超群的人，称为"圣"，如尊称孔子为"孔圣人"、孟子为"亚圣"。后来把其用于对帝王的敬称，如称皇帝为"圣上""圣驾"。古代皇帝身为一国之君，身份尊贵，"天子""陛下""飞龙""万岁"等称呼语可感受到王者的风范。

古人称呼对方的亲属时，常加"令""尊""贤"等表示尊重含义的字。

"令"含有善、美之意。如称呼对方的父亲为令尊、令翁；称呼对方的母亲为令母、令堂；称呼对方的妻子为令妻、令正；称呼对方的儿子为令郎、令子；称呼对方的女儿为令爱、令媛；称呼对方的兄弟姐妹为令兄、令妹等。

"尊"通常用于称呼对方父亲及以上辈分的亲属。如称呼对方的祖父为尊祖，父亲为尊父、尊翁，母亲为尊堂、尊上。

"贤"主要用于称呼对方叔父及以下辈分的亲属。如称呼对方的叔父为贤叔，兄弟为贤兄、贤弟，对方的妻子为贤阁、贤内助。

古代男子行冠礼后都要取表字，有的还要取雅号。他的名字只有父亲和国君才能叫。因此，在人际交往中，对平辈或受尊重的人，要称呼其字、其号才能表示尊重之意，直呼其名就会被视为失礼。

（2）谦称自己

中国人对自己比较谦逊，常用"鄙人""不肖"等词语表示自谦。这类称谓古代很多，且沿用至今。谦称是用于自己或者自己一方而与敬称相对应的称谓。根据先秦文献记载，当时的王公贵族都有特定的称谓，《颜氏家训》载："昔者王侯自称孤、寡、不谷。"王侯称孤道寡，是谦称自己德行尚浅；"谷"是善的意思，"不谷"犹言不善。男子一般对尊贵者自称"臣""仆"。在官场中，下属对上司自称"卑职"，而老百姓在地方官面前要自称"小民""小人"。年轻人对年长者自称"晚生""后学"，而年长者对后辈则自称"老朽""愚"。

在称呼自己一方的亲属时，常加上"家""舍""先""亡"等词语表达"谦"的含义。其中，"家"专指比自己辈分大或年长的亲属，如称自己的父亲为家父、家公，母亲为家母、家慈，兄嫂为家兄、家嫂。"舍"专指比自己辈分小或年幼的家人，如舍弟、舍妹、舍侄、舍婿等。"先"和"亡"含有哀痛、怀念之意，专指已经故去的亲属。"先"用于比自己辈分高或年长的家人，如先祖、先父、先考、先母、先妣等。"亡"专指比自己辈分小或年幼的家人，如亡弟、亡女等。

在对方前面称呼自己的妻子，一般要用"内人""内子""拙荆"等。称呼自己的儿子用"犬子""贱息"，称呼女儿用"息女""小女"。

在社交活动中，使用敬称称谓抬高对方身份、地位，使对方获得心理满足；使用谦称称谓称呼自己，表现了说话者个人的谦逊与修养，这既遵循了社交礼仪，也保障了社交活动的顺利进行。上文提到的一些敬称或谦称只是管中窥豹，中国人称谓用语的丰富也体现了礼仪之繁复。虽然在现代交际中有些称谓语已经不适用，但与人交际，礼貌当先，与人交谈，称谓当先。在不同的交际场合选择恰当的称谓是一个人有分寸、有礼节、有教养、有学识的表现，对交际的成功有重要影响。

2. 见面礼仪

初次见面行某种礼仪，以表示友好或者敬意等感情，这就是见面礼仪。无论在古代还是今天，见面礼仪都是人们之间所必需的一种礼仪需要，只是具体形式因时代的不同而有所变化。

（1）拱手礼

拱手礼又叫作揖、揖礼，是最具中国特色的见面问候礼仪，其历史非常悠久，已经有两三千年的历史了，从西周起就开始在同辈人见面、交往时采用了。《论语·微子》曾载"子路拱而立"，这里子路对孔子所行的就是拱手礼。拱手礼有模仿带手枷的奴隶的含义，意为愿做对方奴仆，后来逐渐成了相见的礼节。古人通过程式化的礼仪，以自谦的方式表达对他人的敬意。

行礼时，双手互握合于胸前。当代一般右手握拳在内，左手在外；若为丧事行拱手礼，则正好相反。一说古人以左为敬，又有人在攻击别人时，通常用右手，所以拱手时，左手在外，以左示人，表示真诚与尊敬。拱手礼的正确做法是，行礼时，双腿站直，上身直立或微俯，左手在前、右手握拳在后，两手合抱于胸前，有节奏地晃动两三下，并微笑着说出自己的问候。因为古人认为杀人时拿刀都是用右手，右手在前显得杀气太重。所以用右手握拳，用代表友好的左手在外，把右手包住。而对于女子来说，应该是右手在前、左手握拳在后。

拱手礼不分高低贵贱，属于人们日常生活礼节，与我们现在的握手、点头、挥手致意的性质差不多，它除了用在亲友相见、迎送宾客、向人问讯之外，有时也用于辞让，以示尊重与谦让。当下，在团拜、商业性会场、春节、祝贺等场合还会用到拱手礼。

（2）鞠躬礼

鞠躬即弯身行礼，是中国最古老的一种礼节形式，源自商代祭天仪式，是一种对他人表示尊敬的郑重礼节。商代有种祭天仪式"鞠祭"，祭品为猪、牛、羊等，不切成块，而是将其整体弯卷成圆的鞠形，再摆到祭祀处奉祭，以此来表达祭祀者的恭敬与虔诚。人们在现实生活中，逐渐援引这种形式来表达自己对地位崇高者或长辈的崇敬。于是，弯一弯腰，象征性地表示愿意把自己作为鞠祭的一个牺牲品而奉献给对方，这就是"鞠躬"的来历。后来，弯腰、低头、避开对方视线，向对方表示恭顺和没有敌意，成了向人致意，表示尊敬、致谢、致歉等含义的常用礼节。

据春秋战国时代成书的《仪礼·聘礼》记载："执圭，入门，鞠躬焉，如恐失之。"这说明在春秋战国时期，人们在参加各种庆典时就要举行鞠躬礼。唐韩愈在《谒衡岳庙遂宿岳寺题门楼》诗中有"庙令老人识神意，睢盱侦伺能鞠躬"之句，说明到了唐朝以后，鞠躬礼已普遍流行开来。

鞠躬礼既适用于庄严肃穆或喜庆欢乐的仪式，又适用于普通的社交和商务活动场合。鞠躬礼分为两种：一种是"三鞠躬"，敬礼之前，应脱帽或摘下围巾，身体肃立，目光平视，身体上部向前下弯约90°，然后恢复原样，如此连续三次。另一种是"深鞠一躬"（向前下弯15°~90°），几乎适用于一切社交和商务活动场合。在初次相见的朋友之间、同僚之间、宾主之间、下级对上级、晚辈对长辈、学生对老师，为了表达对对方的尊重，都可以行鞠躬礼。

施鞠躬礼时，应立正站好，保持身体端正，距离受礼者约两步远并面带微笑，双手应在上体前倾时自然下垂，平放膝前或体侧，鞠躬后恢复立正姿势，并保持双眼礼貌地注视对方。施礼时，动作不能过快，要稳重、端庄，表现出对对方的尊重。通常，受礼者应以与施礼者的上体前倾度大致相同的鞠躬还礼。

20世纪初，时任杭州广济医院院长梅藤根先生面对小患者的鞠躬致谢顺势回礼

鞠躬礼始于中国，至今仍是现代社会日常基本礼仪之一，也是国际上通用的礼节。日本、韩国等国家尤其盛行鞠躬礼。在中国，鞠躬礼现在主要用于喜庆、哀悼、致歉等场合中，在正式社交场合也多有使用，如学生对老师、晚辈对长辈、下级对上级、表演者对观众等都可行鞠躬礼；领奖人上台领奖时，向授奖者及全体与会者鞠躬行礼；演员谢幕时，会上台对观众鞠躬致谢；演讲者演讲结束时，也用鞠躬来表示对听众的敬意。我们遇到客人表示感谢或回礼时，或是遇到尊贵客人时，均可行鞠躬礼。

（四）宴饮礼仪

民以食为天，中国古人把饮食问题奉于至上的位置。历史上，食器被频繁作为礼器，同样反映的是重饮食的文化习惯。饮食行为与中国古"礼"的形成存在着密切关系，《礼记·礼运》中讲"夫礼之初，始诸饮食"，围绕饮食与餐桌，古人在长期的实践中形成了一套规范化的宴饮礼仪。"宴席"最早由"筵席"发展而来。《礼记·乐记》云："铺筵席，陈尊俎，列笾豆。"由此可见，那时候的筵席本意还不是吃喝，而是指吃喝用的铺具和坐具。"筵席"用竹、苇、草等编织而成。"筵"长、宽、粗糙，直接铺在地上，类似于今天的地毯，根据身份的不同，铺垫不同层次的"席"，"席"短小细致，犹如今日的坐垫。古人宴请宾客时，入席地而坐或跪在席上，酒食陈列在席前的筵或几上，一般是一人一席，宴饮在筵席上进行。久而久之，筵席就成为酒宴的专用词。

1. 设宴之礼

一般认为，筵席的出现与古代的祭祀、礼俗和宫室、起居密切相关。早在商周时期，中国便已出现宴饮礼仪，其时制定有"设宴之法"。殷商时代的祭祀十分频繁，需要安排很精致的礼器，盛放丰盛的祭品，奏乐唱歌，顶礼膜拜。祭祀之后，必须将祭品分给大家吃掉，这便是宴饮的雏形。到了周代，周公加以变革，把一部分宴饮从祭祀中剥离出来，设宴饮之法，这成为人们在一起宴饮所需要遵循的礼仪规范。随着历史的发展，宴饮礼仪趋于丰富完善，体现出中国作为礼仪之邦的风范。

汉族传统的宴饮礼仪，在后世逐渐演化出纷繁复杂的程序：首先主人折柬相邀，到期迎客于门外，宾至，互致问候，引入客厅小坐，敬以茶点；导客入席，循次就座；客人坐定，由主人敬酒让菜，客人以礼相谢。宴毕，导客入客厅小坐，上茶，直至辞别。

2. 酬酢之礼

俗话说"无酒不成礼仪"。宴席上饮酒有许多礼节，客人需待主人举杯劝饮之后，方可饮用。所谓"与人同饮，莫先起觞"。客人如果要表达对主人的盛情款待的谢意，也可在宴饮的中间举杯向主人敬酒。宴饮礼仪席上，主人以酒敬宾客，称为"献"；宾客回敬，称为"酢"；主人劝饮，称为"酬"，所以通常把宴饮之礼称为"酬酢之礼"，也称为待客之礼。宴饮时主人若不陪饮而让客人自酌自饮，会被人指责为失礼。当宾客很多，主人无法分身时，每桌都得安排一个人代表主人陪饮，好让客人吃好喝好。从春秋战国开始，在宴饮活动中王公贵族还开展了带有娱乐性质的投壶游戏，旧时富豪之家还会叫来艺人在旁演唱，以助酒兴。

《韩熙载夜宴图》(局部)

3. 进食之礼

至于席间之斟酒上菜的规程，有关宴饮时的行为规范，许多礼仪方面的书上都有过详细的记载。如《礼记·曲礼上》中就提道：带骨的肉要摆在左边，切好的大块肉要摆在右边；饭摆在左边，羹汤摆在右边；细切的烤肉摆远些，酱醋摆近些；和别人一起吃饭，不要只顾自己吃饱；要把手洗干净，不要把手中的剩饭放回容器之中；不要不停地喝酒；不要发出难听的声响；不要大口喝汤以至于使汤水从嘴角流出来；不要啃骨头；不要当众剔牙……宴饮礼仪讲究流程、分等级，注重程序、座次、上菜规程，体现了中华民族有序、有礼的人文道德原则。

在进食过程中，同样先由主人执筷劝食，客人方可动筷。所谓"与人共食，慎莫先尝"。古代还有一系列进食规则，如"当食不叹""共食不饱、共饭不泽手""毋投骨于狗"等礼仪细节。

筷子中的礼
仪文化

4. 座次之礼

传统礼仪深入到古人生活的方方面面，社会礼仪秩序井然，座席亦有主次尊卑之分，一般原则是尊者上坐，卑者末坐。不同场合，不同地位的人，他们在宴饮活动中的座次顺序也不同，因此，座次之礼是宴饮礼仪的基本礼节和中心环节，这是在等级观念较强的古代社会中区别尊卑的一项重要礼俗。

古时候那种四方的台案使用时有严格的礼节，是要分尊卑主从的。座位次序显示了宾与主，尊与卑。一般来说，室内座次以东向为尊，即贵客坐西席上，主人一般在东席上作陪。年长者可安排在南向的位置，即北席。陪酒的晚辈一般在北向的位置，即南席。入座的规矩是，饮食时人体尽量靠近食案，非饮食时，身体尽量靠后，所谓"虚坐尽后"。有贵客光临，应该立刻起身致意。"鸿门宴"中的座次顺序，可以说是古人室内礼节性座次的真实写照：项王即日因留沛公与饮，项王、项伯东向坐，亚父南向坐，亚父者，范增也，沛公北向坐，张良西向侍。在这里，本来东向是尊位，应该是刘邦坐的方位，但项羽霸道，毫不客气地就抢了过来，当时正是项羽意气风发的时候。刘邦实力不如项羽，为了向项羽示弱而麻痹对方，索性去坐了卑位。范增老实，规规矩矩地坐了从位，也就是陪客的位置。剩下了一个张良，自己的位置被自己的主公抢了去，剩了一个主位，实在没办法坐，也不敢坐，干脆站着了。

随着时代的发展，隋唐以后，能供多人团坐聚餐的圆桌出现了，于是人们在座次安排上又有了新的讲究。通常来说，圆桌中的座次安排往往根据整个屋子的朝向、室内的装饰风格等来确定，一般将朝向门、采光好或是厅中突出的位置设为首位。

在传统社会中，由于强调尊卑有序，所以一贯对座次的排列十分讲究。总而言之，在古代分主宾的宴饮活动中，座次礼仪是"尚左尊东""面朝大门为尊"，而家宴中则是辈分最高者坐首席。

随着社会的发展变化，虽然很多烦琐的用餐礼仪被慢慢淘汰了，但是餐桌礼仪文化却一直存在。人们在宴饮活动中重视礼节、礼貌，几千年来已经形成文化传统，一些表现伦理美、形式美的礼仪一直沿用到现在。在现代生活中，无论是私人宴会或者公务宴会，在宴饮时都要懂礼、有礼，以尊敬老人、尊敬师长、尊重宾客、爱护儿童为原则，做到言行举止遵循一定的礼仪修养，主客相互敬重，营造和谐进食、文明进食的良好氛围。重视餐桌礼仪文化，一方面要讲究以礼待人，另一方面也是要表示对食物的尊敬。"一粥一饭，当思来处不易；半丝半缕，恒念物力维艰。"自觉节约每一粒粮食，禁止铺张浪费，既是对饮食礼仪的继承与提倡，也是传统美德的现代实践与体现。

体验活动

活动名称：春联

活动目标：

1. 知识目标

学生借助网络，搜集一些常用春联，能进行简单的应对练习，个别学生能自创春联。

2. 能力目标

培养学生联系生活实际理解春联的能力，知道春联表达了人们对生活美好的祝愿，了解不同的春联应当贴在不同的地方。

3. 素养目标

通过本课的学习活动，感受春联的美，激发学生对传统的春联文化的热爱。

活动步骤：

1. 材料准备

对联用纸，毛笔，墨汁，搜集对联句子若干。

2. 具体步骤

（1）讲春联：每个活动小组讲一点与春联相关的故事或注意事项。

（2）诵春联：每个活动小组选取自己感兴趣的对联进行诵读。

（3）对春联：每个活动小组出上联，对应小组同学对出下联。

（4）写春联：每个活动小组当堂用毛笔写成一副对联。

（5）贴春联：每个活动小组自行保存春联，春节时贴至寝室门上。

第五章
光辉灿烂的科技文化

　　中国是一个具有五千年历史的文明古国，在辉煌灿烂的发展历程中，科学技术文化具有重要的地位和作用，古代劳动人民的勤劳智慧和创新精神创造了光辉灿烂的中国古代科技文化，对中华文明和人类文明的发展作出了不可估量的贡献，产生了深远影响。中国古代科学技术的辉煌成就是中华民族的骄傲。

第一讲 中国古代科技文化概述

中国古代科技涵盖的领域非常丰富，不仅是重要的文化发展轨迹和文化遗产，也是中华文明的宝贵财富。正确认识中国古代科技文化，其意义不仅在于继承和发扬优秀的传统文化，还有利于全面地认识人类科技演进的规律。

中国古代科技发展的思想基础

一、中国古代科技价值观

（一）"尚礼"与儒家的"以礼制器"

从原始社会时期各种工艺技术的发端开始，礼的文化需要一直是手工技术发展的动因之一。先秦儒家作为礼文化的继承者和发扬者，非常注重器物中凝聚的礼的文化价值，他们以礼制来规范器物的设计、制造和使用。这种"以礼定制，纳礼以器"的造物思想是先秦儒家区别于其他流派技术价值观的根本特点。

先秦儒家更注重器物在"礼"的层面的文化功能，因而也更加重视"藏礼于器"的造物原则。孔子曰："禹，吾无间然矣！菲饮食而致孝乎鬼神；恶衣服而致美乎黻冕……"大禹生活极其简朴，但非常重视对鬼神的祭祀，讲究礼服的制作。由此可见，儒家先贤孔子对礼文化的认同。先秦儒家将礼器的制作放在器物制造的第一位。

礼乐的道德教化功能必须借助于器物的物质形态才能实现，荀子说："君子以钟鼓道志，以琴瑟乐心……"《礼记·曲礼下》记载："君子将营宫室，宗庙为先，厩库为次，居室为后。凡家造，祭器为先，牺赋为次，养器为后。无田禄者不设祭器，有田禄者先为祭服。君子虽贫，不粥祭器；虽寒，不衣祭服；为宫室，不斩于丘木。"这就把礼器的制作放在比日常器物制作更为优先的地位，即使在衣食住等基本生活没有保障的时候，也不能将祭器用于日常生活。

器物是礼乐文化的物质形态，统治者为了维护社会等级秩序，以礼制来规范器物的制造和使用。例如，西周时期，官营手工业的许多器物制造的规格都贯穿"九、七、五、三"的数字原则，这一数字差别的序列，成为不同等级身份的标志。礼帽上装饰的规格要求是"天子之冕，朱绿藻十有二旒，诸侯九，上大夫七，下大夫五，士三。"玉器的使用及制作规格的要求是"王执镇圭，公执桓圭，侯执信圭，伯执躬圭……"。先秦儒家将等级伦理观念融入器物制造和使用的规范之中。

西周祭祀礼器

（二）"求道"与道家的"道进乎技"

先秦道家所提倡的"道"的范畴具有深刻的内涵，"道"既是世界的本原，又是道德的最高准则，同时，他们又认为"道"存在于机械原理之中，把出神入化的技艺操作和巧夺天工的技术创造看成是"道"的境界。

先秦时期"道"与技艺是相通的。《周礼·地官·保氏》："保氏养国子以道"，马融注："道，六艺。"先秦道家赋予道本体论的意义，认为道是宇宙的本原，但是在他们的思想中，道的内涵仍与技术有着密切的关系，他们认为道存在于技术之中。

先秦道家的"道寓于技，进乎技"的思想表现出他们的睿智与洞察力。道是贯穿各种事物、各种技术、各个机械原理之中的规律，而技术只是某一领域的工艺，技术主体只有遵循道，才能超越特定的工艺，达到与万物相通的境界。

"道进乎技"在一定意义上是道与技之间关系的反映，表现在三个层面：道在技中、道技合一和道进乎技。

一方面，道高于技。大道之所以高于技术，是因为道规定了技术。其根源在于大道是存在的真相与真理，技术听命于此真相与真理。另一方面，技趋向于道。技术沿着真理所开辟的道路而行走。当人的技术活动与存在之道吻合的时候，他才能顺道而为，遵道而行，否则就只能进入旁门左道，走向死亡之途。在此基础上，技与道实现合一。技术中人的活动成为道的活动；反之，道的活动也显现为人的活动。通过以道制技和以道引技，大道指出哪些技术是可以使用的，哪些技术是不可以使用的。

道家的技术价值观就是主张人们使用简单的农耕技术和畜牧技术进行劳动生产，满足衣、食、住的基本的生活需要，享受生活的乐趣，不会因为过度运用技术而产生贪婪和功利之心，这里无须制礼作乐的繁文缛节，民心无欲无知，人与人和谐相处，达到了返璞归真、清静无为的境界。

（三）"兼爱"与墨家的"兴天下之利"

墨家学派的成员大多数来自独立手工业阶层，他们组成了受严密的组织纪律和道德规范约束的团体。墨家的技术价值观反映了独立手工业者的利益。墨家对宗法等级制度持否定态度，反对攻伐、侵夺，主张技术应沿着"利天下"的方向发展，而不能只为少数统治阶级服务。墨子的理论与实践体现了春秋战国时期一个技术专家的高度使命感和责任感。

墨家的技术价值观是该学派在科学技术实践中形成的。墨家大多数成员往往以某种技艺为谋生手段，为了自身的生存和发展，必须不断地改进技艺，探求知识，墨子本人就是出类拔萃的科学家和能工巧匠。

墨家主张不分贵贱、强弱、智愚、众寡的"兼爱"，并以此引导技术发展方向的思想。墨家的兼爱观则在一定程度上反映了独立手工业者的价值取向。独立手工业者主要依靠他们的技艺来维持生活。墨子肯定了工匠通过他们的技术劳动追求自身利益的权利，但是工匠的技术活动不能损害他人的利益，而只能在"利人"中实现自己的利益。这种平等互利的兼爱观更能起到激励技术发展的作用。

墨子的所谓"天下之利"包括"天下之治"和"天下之富"两个方面内容，是为了实现"饥者得食，寒者得衣，乱者得治"的目标。墨子讲求"兴天下之利"，主张"义"以"利"为内容、目的和标准。凡是"利天下""利人"的行为都是"义"。从"兴天下之利"的思想出发，墨子提出了技术发展的基本原则："凡足以奉给民用，则止。"

墨子把技术创造的程度限定在能给百姓带来实际物质利益的范围内，重视发展衣、食、住、行等事关民生的技术，而且他极力反对将衣、食、住、行的技术发展引导到追求豪华、奢侈生活的方向，主张这些技术的发展应以改善百姓的生活条件，满足百姓的基本生活需要为根本目标。如房屋建造主要为了遮雨挡风，车船制造主要为了轻快便利，饮食烹饪主要为了补气强身，服装制作主要为了防暑御寒等，凡是不能改善百姓基本物质生活条件，而又增加费用的技术活动和器物制造应予禁止，这样财物就不会浪费，民众就不会劳乏，也就达到兴天下之利的目的了。

墨家的技术价值观实际上代表了下层人民的需要，他们反对上层统治者将技术发展引向为少数贵族利益服务的轨道，从而损害下层人民利益。

二、中国古代科技的发展历程

（一）先秦时期：古代科学技术体系的奠基

从远古时期到春秋战国，是我国科技文化从孕育、萌芽到初步发展的时期。譬如相传黄帝时期，就有仓颉发明文字，容成发明历法，隶首发明算数等；也有炎帝神农氏"尝百草，日遇七十二毒"的神话传说。这些传说证明先人迈出了我国早期科技文化发展的第一步。

夏商西周时期是我国古代科学技术真正的诞生时期。不仅农业和手工业技术以前所未有的速度发展起来，更重要的是，随着社会财富的增长，脑力劳动者出现了。古人在这一时期不仅创造了文字，还使科学从生产技术中分化出来，走上了独立发展的道路。

春秋战国时期可以说是我国古代科学技术的全面奠基时期。春秋末期出现了块炼铁渗碳钢技术，铸铁技术的出现和铁制工具的使用，大大促进了农业和手工业的发展。在农业方面形成了以精耕细作为主的中国传统农业，战国末年写成的《吕氏春秋》，其中的《上农》《任地》《辩土》《审时》等篇称得上是这种农业科技论文的开端。以都江堰、郑国渠两个大型灌溉工程的兴建为标志，展现出水利工程设施在农业生产方面的强大科技生产力。手工业方面则奠定了古代手工业技术传统的基础，成为后来诸多伟大发明的源头。在天文学方面，战国时期产生了古四分历，标志着我国历法已进入比较成熟的阶段。在数学方面，墨家已基本正确定义了平、直、圆等概念，这在我国以代数为主体的数学传统中是十分难得的。在医学方面，战国晚期成书的《黄帝内经》奠定了中国传统医学的理论基础。另外，在地学方面，《山海经》《禹贡》等著作的出现，标志着人们的地理知识已从地理资料的积累，上升到进行某种形式的综合论述与区域对比，以服务于当时的政治、经济需要。

（二）秦汉时期：古代科学技术体系的形成

秦汉两代，中国封建社会迅速发展，国家空前统一，中央集权逐渐完善。这样的局面为生产力的迅速发展奠定了基础，使中国古代科技文化从秦汉开始以不断加速的态势向前发展。

秦汉时期，科学的农、医、天、算四大学科有了长足的发展。传统农业历来受到统治者的高度重视，例如秦汉时期，牛耕技术趋于成熟；汉代还出现了以《氾胜之书》为代表的农书，标志着农业技术已发展到创立农学的阶段。秦汉时代医学在临床实践经验的总结方面取得了许多重要的成就：被称为医圣的东汉人张仲景所著的《伤寒杂病论》奠定了传统中医辨证施治的理论基础；而同时代的华佗，以其精湛的外科手术技艺流誉千古；成书于汉代的《神农本草经》则是我国现存最早的中药学专著。汉代天文学成就非凡，出现了张衡这样著名的天文学家。古代宇宙理论在这一时期也有新的进展，除了最早的盖天说，又出现了浑天说和宣夜说。汉代问世的《九章算术》是我国最早的传世数学专著，标志着以算筹为计算工具的、具有独特风格的中国古代数学体系的形成。秦汉时期还是中国古代化学的奠基时期，炼丹术作为化学的原始形式，自战国时代兴起，到东汉已成为一门独立的学问。

秦汉时代技术上的成就首推冶铁术的成熟。在农具和武器的制造上，不仅铁基本上取代了铜，而且还出现了炒钢技术。炒钢技术的出现和逐步推广改变了整个冶铁生产的面貌，在钢铁发展史上具有划时代意义。相比之下，欧洲用炒钢法冶炼熟铁的技术直到18世纪中叶才出现，比我国要晚约1 900年。秦汉时代还修建了许多驰道与栈道，开凿了灵渠，不仅促进了各地经济文化交流，更直接带动了车、船技术的发展。从东汉开始，瓷器和丝绸一起成为中国举世闻名的特产。汉代出现的造纸术，对整个人类文明史更是产生了极为深远的影响。秦汉时期，中国古代科学技术已形成自己成熟而独特的体系和研究风格。

（三）魏晋南北朝时期：古代科学技术体系的充实与提高

魏晋南北朝是中国历史上社会动荡和政治混乱的时期，也是中国历史上精神比较自由，文化多元化发展的特殊时期。所以，这一时期古代科技的发展也异彩纷呈。

魏晋南北朝时期，数学研究和数学教育有了显著的发展。这一时期数学家撰写的数学书不下数十种，其中一部分被收入著名的《算经十书》，一直流传至今。较为知名的数学大家是刘徽和祖冲之。这一时期，天文学也非常活跃，东晋天文学家虞喜发现了岁差现象，生活于北魏北齐两朝的张子信，在海岛上坚持了30多年的观测，从而发现了太阳运动的不均匀性。这一时期，中国在恒星观测、历法计算和天文仪器制造等方面也取得了不少新成就。在医学发展上的主要成就是对《内经》与《伤寒杂病论》的整理研究和内容丰富的临床经验的系统总结。在农学上，最突出的成就是北魏时期贾思勰所著的《齐民要术》，这是现存最早和最完整的一部中国古代农学名著。地理学方面也有不少新的创造，出现了裴秀的制图理论和杰出的地理著作《水经注》。

魏晋南北朝时期的科技文化在某些方面突破了秦汉时期形成的实用性和经验性的特征。科技发展最突出的特征是科技非实用趋向的出现，譬如这个时代两大数学家刘徽和祖冲之的工作具有明显的纯理论探讨的性质，与科学的非实用化倾向相呼应。

（四）隋唐时期：古代科学技术的持续发展

隋唐时期是我国封建社会综合国力的鼎盛时期，国家统一、社会稳定、经济空前繁荣，科技文化发展为后世带来深远影响，各种文化得以广泛传播。科技创新在农学、天文历法、数学、医学、工业和建筑业等方面都取得了巨大成就。

农业上表现为生产工具的改进和运用，以"江东犁"为典型代表的耕作工具在唐代趋于成熟，水车在这一时期得到广泛应用。

此外，陆羽的《茶经》是对唐以前种茶经验的系统总结，是第一部关于茶叶的专著，后世称陆羽为"茶圣"。

丹元子编写《步天歌》，是以歌诀形式描绘出我国黄河流域所能看到天球上三垣二十八宿恒星的方位，同时《步天歌》上首次刊印图像，方便读者认识和掌握。唐朝张遂（僧一行）编著《大衍历》，根据日影实测确定子午线的长度，是当时世界上最精密的历法。

医药学则受到朝廷的重视和扶持，《新修本草》是世界上第一部由国家编写并颁布的药典。唐代孙思邈在总结唐以前医学和药物学知识的基础上，经过自身尝试研究编著《千金方》，具有重要的药学价值，孙思邈也被称为"药王"。

隋代工匠李春设计的赵州桥，是世界上现存最早的石拱桥，在我国工程力学史和建筑美学史上留下了一座丰碑。初唐，王孝通编撰了《缉古算经》，探索了一元三次方程解法，是世界数学史上的重大成就。陶瓷技术有了很大的发展，出现了著名的"唐三彩"。玄奘的传世之作《大唐西域记》记述了去天竺取经路上沿途的山川、地形、土壤、水利、交通、农产等，在当时堪称举世无双的地理著作。

（五）宋元时期：古代科学技术发展的高峰

宋代是中国封建经济文化鼎盛时期，社会发展在各个方面都大大超过了前代。在这一背景下，中国科学技术也达到了古代历史发展中的高峰时代。

指南针、印刷术和火药在军事上的运用是宋代科技最为突出的成果，支撑着这三大发明的是古代科技各个门类整体全面的推进。在农学方面，出现了陈旉《农书》，这是现存最早论述南方水稻区域的农业技术和经营的农书；南宋宋慈编撰的《洗冤集录》，则是一部集大成的法医学专著，成为许多国家审理死伤案件和研究法医学的重要参考书；宋代还进行了大规模的恒星观测，并使我国天文仪器制造达到了一个新的高峰；宋代数学取得了多项突破性进展，出现了贾宪、秦九韶、杨辉等杰出数学家，中国传统数学逐步走上了发展的顶峰；地理学方面，地方志和域外地理著述不断出现，当时宋中央政府所藏各州府等行政区按定例选送的地图已相当丰富；瓷器在工艺技术上达到了一个新的高峰，名瓷名窑遍布南北；冶金技术进一步发展，传统钢铁技术体系定型；织锦技术也有很大发展，出现了著名的苏州宋锦、南京云锦和四川蜀锦。

宋代出现一大批杰出的科学家和技术专家，反映出那个时代重视科技研究的价值取向。沈括是这个时期科学家群体的杰出代表，他在天文、地学、数学、物理、化学、生物、医药以及水利、军事、文学、音乐等许多方面都有精湛的研究和独到的见解。他晚年的著作《梦溪笔谈》，反映了我国古代特别是北宋时期科技所达到的辉煌成就，不仅在中国古代科技史上，而且在世界文化史上也有重要的地位。在沈括的科学实践活动中，以观察和推理为主，辅之以必要的实验和一定的数学计算的基本方法已有较为完备的形式，沈括所使用的科学研究方法也代表了这个时期最高的水平。

元代直接承袭了宋代高水平的农学成就，建朝不到百年就出现了《农桑辑要》《农书》（王祯）、《农桑衣食撮要》三部著名的农书。元代的医药学也有突出的成就，不仅产生了"金、元四大家"之一的朱震亨，而且使中亚医药学中的一些新药和特殊的治疗方法融汇到中国传统医药学中；天文学在这一时期盛况空前，出现了像郭守敬这样伟大的天文学家，其他杰出的数学家有朱世杰、李冶、王询等，可谓人才济济，成果辉煌；元代地图学成就突出，朱思本绘制的《舆地图》在以后的历史上产生了重要的影响；元代纺织业最突出的成就是棉纺业的推广，松江府上海县人黄道婆从海南地区带回的棉纺技术，使江南棉布生产兴盛起来，松江布获得"衣被天下"的美誉。

由此可见，元代的科学技术上承高水平的宋代科技，下启集古典之大成的明代科技，显现出博大宏伟的文化气象。

（六）明清时期：古代科学技术的缓慢发展

明清时期是我国封建社会的后期，科技发展在僵化的封建体制和日益强化的文化专制的双重压迫下，日渐缓慢，在总体上落后于西方，因此，相对于之前发展势头明显下降，但这一阶段问世的一些著作，像李时珍的《本草纲目》、朱载堉的《乐律全书》、徐光

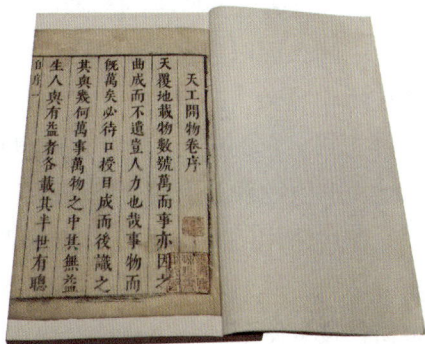

宋应星亲刻本《天工开物》

启的《农政全书》与徐霞客的《徐霞客游记》都分别显示其集医药、乐律、农业和地学大成的特点。宋应星的《天工开物》更是一部百科全书式的科学技术著作，不仅是我国科技史上的一颗明珠，也是世界科技史上光彩夺目的瑰宝。

第二讲　中国古代科学的光辉成就

中国古代科学是世界科学的一部分。中国古人很早就开始了探求有关自然界各种知识的活动。"神农尝百草""容成造历""隶首作数"等传说，就是我国先民早期从事科学活动给人们留下的记忆。中国古代在天文、数学、农学、医学等方面的科学知识，向东传播到朝鲜和日本，向南传播到印度，向西通过丝绸之路传播到波斯、阿拉伯半岛，并且扩展到欧洲，历史上称其为"东学西渐"。

一、农学

（一）古代农学概述

中国自古就是一个农业大国，中华文明延绵至今与农耕文明的特性密不可分。中国"文明古国"之称，在很大程度上是以其独步世界的先进农业科学技术水平作为标志的。

中国是世界上少数农业起源中心之一。早在大约 7 000 年前，我国的黄河、长江流域就已出现农耕作业。到了西周时期，以农业为主、以畜牧业为辅的生产格局已经形成。

据《周礼》记载："天有时，地有气，材有美，工有巧，合此四者，然后可以为良。"中华先民认识自然、利用自然和改造自然，创造出光华灿烂的物质文明。

《吕氏春秋·审时》记载："夫稼，为之者人也，生之者地也，养之者天也。"这段话概括了农业生产的四个要素：稼、人、地、天。

传统的农业生物包括动物、植物等诸多种类，其中稼就是专指其中的栽培植物。这也反映了传统中国农业的特色，即以种植业为主，从出土遗物来看，当时北方主要种植的粮食作物是粟、稷、黍、菽、麦、麻等，南方主要种植的是水稻。中国是粟、菽（大豆）、稻、桑、茶等许多作物的起源地之一。

中国农民以自己的勤劳智慧，发明了众多较为先进的农业工具，积累了丰富的农业生产技术和经验，并通过一些有识之士的记录和总结，而著成农书。刀耕火种是一种原始的耕种方式。它的起源可能与狩猎有关，古人在用火驱赶野兽的过程中，发现掉落在火烧过的地上的植物种子生长得特别好，后来他们在从事作物种植时就有意识地模仿这一过程。

汉代采用的是耕耱结合的方法，即在翻耕后用耱来耱平地面和耱碎土块，以减少土壤水分散失。魏晋时期，则在耕耱之间又加上了"耙"，形成了"耕、耙、耱"三位一体的旱地耕作技术体系。

土地是农业生产的基本生产资料。不同的农作物赖以生存的土地有所区别，一般而言，那些比较肥沃，植被较好，水源充足的土地会被优先开发和利用。

"养之者天也"，天指的是与农业生产有关的各种自然条件，如光、热、气、水等。这些因素主宰着农业作物的生长发育，其中又以雨水与农业的关系最为密切，雨多酿成水灾，雨少又导致干旱。

从总体上看，中国古代农业科学技术的特点是循环利用，低能消耗；以种植业为主，多种经营，综合发展；用养结合，使地力常新；集约耕作，提高土地利用率。我国在培养农作物及家畜家禽良种、改良农具、兴修水利工程等方面，都取得了领先世界的成就。

（二）古代农学成就

由于农业是中国社会的经济基础，历来统治者都非常重视农业生产，因此我国很早就形成了独具特色的农学体系。在我国文化典籍中，专门的农书300余种。其中，《氾胜之书》《齐民要术》《陈旉农书》《王祯农书》《农政全书》被称为"中国古代五大农书"，记载了中国古代农业科技在各时期所达到的水平。通过了解古代农学著作，不仅能够了解到有关古代农业的百科知识，还可以体会到古代科学家严谨而求实的态度。

1.《氾胜之书》

《氾胜之书》是西汉晚期的一部重要农学著作，也是中国现存最早的一部农学专著。该书记载的作物栽培技术，反映了西汉时期农业技术已达到较高水平，同时也开创了中国农书中作物各论的先例。

《氾胜之书》的作者氾胜之，是西汉时期一位杰出的农学家，汉成帝时任议郎、劝农使者，后迁御史。他曾在三辅（今陕西平原）指导农业生产，认真研究当地的土壤、气候和水利情况，因地制宜地总结、推广各种先进的农业生产技术。氾胜之具有突出的重农思想，他把推广先进的农业科学技术作为发展农业生产的重要途径，并将其提高到"忠国爱民"的高度。

氾胜之经过长期的刻苦努力，总结自己指导农业之经验，整理成农书一部，全书原2卷18篇。《汉书·艺文志》农家类称之《氾胜之十八篇》，后通称《氾胜之书》，原书在两宋之际亡佚，现在我们所看到的《氾胜之书》，仅有3 600余字，是后人从《齐民要术》和《太平御览》中辑录出来的。

《氾胜之书》总结了我国古代黄河流域劳动人民的农业生产经验，记述了耕作原则和作物栽培技术，内容有耕田法、溲种法、穗选法、区田法，以及禾、黍、麦、稻、稗、大豆、小豆、枲、麻、瓜、瓠、芋、桑13种作物的栽培技术。

《氾胜之书》不仅提出了耕作的总原理和具体的耕作技术，还列举了十几种作物具体的栽培方法，奠定了中国传统农学作物栽培总论和各论的基础，而且其写作体例也成了中国传统综合性农书的重要范本。

2.《齐民要术》

《齐民要术》是北魏贾思勰所著的一部综合性农书，也是世界农学史上最早的专著之一，是中国现存的最早、最完整的农书。"齐民"就是平民百姓的意思，"要术"指的是谋生的重要方法，所以，《齐民要术》这部书，就是贾思勰为百姓的生存总结出来的一些生产和生活的技术、经验。

《齐民要术》全书10卷，92篇，包括序、杂说和正文三大部分。其中正文约7万字，注释约4万字。

这部书"起自耕农，终于醯醢"，从耕田务农开始，到酿造酱醋结束，内容包括田地的耕作、施肥技术；种子的选取与收藏；谷、黍、粱、豆、麦等粮食作物以及各种蔬菜瓜果、花草林木的栽培种植经验；牛、马、驴、羊、猪等各种家畜，鹅、鸭、鸡等家禽以及鱼等的饲养技术和疾病防治；还有酒、酱、醋、豆豉等各种调料，肉脯、饴糖等的制作；还包括食品烹饪、加工，笔墨、胶等的制作。该书系统详细地介绍了我国公元6世纪之前的先民所累积的农业生产技术和经验，不仅反映了当时中国农业的发展水平已经处于世界领先地位，而且对后世的农业技术发展有着极其深远的影响，被誉为"中国古代农业百科全书"。

《齐民要术》继承传统天地人和合思想，并在农业生产的理论与实践中不断总结、具体运用、推广发展。其中，顺应天时、因地制宜、合理种植和养殖等思想，是中国文化思想史、农业史的宝贵资源。

3.《陈旉农书》

陈旉是南宋时期的农学家，《陈旉农书》是一部反映宋代长江下游地区农业生产技术的重要著作，共3卷，12 000余字。上卷14篇，主要讲述土地规划和水稻栽培技术，约占全书篇幅的2/3，是全书的主体；中卷2篇，主要论述水牛的饲养、管理、役用和疾病防治；下卷5篇，专讲蚕桑生产的知识和技术。这是我国现存第一部以宋代江南水田耕作栽培技术和农桑生产为内容的地区性农书。

《陈旉农书》从农业生产全局出发，以农业经营管理和生产技术二者并重，强调农业经营要有预见，做好规划，经营规模要与"财力相称"，是第一部比较全面系统地总结南方水田耕作技术的综合性农书，强调培育壮秧是水稻增产的关键之一，比稻田土壤耕作和田间管理更为重要。

《陈旉农书》在农学体系上，开始表现出有意识地追求完整和系统的讨论，并开先例把蚕桑作为农书中的一个重要部门来处理。这影响到后来一些农书，如元代的《农桑辑要》。

《陈旉农书》一方面继承了我国道家和道教中的哲学思想和技术体系，另一方面继承了我国南宋以前的传统农学思想，在我国农学思想史中起了承上启下的作用，对农业生产的发展产生了重要影响。

4.《王祯农书》

王祯是元代农学家，《王祯农书》兼论了当时的中国北方农业技术和南方农业技术，在中国古代农学遗产中占有重要地位。

《王祯农书》共36卷，约11万字，全书分《农桑通诀》《百谷谱》《农器图谱》三大部分，《农桑通诀》相当于农业总论，包括农业史和主要耕作技术，比较全面、系统地论述了农业的各方面问题，并且对南北农事进行了分析比较；《百谷谱》介绍了各种谷物、蔬菜、瓜果、竹木、麻、棉、茶等农作物的起源、用途和栽培方法；《农器图谱》是全书的重点，共22卷，主要介绍农业生产工具、农业器械，绘图280余幅，并附有简要的文字说明，介绍这些农器的构造、来源、演变和用法。

《王祯农书》有两个鲜明的特点：一是内容非常丰富，从农、林、牧、副、渔等各个方面到土、肥、水等生产技术，都做了较为详细的论述，并且着眼全国，南北兼顾；二是图文并茂，全书以绝大部分篇幅，结合附图介绍各种农业器械的性能和构造。另外，书中还记载了许多民间的宝贵经验和作者的独到见解。

《王祯农书》是我国古代规模最大的农书之一，也是我国古代有关农具最详细的一部农书。它不仅保存了很多宝贵的资料，而且成为以后这类著作的蓝本，对后代农学影响极大。

5.《农政全书》

《农政全书》是明代末期杰出科学家徐光启的一部古代农学名著，总结了我国历代农学著作和明代的农业生产经验，并吸收了西方科学技术编著而成，是一部集中国传统农学之大成的总结性著作。

《农政全书》是17世纪中国农业百科全书，共有60卷，50余万字。全书以"农本"为主导思想，既收录了前人总结的农业技术和农政思想，又增加了作者从农业和水利方面的实践中获得的科研成果。内容包括农本、田制、农事、水利、农器、树艺、蚕桑、种植、牧养、制造、荒政等方面。

在农业技术方面，《农政全书》论述了作物与风土的关系，并强调通过人力，可以使过去认为不适宜种植的作物得到推广，主张用垦荒和开发水利的方法来发展北方的农业生产，破除了作物适宜某地种植与否决定于风土的"唯风土论"认识，发展了中国古代农学的风土论思想。对于提高南方旱作技术，推广甘薯种植，以及蝗灾的发生规律和治蝗方法，书中也都进行了介绍和总结。

徐光启的《农政全书》集中了我国古代农书的精华，总结和发展了历代劳动人民的生产技术和经验，贯穿了徐光启富国强民的"农政"思想，这一思想使得《农政全书》不同于前代大型农书。

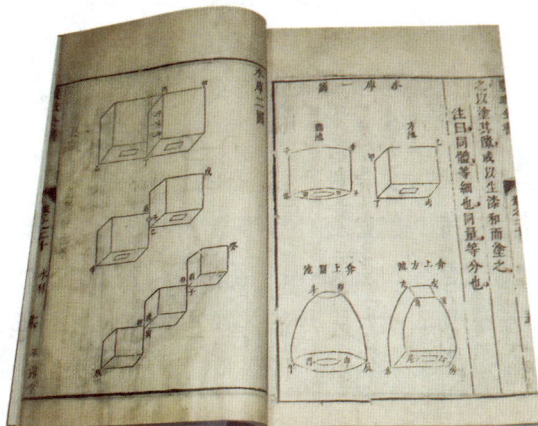

明刻本 农政全书

二、天文学

（一）古代天文学概述

古老的中国天文学从萌芽至今已有5 000多年的历史，是古代自然知识体系的重要组成部分，无论是从天象的观测到宇宙起源的探讨，还是从星象的占卜到历法的推算，都凝结了中国古代人民辛勤的汗水，为中国文明和世界文明做出了重要贡献。

二十四节气

由于"以农为本"和"天人感应"思想在中国古代长期居于支配地位，因此天文学在历代都倍受重视。历代君主都注意观测天象，编制历法，并在朝廷中设立专门的机构，委派专职官员负责天文工作。其突出成就体现在历法的编制、天文仪器的研制、天象记录的完备和宇宙学说的构建等方面。

中国古代天文学萌芽于原始社会，到西周末期已初具规模。伏羲氏"仰观天文，俯察地理，始做八卦"，应是中国远古人类最早的天文学活动。在帝尧时代，就设立了专职的天文官，专门从事"观象授时"。《夏小正》反映了商代以前的天文历法知识。商代甲骨文中还有世界上关于日食、月食的最早记录。反映西周王朝制度的《周礼》中已有明确的二十八宿和十二星次的划分。

春秋时期，是中国传统天文学从观察到数量化的过渡阶段。人们已能由月亮的位置推出每月太阳的位置。鲁国史书《春秋》已将一年分为春、夏、秋、冬四季，并记有"鲁文公十四年秋七月，有星孛入于北斗"，这是世界上关于哈雷彗星的最早记录。

战国至秦汉期间，传统天文学形成了以历法和天象观测为中心的完整的体系。《甘石星经》是世界上现存最早的天文学著作之一，记录了金、木、水、火、土五大行星的运行规律，绘制了我国最早的恒星变化位置图表，这也是世界上最早的恒星表。与农业生产有密切关系的二十四节气也在逐步形成，其完整名称始见于《淮南子》。汉武帝时期颁布的《太初历》是中国第一部有完整文字记载的历法，奠定了中国数理天文学的格局。这一时期还制作了浑仪、浑象等重要的观测仪器。东汉的张衡，是浑天说的代表人物，主张"天圆如弹丸，地如卵中黄"，他在耿寿昌发明的浑象的基础上，制成漏水转浑天仪演示他的学说，成为中国水运仪象的始祖。汉代关于奇异天象详细和丰富的记录，构成中国古代天文学体系的重要内容。

三国到隋唐时期，中国古代天文学体系逐渐形成并不断发展，在历法、仪器、宇宙理论等方面都有不少的创新。三国时魏国杨伟创制《景初历》发现黄白交点有移动。葛衡在浑象的基础上发明浑天象，它是今日天象仪的祖先。南朝祖冲之把岁差引进历法，将恒星年与回归年区别开来计算，完成了《大明历》，这是部精确度很高的历法。隋唐时期，又重新编订历法，并对恒星位置进行重新测定。张遂（僧一行）、南宫说等人进行了世界上最早对子午线长度的实测。人们根据天文观测结果，绘制了一幅幅星图。在敦煌就曾发现唐中宗时期绘制的星图（现藏于伦敦大英博物馆），共绘有 1 350多颗星，反映了古代中国在星象观测上的高超水平。

宋元时期，中国古代天文学达到顶峰。宋代拥有水运仪象台和4座大型浑仪，其中苏颂的水运仪象台，集观测、演示、报时于一身，是当时世界上最优秀的天文仪器。沈括依据时令节气制定《十二气历》。元代著名天文学家郭守敬，结合中国传统天文学，充分吸取阿拉伯天文学的精华，创制了《授时历》。

明清以来，中国古代天文学发展有所减缓。从明朝万历年间开始，中国历法引入西学，清代初期顺治年间，德国传教士汤若望等人编制《时宪历》。

（二）古代天文学成就

1.《夏小正》

《夏小正》产生于华夏民族数千年天文学史的初始阶段，反映出上古先民对时令气候的朴素认识，是我国现存最古老的天文历法著作。

《夏小正》全文共400多字，由"经"和"传"两部分组成。书中所用的月份是"夏历"的月份，它把一年分成12个月，记载各月的天象、气候、物候和相应的农事活动，是后来二十四节气形成的基础。书中反映当时的农业生产的很多内容都是首次见于记载，为我们研究中国上古的农业和农业科学技术提供了宝贵的资料。

2.《甘石星经》

《甘石星经》大致成书于战国时期，是世界上现存最早的天文著作之一。《甘石星经》是两书的合称，甘经、石经各八卷，共16卷，作者为当时的齐国人甘德和魏国人石申。甘德著有《天文星占》8卷，石申著有《天文》8卷，两书合称《甘石星经》。

《甘石星经》记录了我国最早的恒星变化位置图表，石氏部分包括二十八星宿、中官与外官，甘氏部分系统观察了金、木、水、火、土五大行星的运行，发现了五大行星的出没规律，记载了800颗恒星的名字，测定了120颗恒星的方位。

《甘石星经》中的《甘石星表》所载星座的测量形式，是中国天文测量学上独特的赤道坐标系。这个星表也是世界上最早的星表，比希腊天文学家伊巴谷测编的欧洲第一恒星表大约早200年，后世许多天文学家在测量日、月、行星的位置和运动时，都要用到《甘石星经》的数据。此书反映了战国时代天文学成就，是世界上最早成书的恒星和五大行星的观测记录。

3.《太初历》

《太初历》以正月为岁首，以没有中气的月份为闰月，规定一年等于365.250 2日，一月等于29.530 86日，使月份与季节配合得更合理。太初历还把二十四节气第一次收入历法，这对于农业生产起了重要的指导作用；《太初历》规定以夏历正月初一为岁首，"春节"由此而来。

《太初历》还根据多年来的天象实测和史官记录，得出135个月的日食周期。《太初历》的编制是中国历法史上的第一次大改革，也是当时世界上最先进的历法，它问世以后，一共行用了188年。

4.《大衍历》

《大衍历》又称《开元大衍历》，是唐玄宗开元年间由张遂（僧一行）制定的历法。《大衍历》继承了中国古代天文学的优点和长处，对不足之处和缺点作了修正，比较正确地掌握了太阳在黄道上运动的速度与变化规律。

开元年间，唐玄宗下令让张遂主持修订历法。在修订历法的实践中，为了测量日、月、星辰在其轨道上的位置和掌握其运动规律，他与梁令瓒共同制造了观测天象的"浑天铜仪"和"黄道游仪"。张遂使用这两个仪器，重新测定了150多颗恒星的位置，多次测定了二十八宿距天球北极的度数。他发现了恒星是运动的，推翻了以前的恒星不动论，成了发现恒星运动的第一个中国人。此外，张遂还测量了子午线的长度，成为世界测量子午线的第一人。

《大衍历》共分7篇，包括平朔望和平气、七十二候、日月每天的位置与运动，每天见到的星象和昼夜时刻、日食、月食和五大行星的位置。该书结构严谨，演算合乎逻辑，在日食的计算上，首次考虑到全国不同地点的见食情况。《大衍历》比以往的历法更为精密，是当时世界上比较先进的历法。

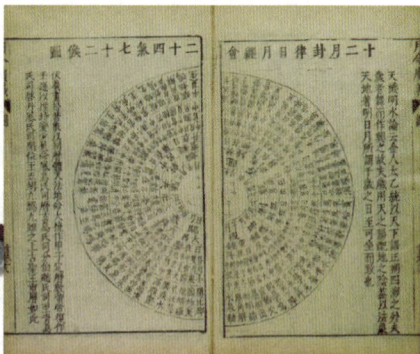

张遂（僧一行）《大衍历》

5.《授时历》

《授时历》是由我国元朝著名科学家郭守敬等人编制而成的历法，是中国古代科学史上的一大成就。在我国，《授时历》总共沿用了360多年，是我国历史上使用时间较长的历法，它对于我国百姓的日常生产和生活都发挥了巨大的指导作用。

郭守敬运用简仪对天体作了观测。他测定了黄道与赤道的交角，以及二十八宿的距度，其精确度都大大提高。这为编制一本高精确度的历法，奠定了科学的基础，而简仪的装置原理，后来则在现代天文望远镜中得到了广泛地运用。

为了编好新历法，郭守敬主持了大规模的天文观测活动，在全国建立了27个观测点。其中最南端的观察点在南海（今西沙群岛），最北端的观察点在北海（今西伯利亚）。1280年，新历法初步编成，被定名为《授时历》。《授时历》以365.242 5天为一年，与地球绕太阳一周的实际时间相比，仅仅只差了26秒钟。《授时历》与我们现在使用的公历周期相同，但比现行公历要早了300年。

《授时历》计算简单、精确度高，是西方近代天文学传入中国以前最优秀的历法。明朝《大统历》基本还是沿袭《授时历》。

三、中医药学

（一）古代中医药学概述

中药是我们的祖先在长期的医疗实践中积累起来的成果，是我国古代优秀文化遗产的重要组成部分。据记载，古代有"神农尝百草"的传说。传说中的"神农时代"大约相当于新石器时代。那时候，人们已经有了原始农业，对各种农作物和天然植物的性能逐步有所了解，对它们的药用性能也开始有所认识。

春秋战国时期，古代中国就开始初步建立了医学体系。公元前5世纪的扁鹊，是我国历史上第一位有正式传记的医学家，代表了那个时代医学的最高成就。战国晚期的《黄帝内经》奠定了我国中医药学的基础。该书显示，中国医学五大核心理论——阴阳五行学说、脏腑学说、经络学说、形神学说和天人学说开始形成。

秦汉之际，人们的药物学知识逐渐丰富，已有药物专著在民间流传，不过未能保存下来。我国现存最早的药物学专著，是成书于汉代的《神农本草经》，标志着中国药学的诞生。这个时期的张仲景、华佗与之前的扁鹊一起，被称为"中医三大祖师"。

魏晋南北朝时期，药物学有了很大的发展，陶弘景撰写的《本草经集注》，不仅按照药物的自然属性重新分类，而且书中所载药物也增加到730种，这是继《神农本草经》以后，对药物学的又一次整理提高。

唐代政府组织苏敬等20余人集体编写了《新修本草》并颁行全国。该书载药9类844种，是中国古代第一部，也是世界上最早的药典。

我国明代卓越的医药学家李时珍撰著的《本草纲目》是世界上影响最大、最早创造植物分类法的药物学著作。

中医药学传统的理论和实践经过长期的历史检验和积淀，至清代前中期已臻于完善和成熟。无论是总体的理论阐述，抑或临床各分科的实际诊治方法，都已有了完备的体系。

中医药学是中国传统科学中至今依然屹立于现代世界科学之林的唯一学科。它以自成一体、博大精深的理论体系和高超独特的医疗技术著称于世。

（二）古代中医药学成就

1.《神农本草经》

《神农本草经》，简称《本草经》或《本经》，中医四大经典著作之一（其余三者为《黄帝内经》《难经》《伤寒杂病论》）。作为现存最早的中药学著作，它是古代先民关于中医实践的经验积累，经过代代口耳相传，于东汉时期集结整理成书，成书作者不详。

《神农本草经》总结了古代医疗实践所得药学成就，是我国最早的药学著作，形成了我国药学理论体系，奠定了我国药学基础，后世大量本草著作皆是在此基础上产生发展起来。

书中除了药物总论的序例外，收载药物365种，分为上、中、下三品（类）。其中上品、中品各120种，下品125种。在药物理论方面，书中提出了药有君臣佐使，阴阳配合，四气五味，七情和合等药物学理论。并介绍了每种药物的别名、性味、生长环境及主治功用和宜忌等。本书有较高的历史文献价值和医学科研价值。《神农本草经》所载药物的功用和主治绝大多数都能在临床方面得到检验，一直沿用至今。

2.《黄帝内经》

《黄帝内经》又称《内经》，是中医学奠基之作，是中国最早的医学典籍，也是中国传统医学四大经典之首。《黄帝内经》之书名，最早见于刘向《七略》和班固《汉书·艺文志》。托名黄帝所作，因以为名。

《黄帝内经》分《灵枢》《素问》两部分，具有比较完整的理论体系，是研究人的生理学、病理学、诊断学、治疗原则和药物学的医学巨著。在理论上建立了中医学上的"阴阳五行学说""脉象学说""藏象学说"等，是对春秋战国前医疗经验和理论知识的总结。

《黄帝内经》的医学理论是建立在中国古代道家理论的基础之上的，继承了"气一元论"的哲学思想，其朴素唯物论和辩证法思想发展并丰富了《内经》以前出现的古代哲学。

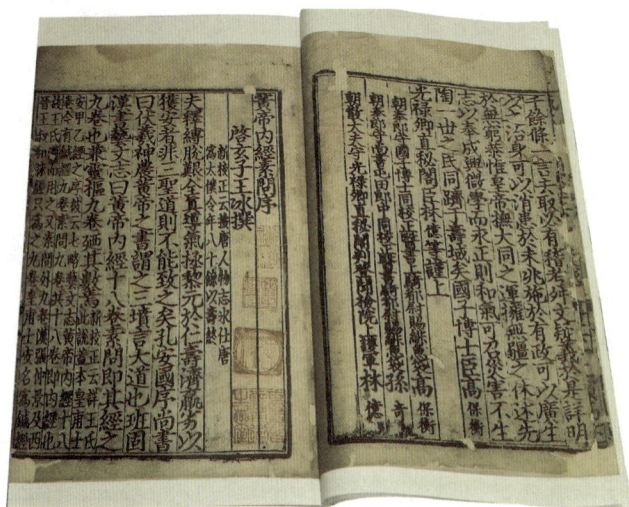

元刻本《黄帝内经》

3.《伤寒杂病论》

东汉张仲景的《伤寒杂病论》是我国早期的医学著作，是一部集古代自然科学和人文科学于一体的中医典籍，也是影响临床各科的代表性医学典籍。

《伤寒杂病论》创造性地提出了中医诊断学中的"六经辨证"和"八纲原理"，确立了中医传统的辨证论治的医疗原则，奠定了我国中医治疗学的基础。通过八纲辨证和六经论治，采用了"汗、吐、下、和、温、清、补、消"等治疗方法。根据病情的标本缓急，运用先表后里、先里后表以及表里兼治的方法，并对治疗的禁忌，以及针灸综合疗法，都有所论述。

《伤寒杂病论》在后世被分为《伤寒论》与《金匮要略》两部医书。《伤寒论》中制定了22篇、397法，立113方；《金匮要略》则制定了25篇，立262方。在其成书后近2 000年的时间里，一直指导着中医学的发展，被公认为是中国医学方书的鼻祖。

4.《千金要方》

《千金要方》又称《备急千金要方》《千金方》，共30卷，唐朝孙思邈所著，是中国第一部理法方药俱全的医学巨著，是继张仲景《伤寒杂病论》后，对中国医学的又一次总结，被誉为中国历史上最早的临床医学百科全书。

《千金要方》共计53万字，分233门，合方论达5 300余条，包括医论、医方以及用药、针灸等经验，兼及服饵、食疗、导引、按摩等养生方法。对唐以前及唐初药学成就、民间药物进行了全面的整理和研究，详尽阐述了中药材的栽培、采取、贮存、保管、炮制加工及汤、酒、丸、膏等十余种剂型的制作方法。

《千金要方》系统阐述和运用了中医的功能。提出"上医医未病之病，中医医欲病之病，下医医已病之病"，凸显了中医的特点与思维方式。"大医精诚"的医德学说，将儒家"医为仁术"的精神具体化，是孙思邈学说的主题和核心，其所倡导并身体力行的医德学说，对中医学发展产生了深远影响；其所奠定的医学道德体系，被西方学者称为世界医德法典的渊源。

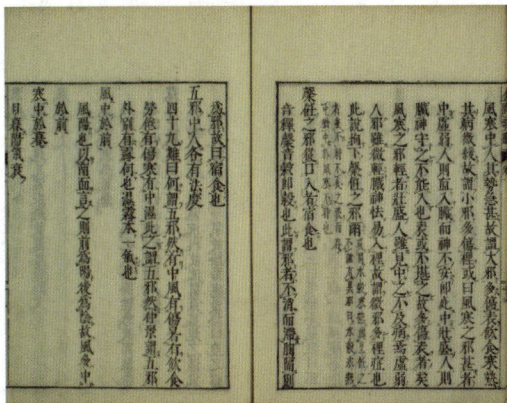

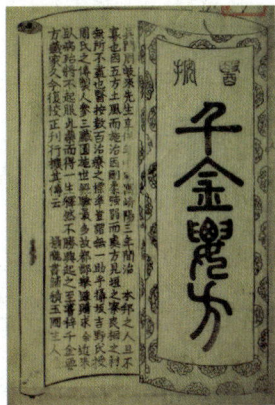

《金匮要略》书影   《千金要方》书影

5.《本草纲目》

《本草纲目》是明代李时珍在继承和总结明代以前本草学成就的基础上，结合作者长期学习、采访所积累的大量药学知识，经过实践和钻研，历时数十年而编成的一部巨著。

《本草纲目》不仅修正了过去本草学中的若干错误，综合了大量科学资料，提出了较科学的药物分类方法，融入先进的生物进化思想，并反映了丰富的临床实践。全书共有52卷，190多万字，记载了1 892种药物，分为天水类、地水类、火类、土类等62类，其中374种是李时珍在前人基础上新增加的药物。该书绘图1 100多幅，收集医方11 096个，是几千年来中国药物学的总结，被誉为"东方药物巨典"，对人类近代科学以及医学方面影响巨大。

《本草纲目》将每种药物分列释名（确定名称）、集解（叙述产地）、正误（更正过去文献的错误）、修治（炮制方法）、气味、主治、发明（前三项指分析药物的功能）、附方（收集民间流传的药方）等项。全书收录植物药有881种，附录61种，共942种，再加上具名未用植物153种，共计1 095种，占全部药物总数的58%。李时珍把植物分为草部、谷部、菜部、果部、本部五部，又把草部分为山草、芳草、湿草、毒草、蔓草、水草、石草、苔草、杂草9类。

《本草纲目》还涉及矿物、化学、天文、气象、地学以及物候学等多方面的科学知识。因此，它不仅是一部伟大的药物学著作，同时也是一部伟大的博物学、生物学和化学著作。

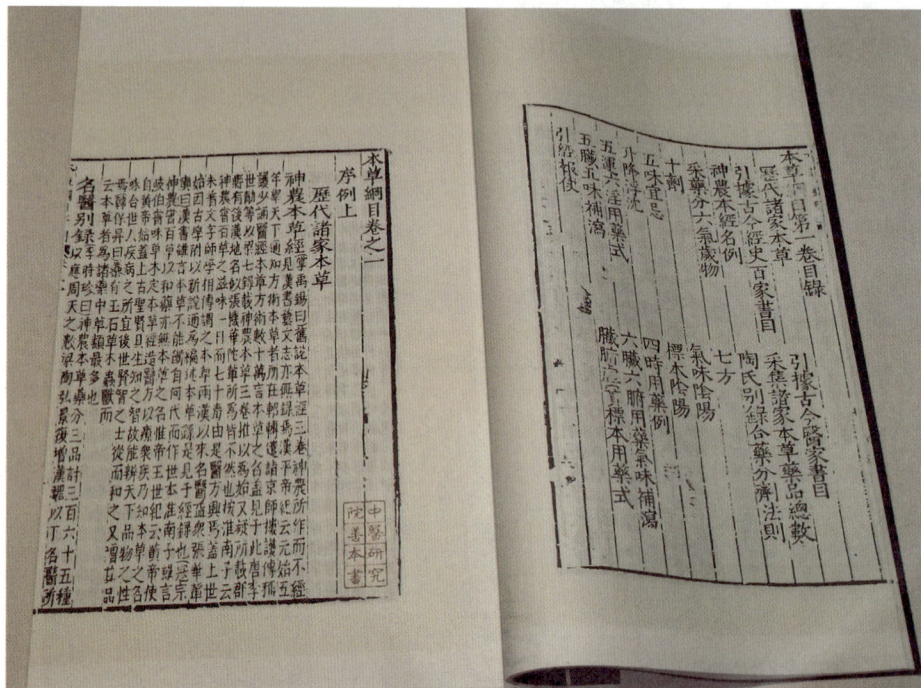

明刻本《本草纲目》

四、数学

（一）古代数学概述

数学是中国古代科学中的一门重要学科，在数学领域我国古代也产生了许多重要的成果，对于中华民族乃至人类文明的发展都做出了很大贡献。

氏族社会末期，已开始用文字符号取代结绳记事了，数与形的概念随之产生。西安半坡遗址出土的陶器有用1~8个圆点组成的等边三角形和分正方形为100个小正方形的图案，半坡遗址的房屋基址都是圆形和方形。

殷商时期的甲骨文中，就已经出现了13种计数单字。从"一"到"三万"，其中已经蕴含了十进制的规则。大禹治水之时，便用左准绳、右规矩的方式来规划方向和形状。人们后来用这些工具丈量土地、测算山谷、计算产出、制定历法。西周时期，数学已经是贵族子弟必须学习的六艺之一。春秋战国之际，筹算已得到普遍的应用，筹算记数法已使用十进位值制，甚至人们已经熟练运用九九乘法口诀、整数四则运算和分数。

秦汉时期，中国古代数学体系形成，它的主要标志是算术已成为一个专门的学科以及以《九章算术》为代表的数学著作的出现。《九章算术》是对战国、秦、汉封建社会数学发展的总结，就其数学成就来说，堪称世界数学名著。三国时期吴国赵爽《周髀算经注》、魏末晋初刘徽《九章算术注》等奠定了中国古代数学体系理论基础，赵爽是中国古代对数学定理和公式进行证明与推导的最早的数学家之一。祖冲之父子在刘徽注《九章算术》的基础上，把传统数学大大向前推进了一步。他们计算出圆周率在3.1415926~3.1415927，并提出祖氏原理及二次与三次方程的解法等。

唐朝中叶到宋元时期，中国古代数学的发展达到了历史高潮。隋唐时期，中央直属机构国子监中成立了算术馆，同时设立了"算学博士"。中国古代数学在宋元时期达到繁荣的顶点，涌现了一大批卓有成就的数学家。其中秦九韶、李治、杨辉和朱世杰成就最为突出，被誉为"宋元数学四大家"。中国古代数学发现了增乘开方、开四次方解法、开高阶等差级数求和、弓形弧长近似公式、负系数方程，以及朱世杰讨论的高次方程组的解法、高阶等差数求和还有高次内插法等。

（二）古代数学成就

1. 十进位值制记数法

中国的十进位值制记数法萌芽于新石器时代晚期，商周时期已普遍使用，到春秋战国时期已被熟练地应用于数学计算中。

十进位值制记数法包括十进位和位值制两条原则，"十进"即满十进一；"位值"则是指同一个数位在不同的位置上所表示的数值也就不同，所有的数字都用10个基本的符号表示，满十进一。

我国自有文字记载开始，记数法就遵循十进制了。商代的甲骨文和西周的金文，都是用一、二、三、四、五、六、七、八、九、十、百、千、万等字的合文来记10万以内的自然数。这种记数法，已经含有明显的位值制意义。甲骨卜辞中还有奇数、偶数和倍数的概念。

中国是最早采用十进位值制的国家。英国著名科学史家李约瑟曾说："如果没有这种十进位值制，就几乎不可能出现我们现在这个统一化的世界了。"因此，首创十进位值制，是中国古代人民对世界做出的一项不可磨灭的贡献。

甲骨	一	二	三	三	区	介	十	X	九	l
金文	一	二	三	三	区	介	十	X	八	i
汉时	一	二	三	四	区	介	与	X	九	十
现在	一	二	三	四	五	六	七	八	九	十

大写数字写法的演变

2. 九九歌

出现于春秋时期的正整数乘法歌诀"九九歌",堪称是先进的十进位记数法与简明的我国语言文字相结合的结晶,这是任何其他记数法和语言文字所无法产生的。

在汉族传统文化中,九为极数,乃最大、最多、最长久的概念。九个九即八十一更是"最大不过"之数。

最初的"九九歌"是从"九九八十一"到"二二如四"止,共36句。因为是从"九九八十一"开始,所以取名九九歌。大约在公元五至十世纪间,九九歌才扩充到"一一如一"。大约在公元13世纪,九九歌的顺序才变成和现在所用的一样,从"一一如一"起到"九九八十一"止。九九歌就是我们现在使用的乘法口诀。

3.《周髀算经》

《周髀算经》也简称《周髀》,是中国古代一本数学专业书籍,其成书年代至今没有统一的说法,有人认为是周公所作,也有人认为是在西汉末年写成。该书在唐代收入《算经十书》,规定它为国子监明算科的教材之一,故改名《周髀算经》。

书中主要讲述了学习数学的方法、用勾股定理来计算高深远近和比较复杂的分数计算等。书中有矩(一种量直角、画矩形的工具)的用途,勾股定理及其在测量上的应用,相似直角三角形对应边成比例定理等数学内容。在《周髀算经》中还有开平方的问题,等差级数的问题,使用了相当繁复的分数算法和开平方法以及应用于古代的"四分历"计算的相当复杂的分数运算。还有繁杂的数字计算和勾股定理的应用。

《周髀算经》是中国流传至今的最早的数学著作,是后世数学的源头,其算术化倾向决定了中国数学的性质,被历代数学家奉为经典。

4.《九章算术》

《九章算术》是中国古代第一部数学专著,是《算经十书》中最重要的一部,成于公元1世纪下半叶。该书内容十分丰富,系统总结了战国、秦、汉时期的数学成就,以后的数学家学习数学大多从研究《九章算术》开始。

《九章算术》全书收录了246个应用问题,分为9章,涉及当时生产、生活中的许多方面,每个问题由问、答、术三部分组成。其中包括:"方田":田亩面积的计算;"粟米":古物粮食等的按比例折算;"衰分":比例分配问题;"少广":由面积求边长或径长;"商功":

土石工程、体积计算；"均输"：合理摊派赋税徭役；"盈不足"：用双设法解的问题；"方程"：用一次方程组解的问题；"勾股"：用勾股定理解的问题。

《九章算术》中记录了我国古代的许多数学成就，比如分数的运算、比例问题、面积和体积的求法、一次方程组的解法、负数概念的引入、开平方和开立方等。

《九章算术》中蕴涵的数学思想方法对我国古代数学产生了巨大的影响，并成为现代数学思想方法的重要来源，它的出现标志着我国古代数学体系的形成。作为一本世界性的数学名著，《九章算术》也对世界上许多国家的数学发展产生过重要影响。

5. 祖氏圆周率

中国古代许多数学家都致力于圆周率的计算，而公元5世纪祖冲之所取得的成就可以说是圆周率计算的一个跃进。祖冲之是中国古代伟大的数学家和天文学家。

在祖冲之之前，三国时期数学家刘徽提出了计算圆周率的科学方法——"割圆术"，用圆内接正多边形的周长来逼近圆周长，用这种方法，刘徽将圆周率计算到小数点后4位数。祖冲之在前人的基础上，经过刻苦钻研，反复演算，将圆周率推算至小数点后7位数（即3.1415926与3.1415927之间），并得出了圆周率分数形式的近似值。这是当时世界上最精确的纪录，这个纪录保持了近一千年。

祖冲之和他的儿子祖暅在计算球体体积时建立了一条定理："幂势既同，则积不容异。"其中幂指面积，势指关系，积指体积。这句话的意思是"若两立体的截面面积之间的关系处处相等，则两立体的体积之间也有同样关系。"我们称之为"祖氏原理"。

五、地理学

（一）古代地理学概述

中国地理学史，是整个中华民族文化发展史中的一部分，各时代的地理认识与地理思想，深受文化背景的影响。中国古代，地理学又称之为"舆地"，取自《淮南子》"以天为盖，以地为舆"的说法。

古代文学中的地理常识

商周以来中国疆域不断扩大，地理视野不断开阔，随着文字的出现，当时已有了较多的地理认识。如商代甲骨卜辞中就有不少关于日食、月食等天气现象的记述。周代诗歌总集《诗经》中，也包括了当时流水地貌、土壤、植被等方面的很多地理知识。特别是周代还设有许多与地理相关的专门官职。

春秋战国时期，地理知识的不断累积、诸侯国的兼并战争以及政治上的大一统追求促进了地理学的发展，于是产生了《山经》《禹贡》《管子·地员》等一批早期地理学著作。战国时代出现的许多著名水利工程，如都江堰、郑国渠、灵渠等，都包含了当时人们对区域地理形势、水文特征等认识的重要地理思想成果。

秦汉时期，中国封建社会的政治经济文化都取得了突出的成就。古代地理学亦有很大进步，主要表现在地理认识、地理著作等方面。关于地球、世界的观念，除了"盖天

说""大小九州说"，还出现了新的世界认识论（宇宙观），这就是盛行的"浑天说"。张骞对西域地理的一系列描述，是中国现存文献第一次对西域中亚，以至地中海东岸的世界较为正确的地理记述。《汉书·地理志》则是首次专门记述中国地理的史料文献。自此之后，史书都继承了专门记载地理学的传统。如《后汉书》有《郡国志》，《晋书》有《地理志》，《宋书》有《州郡志》等。

魏晋南北朝时期，中国传统地理学取得了突出的成就。其中最典型的代表有二：一是关于我国系统的地图制作理论——制图六体的建立；二是大规模记述全国地理情况的地理著作——郦道元《水经注》的出现。

唐宋时期是我国地理学实践和传统地理著作的一个重要发展时期。无论是从一些地理学认识，还是地理著作的数量、体例上，都有了长足的发展，取得重要的成就。玄奘及其《大唐西域记》在我国地理学发展史上的地位，就在于他记述了当时中国对印度等地的地理新认识，其认知深度和准确度超过历代，是当时人们地理视野扩展的一个新标志。世界上第一次进行子午线长度实测的，是我国唐代张遂在开元十二年进行的大地测量。宋代沈括的地理思想及其《梦溪笔谈》，主要表现在对许多自然地理现象的科学观察和正确解释，例如流水侵蚀、海陆变迁与华北平原成因、古环境变迁、植物地理分布的制约因素等。

元明清时期是我国历史上一个较长的统一时期。明中叶以前，国家政治、经济、文化等各方面都比较强大，有关地理学的认识主要体现在海内外旅行考察上，以及随之而来不断扩充的区域地理知识上。伟大的航海家郑和率领庞大的船队，在东南亚、印度洋地区进行了长达30年的大规模航海行动，这不仅是中国海上探险事业的巨大成就，也是世界地理发现史上的壮举。明代末年杰出的旅行家和地理学家徐霞客，用时30余年进行野外考察，开辟了系统观察自然、描述自然的新方向，他以日记的形式记下每天的地理、人文见闻，写成《徐霞客游记》一书。

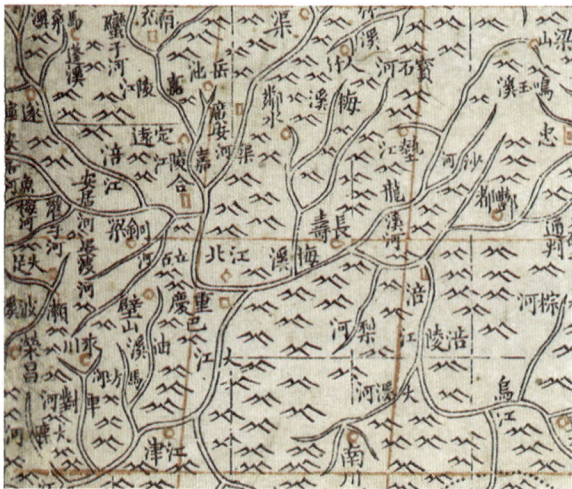

清 皇朝一统舆地全图（局部）

《梦溪笔谈》
介绍

（二）古代地理学成就

1.《尚书·禹贡》

《禹贡》是中国古代名著，属于《尚书》中一篇具有系统的地理观念的著作，是我国第一部区域地理专著，包括"九州""导山""导水""水功"及"五服"五类内容。全书仅1 193字，记述了各地山川、地形、土壤、物产等情况。

《禹贡》开篇"禹别九州"，以荆、衡、岱、太华四山，河、济、淮、黑四条河流和海为分界标志，把当时的中国疆域分为九大区域，即冀、兖、青、徐、扬、荆、豫、梁、雍。九州的内容是综合记述各州的疆界、山岳、河流、湖泊、土壤、物产、田赋等级、贡品名称、少数民族及交通路线等项，包括自然地理和人文地理两大方面。以专题形式记述的是"导山""导水"两部分。"导山"是假托大禹治水时的行经路线，所以只记山名，但相关联的山岳便形成四条"山列"的概念。"导水"假托为大禹所治之水，所以从上游开始，依次记述了弱水、黑水、河水（黄河）、江水（长江）、汉水、济水、淮水、渭水、洛水及其重要支流的名称。

从《禹贡》的内容看，当时的人们已经掌握了我国地势西高东低、山岳分布西部集中东部分散等特点，同时对域内的水系有了相当深入的了解，对域内自然地理现象的观察相当细致，描述相当准确。《禹贡》反映了当时土壤分类意识的萌芽和水流系统的观念。因此，《禹贡》是一部我国最古老的系统的区域地理著作，其中有关楚国政治地理、水文地理、山岳地理和经济地理等内容，在我国地理学史上占据十分重要的地位。

2.《山海经》

《山海经》是我国历史上一部非常著名的古老著作，包括《山经》5卷，《海经》13卷。很多人都把它当作记述奇异古怪的神话作品来读，其实这部书中的《山经》是我国最早的地理著作之一。

《山经》约成书于战国时代，是一部典型的山川地理博物志。它共分5卷26篇，以晋西南和豫西为中心，以东西南北中五个方位配合区划，分别称"中山经""西山经""东山经""南山经""北山经"。以山岳山系为纲目，共记述了448座山岳和若干山岳组成的26条山系。每山为一条目，内容涵盖山川、民俗、博物三个方面，记述了包括黄河、长江和珠江流域广大地区的自然环境；以及各山之间的明确方位和具体里程；各山的上、下、阴、阳面的物产和地理特征，还有少量的神话传说。

《山经》记载的动物、植物相当详尽，除名称外，大多包括形状、性能、用途等，有些还记载有植物、矿物的药理功用。

3.《汉书·地理志》

《汉书·地理志》的出现，标志着中国古代地理学深入发展的一个转折，它开创了沿革地理的先河，使中国古代地理学的发展方向主要趋向沿革地理。

《汉书·地理志》的内容可分为三部分。第一部分转录《禹贡》及《周礼·职方》全文，作为讲述汉代以前疆域沿革的资料；第三部分转录刘向的《域分》、朱赣的《风俗》，其内容主要是讲各地区的历史发展，地理意义不大。《地理志》的重点在记述汉代地理的第二部分，该部分以汉平帝元始二年的全国行政区划为纲（计103个郡、国和所辖的1 587个县、道、邑、侯国），记述汉代郡县的设置、沿革，以及与域外一些国家地区的交通往来情况。在内容上，郡国一级除记述行政区的设置沿革外，还包括户口、所辖县、邑、道或侯国；县一级包括设置沿革、物产、宫祠、山川、泽薮、古迹、水利、关塞等。据统计，《汉书·地理志》涉及自然地理方面的记述有134座山，258条水，20处湖泊，7个池，其他江河水体29处。此外还记有涉及62郡的112个盐、铁、铜等矿物产地。

《汉书·地理志》作为中国最早一部以"地理"命名的著作，"地理"一词也是由此被作为一门学问的名词术语而正式确认的。特别是自《汉书·地理志》以后，中国历代的官修史书中，绝大多数都辟有"地理志"一章。

4.《水经注》

《水经注》是中国古代的地理名著，北魏郦道元编著。因三国时的桑钦写了《水经》一书，郦道元为其作注，因此得名《水经注》。

《水经注》共40卷，约30万字，记载的河流水道1 252条。主要是以水（河流）为纲，记述河流的发源、流经、汇入，并兼及河流的水文、变迁等情况，以及大量地貌、植被、土壤、物产、人口、交通、风俗、政区沿革、历史掌故等方面的丰富内容。总之，《水经注》不仅是水道记述，而且几乎涉及了当时社会及地理知识的各个方面，是一部包括自然地理、人文地理、历史沿革地理等内容的综合性地理著作。

《水经注》是我国北魏以前的古代地理知识总结，援引了众多的古代典籍史料，它一出现就引起了史地学界的极大关注，并对后代的舆地学和历史地理研究产生很大影响。

5.《徐霞客游记》

《徐霞客游记》是明末时期地理学家徐霞客创作的一部散文游记，也是一部以日记体为主的地理著作。

《徐霞客游记》全书10卷，60余万字。书中不仅对我国西南地区石灰岩地貌（即岩溶地貌）作了生动逼真的描写，而且对这些地貌的发育形态和形成原因也有正确的解释。它对于河流水文的观察和推断，对于河流侵蚀作用的记述和论证，对于确认金沙江是长江上游，论证江源长而河源短，考证南北盘江并非发源于一山，都有所贡献。除此之外，对于西南地区农业、手工业、交通运输业、民族分布、风土人情、宗教信仰等皆有所记。

《徐霞客游记》是系统考察中国地貌地质的开山之作，同时也描绘了中国大好河山的风景资源，在地理学和文学上都有着重要的价值。

第三讲 中国古代技术的灿烂成就

中国古代科技源于生活，而生活需要各种实用技术。造纸、印刷、纺织、陶瓷、冶铸、建筑等中国人引以为豪的发明创造无不带有鲜明的实用烙印。传统科学思想和科学技术的突出成就正是我国古代的科技先驱辛勤耕耘、善于观察、长于思索、勇于探究、注重整合、联系实际的产物，闪耀着我们中华民族智慧的光辉，对世界文明作出了巨大的贡献。

一、传统工艺技术

（一）织染技术

中国古代的纺织与印染技术具有非常悠久的历史，早在原始社会时期，古人为了适应气候的变化，已懂得就地取材，利用自然资源作为纺织和印染的原料，以及制造简单的纺织工具。直至今天，我们日常的衣着、某些生活用品和艺术品都是纺织和印染技术的产物。

1. 纺织工艺

（1）刺绣

刺绣作为手工艺技术，是在一般缝纫的基础上发展起来的。穿针引线缝制衣服，是人类文明的一大进步。

中国刺绣历史源远流长。中国新石器时代，距今7000多年前的河姆渡人，不但使用骨针，而且掌握了纺织技术。中国的刺绣，数千年来大体上是沿着这样一条线发展的：先是刺绣衣裳，又扩展到刺绣起居的日用品，以后才上升到刺绣观赏品。直到现在，依然是分作两类，即刺绣生活用品和刺绣书画。

《汉宫春晓图》中的"刺绣"

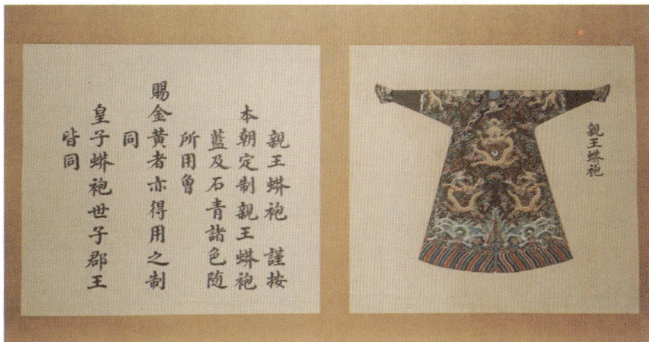

清 亲王蟒袍图

（2）丝绸

丝是蚕在结茧时所吐出的一种液体，由丝蛋白和丝胶经过空气凝固而成丝状。丝的性能优良，韧性大而且弹性好。养蚕缫丝，丝织刺绣，成为中国古代妇女的主要劳动内容。

中国的丝织物制造开始于东南地区新石器时代的良渚文化。在汉代和唐代得到空前发展，并有许多实物流传下来。长期以来，中国不但是发明丝绸的国家，而且是唯一拥有这种手工业的国家。由于高级丝织品的向外输出，中国被世界各国誉为"丝国"。

现在所称的"绸"，是丝织物的一个种类。绸，质地较细密，但不过于轻薄，有生织、熟织、素织之分。

中国丝织物的图案花纹，一开始就呈现出丰富多彩的景象。不论小花、大花、单色、彩色，也不论几何形还是自然形，都适应着丝物结构和实际用途，并且又与同时代的艺术装饰相映照。中国传统的工艺装饰图案，在题材和内容上不仅讲究形式的美感，更强调吉祥的含义，一般包含辟邪除恶、平安纳福等寓意。

丝绸锦缎，以其华美高贵的品质赢得了全人类的珍爱，又以各种不同的织造技艺使其繁杂多样，加之风格独异的艺术匠心，因而造就了数千年的辉煌历史。

清 缂丝万福喜字五谷丰登彩帨

蚕吃桑叶　　成茧　　煮茧
蚕丝原料（半成品蚕丝）　　手工抽丝　　剥茧
手工拉丝　　制被　　成品

丝绸加工过程

（3）纺具

纺坠是中国历史上最早用于纺纱的工具，它的出现至少可追溯到新石器时代。根据考古资料显示，在全中国三十余个省市已发掘的早期居民遗址中，几乎都有纺坠的主要部件纺轮出土。出土的早期纺轮，一般由石片或陶片经简单打磨而成，形状不一，多呈鼓形、圆形、扁圆形、四边形等状，有的轮面上还绘有纹饰。纺坠的出现不仅改变了原始社会的纺织生产，对后世纺纱工具的发展影响十分深远，并且它作为一种简便的纺纱工具，一直沿用了几千年，即使在20世纪，西藏地区一些牧民，仍在用它纺纱。

新石器 石纺轮　　　　　　　　　　新石器 陶纺轮

古代通用的纺车按结构可分为手摇纺车和脚踏纺车两种。手摇纺车的图像在出土的汉代文物中多次发现，说明手摇纺车早在汉代已非常普及。脚踏纺车是在手摇纺车的基础上发展而来的，目前最早的有关图像是江苏省泗洪县出土的东汉画像石。手摇纺车驱动纺车的力来自手，操作时，需一只手摇动纺车，另一只手从事纺纱工作。而脚踏纺车驱动的力来自脚，操作时，纺妇能够用双手进行纺纱操作，大大提高了工作效率。纺车自出现以来，一直都是最普及的纺纱机具，即使在近代，一些偏僻的地区仍然把它作为主要的纺纱工具。

2.印染工艺

（1）夹缬

隋代前后的《二仪宝录》记载："缬，起于秦汉间。"夹缬印染在唐代得以大发展，唐玄宗曾将其作为国礼馈赠给各国遣唐使，日本正仓院收藏的唐代夹缬便是见证。

夹缬在颜色上的变化出现于宋代，由复色变为单色。唐代的艳丽和繁文缛节被一一舍去，大幅度的退却之后，仅剩蓝白两色。色彩的重要性终让位于图形。

夹缬图案，蓝底白花，对比强烈，纹样多以戏曲人物为主，剧种涉及昆曲、京剧、乱弹等，辅以花鸟虫兽等大吉祥纹样。

（2）绞缬

绞缬又称扎染，是一种古老的采用结扎染色方式的民间印染工艺。它依据一定的花纹图案，用针和线将织物缝成一定形状，或直接用线捆扎，然后抽紧扎牢，使织物皱拢重叠，染色时折叠处不易上染，而未扎结处则容易着色，从而形成别有风味的晕染效果。东晋时，绞缬工艺已在民间流传。南北朝时期，出现了历史上有名的"鹿胎紫缬"和"鱼子缬"图案。隋唐时期，绞缬更是风靡一时。现在我们能见到的古代最早的绞缬实物是新疆阿斯塔那墓出土的晋代绞缬绢，上面的针眼和褶皱仍依稀可见。

（3）蜡缬

蜡缬又称蜡染，实际上是"蜡防染色"，即先用蜡在麻、丝、棉、毛等天然纤维织物上画图案，然后入染。蜡液浸入纤维后，有防水的作用，染液不能进入。经过热煮脱蜡，可形成白色花纹。蜡液的凝结收缩，往往会形成许多自然的裂纹，入染后图案中会出现独特而自然的纹理。蜡染作为中国古老的防染工艺，历史悠久，早在秦汉时代，西南地区的苗、瑶、布依等少数民族的先民就已经掌握了这项技术。

（二）陶瓷制造

中国制造陶瓷的历史悠久，贯穿于整个中国古代的发展历程。古法制造的陶瓷外形精美，实用性强，具有很高的艺术价值和文化价值。陶器的出现可以追溯到一万年前的原始社会，瓷器的发明也有近四千年的历史。中国发明瓷器对人类文明进步是一个很大的贡献，中国陶瓷已经成为人类文化艺术宝库中一宗巨大的财富。

1.陶器工艺

（1）陶俑

早在原始社会，人们在开始烧制陶器的同时，就已经出现用泥捏塑的人体、狗、羊、猪、鸡等各种陶雕艺术品。陶俑在古代陶塑艺术品中占有重要位置，它不仅仅是一种艺术，也是研究古代社会发展的重要实物资料。

春秋战国时期，殉葬用的木制或陶制的偶人，称之为"俑"。俑通常为木质或陶质，以陶质为多，故又称为陶俑。著名的秦始皇陵兵马俑就是中国古代陶俑技术和陶俑艺术的典型代表。汉代以后，车马、建筑等用于陪葬的陶质模型逐渐增多，人们也习惯将这些非人形的雕塑品称为陶俑。

陶俑来自生活，他们生动再现了逝去时代的生活风貌。宋代以后，由于丧葬习俗的变化，陪葬物品中陶俑的比例逐渐减少。

（2）唐三彩

唐三彩全名唐代三彩釉陶器，是盛行于唐代的一种低温釉陶器，釉彩以黄、绿、白三色为主，所以人们习惯称之为"唐三彩"。

秦始皇陵兵马俑

戴进贤冠三彩俑

唐三彩的造型一般与当时的生活有密切的关系，如建筑、家具、用具、牲畜、人物等，均可作为造型的源泉。唐三彩可分两个品类：一是日常的生活用具，如碟、碗、杯、盘、灯、枕、罐等，其特征是端庄饱满、重心稳定，给人以沉稳大方的感觉，同时力求生动活泼，把形象与实用结合起来；二是各种各样的陪葬品，有俑、马、骆驼、羊、牛、狗等，它们吸取了中国国画、雕塑等工艺美术的特点，采用堆贴、刻画等形式的装饰图案，线条粗犷有力。

唐三彩的胎，其胎土颇为细致，一般都用比较纯净的高岭土加工而成。无论胎土来自洛阳、长安还是扬州等其他地区，必定是吸水性强，具有较强的可塑性。

（3）紫砂

紫砂陶器所用原料为紫砂泥，产于今天江苏宜兴地区。紫砂泥颜色紫红，质地细腻柔韧，可塑性强，渗透性好，是一种品质极佳的陶土。紫砂泥耐冷热性能优良，往紫砂壶内骤然注入沸水或将壶放在火上烧煮都不易炸裂。同时，紫砂泥的热传导性低，即便紫砂壶内水温很高，壶外感觉仍温热适度。因此，用紫砂泥制成的茶壶，是上好茶具。

紫砂壶最早出现于明代中期。此后数百年间，制壶名家辈出，文人墨客积极参与其间，或设计，或题款，或书赞，使小小的紫砂壶逐渐由实用茶具演变为极富中国传统文化特色的工艺品。

2. 瓷器工艺

（1）青瓷

青瓷是中国著名传统瓷器的一种，是世界上出现最早的瓷器。它的生产历史可追溯到距今 3 500 年左右的商代中期，是中华民族对世界文明的伟大贡献。我们今天所用的无论何种瓷器，追根溯源，都是由青瓷发展演变而来的，所以，青瓷被称为瓷器之母。

青瓷是在坯体上施以青釉（以铁为着色剂的青绿色釉），在还原焰中烧制而成。我国历代所称的缥瓷、千峰翠色、艾色、翠青、粉青等瓷，都是指这种瓷器。唐代越窑、宋代龙泉窑、官窑、汝窑、耀州窑等，都属于青瓷系统。

青瓷讲究"青如玉，明如镜，声如磬"，以瓷质细腻、线条明快流畅、造型端庄浑朴、色泽纯洁而斑斓著称于世。耀州窑器青绿如橄榄，龙泉青瓷意蕴青幽，汝窑瓷天青、粉青温润古朴，纯净如玉。唐代诗人陆龟蒙以"九秋风露越窑开，夺得千峰翠色来"的名句来赞美青瓷优美的颜色。

早在商周时期就出现了原始青瓷，西周至战国，青瓷除成为日用器外，还成为丧葬文化中的重要一支。以瓷之造型仿青铜器造型比比皆是，无论是礼器，还是乐器；无论是酒器，还是食器，都有青瓷的仿制品出现。三国两晋南北朝后，南方和北方所烧青瓷开始各具特色。南方青瓷，一般胎质坚硬细腻，呈淡灰色，釉色晶莹纯净，常用类冰似玉来形容。北方青瓷胎体厚重，玻璃质感强，流动性大，釉面有细密的开片，釉色青中泛黄。宋代时，青瓷的烧制达到巅峰，不仅出现了专为宫廷烧制御用青瓷的汝、均、官、哥四大名窑，其他窑中的龙泉窑、耀州窑烧制的梅子青釉及刻、印花青瓷等，也都具有极高的艺术水平。明代时，景德镇成为全国制瓷中心。

（2）白瓷

白瓷是中国传统瓷器分类的一种。以含铁量低的瓷坯，施以纯净的透明釉烧制而成。湖南长沙东汉墓已发现早期白瓷制品。早期的白釉瓷器是青白色的，因为瓷器胎土中含铁元素过多，白色瓷器变白的过程就是对铁的提炼过程，所以白瓷是在青瓷基础上发展起来的，青瓷和白瓷的区别在于胎釉中含铁量的多少，如果含铁量下降到1%以下，就能烧成白瓷。成熟白瓷的出现大约在隋代。

隋代白釉瓷器的烧制工艺技术有了长足的进步。隋代白瓷的烧造成功，为唐代白釉瓷器的发展奠定了坚实的基础。唐代邢窑白瓷、宋代定窑白瓷、元代枢府卵白釉、明代甜白釉、清代德化窑都是在时代变迁中逐渐发展的。

宋元时期，是白瓷发展的一个重要节点，元以后白瓷就主要由景德镇制作，景德镇在青白瓷的基础上烧制出来新的白瓷，这种白瓷釉色通透，色白温青，外表通透，温润似玉，外表似鹅蛋色泽，所以又称为卵白釉，卵白釉瓷的烧制成功，进而又推动了明永乐时期甜白瓷的诞生，甜白瓷制品中许多都薄到半脱胎的程度，暗花刻纹的薄胎器面上，施以温润如玉的白釉，给人一种温柔恬静的感受。甜白釉是极莹润的，能照见人影，又称葱根白，历来有"白如凝脂，素犹积雪"之美誉，也被誉为白瓷史上的巅峰成就，延续至今。

汝窑淡天青釉三足樽式炉承盘　　　　　定窑白釉孩儿枕　　　　　元青花瓷小知识

（3）彩瓷

在宋代及以前，瓷器装饰多以刻花，印花，划花等方法为主，然后施釉烧制。到了元代，在宋代陶瓷的基本技法之外，开始大量兴起用笔绘制纹饰的方法，这种用彩料在瓷器上画出图案、花纹来装饰的瓷器就叫作彩瓷。

彩瓷从施釉程序上可以分为釉上彩和釉下彩两大类。在素坯上作画后再上釉烧制的叫釉下彩；在坯胎上上釉烧制好以后，在釉面上作画，然后入窑复以低温烧制而成的叫釉上彩。釉下彩始于三国时期东吴釉下彩绘瓷，唐代有唐青花以及长沙窑等釉下彩绘瓷。五彩、珐琅彩都属于釉上彩，明清时期开始出现的粉彩，是彩瓷发展的全盛时期，以景德镇窑成就最为突出。彩瓷的出现，结束了漫长的"南青北白"的一统局面。

宋代磁州窑是中国北方民间瓷窑中首先烧制釉下彩的重要瓷窑之一。生产的釉下黑彩瓷器，器表为白地黑花装饰或釉下黑彩划花、绿釉釉下黑花、白釉釉下酱花等。北方磁州窑系釉下彩的发展为元、明、清景德镇彩绘瓷的发展奠定了基础。元明清时的青花、釉里红瓷器是中国陶瓷发展史上最突出的釉下彩瓷，也是景德镇的传统名瓷。青花瓷在元代达到成熟阶段，明清两代大量烧制。

宋代北方瓷窑中出现的釉面上彩绘图案纹饰，如定窑的金彩描花，磁州窑的釉上白地黑花、褐花等；南方吉州窑的金彩描花，都对后来景德镇彩瓷的大量发展产生了极大影响。元代磁州窑彩瓷、景德镇窑彩瓷，在色彩方面逐渐丰富起来，从釉上单彩到釉上五彩，极为丰富。清代釉上彩创造了珐琅彩、粉彩、胭脂彩、墨彩、浅绛彩以及在各种颜色釉上加彩等瓷器技术。

粉彩九桃结树图天球瓶

（三）冶金技术

中国古代冶金发展史主要可分为青铜时代和铁器时代两部分。铜冶炼和生铁冶铸技术的发展，为中国古代文明的高度发展奠定了坚实的物质基础。

青铜器冶炼技术标志着中国古代冶金技术的开端，也标志着中国古代人民告别石器时代走向新文明，在商周时期青铜的冶炼达到鼎盛时期。铁冶炼技术开始于春秋时期，在秦汉到南北朝时期得以发展，在唐宋元时期达到最高潮，在明清时期又得以扩展，发展了铸造、锻造、有色金属生产和加工技术。

1. 青铜冶炼

铜、锡、铅的合金称为青铜，是金属冶铸史上最早的合金。它的硬度高于纯铜，熔点又低于纯铜，是一种优良的金属铸造材料。中国不是世界上最早使用青铜的地区，但中国历史上的青铜时代极其辉煌。无论数量、种类，还是铸造工艺、装饰技法，中国古代青铜器都领先于世界。中国人赋予了青铜器神圣的意义。

后母戊鼎

四羊方尊

我国大约在新石器时代晚期开始利用铜。考古发现表明，当时已能用冷锻工艺加工天然红铜，并有了初始的青铜冶铸技术。到了商代，青铜冶铸技术已臻于成熟，在技术上达到了世界的最高峰。考古出土的大量商周时期铸造的铜器，包括生产工具、武器，以及大量的生活用具、礼器，种类繁多，应有尽有。商朝的青铜铸造技术也有了较大的发展，后母戊大方鼎是世界上已出土的最大的青铜器，反映了商代后期中国青铜铸造的卓越技术和宏大的规模。商朝青铜器的花纹还出现了平雕与浮雕两种技术，代表作有后母戊大方鼎和四羊方尊。

春秋末期，中国冶铁技术有了很大突破。到了秦汉时期，在武器、农具方面，铁器逐渐取代了青铜。

战国　越王嗣旨不光剑　　　　　　　　　　　　　清　铁剑

2. 铸铁冶炼

中国铸铁的发明出现在公元前5世纪，大约在殷商时期我国已经利用陨铁炼铁，西周后期又出现了用块炼法炼铁，到公元前6世纪的春秋晚期便已开始冶炼生铁。由于铸铁的性能远高于块铁，所以真正的铁器时代是从铸铁诞生后开始的。社会发展的历史表明，铸铁的出现是社会生产力提高和社会进步的主要标志。

块炼法是一种在比较低的温度下进行炼铁的方法。它用烧红的木炭使铁矿石直接由固态还原成铁，炼得的铁质地疏松，故有海绵铁之称。海绵铁含夹杂物较多，要把它制成铁器，必须经反复加热锻打。生铁是在1 100～1 200 ℃的炉温下，使还原出的固态铁因高温而加快吸收碳的速度，从而降低了熔点，呈熔融状态，可直接合范浇铸成器。它免除了块炼铁加工费工费时的缺陷，提高了生产效率，降低了成本，使铁器的大规模、高效率生产成为可能。直至14世纪时，欧洲人才认识到生铁的意义，开始生产生铁。中国则由于很早掌握了生铁的冶铸技术，长期居于世界钢铁生产的领先地位，并成为钢铁的输出国。历史上中国的钢铁除输往邻近国家外，还曾远销古罗马和西亚、南亚地区。

生铁的最大特点是其可铸性，故又称铸铁。但生铁含碳量高，一般都在2%以上，往往又含硫、磷等杂质，因而性脆，韧度低，铸造出来的农具、工具和兵器使用时容易断裂。为了弥补这一缺陷，我们的祖先在战国时期又发明了铸铁柔化术。

铸铁柔化术是一种通过热处理使铸铁脱碳柔化的技术。经过柔化处理后的生铁，强度和韧度都得到增强，成为韧性铸铁，可用以大量铸造优质的生产工具和兵器。这是冶金史上一项划时代的成就，它大大加快了铁器取代铜器的历史进程，有力地促进了社会生产力的发展，使中国社会迈入一个新的发展时期。

3. 灌钢技术

古代炼铁产物多为生铁或熟铁，前者含碳量高，坚硬但性脆，后者几乎不含碳，非常柔软，难以成器。汉代时虽然已有"百炼钢"工艺，但费时费力，难以批量生产。南北朝时期，终于出现以生铁和熟铁混合炼钢的工艺，称为灌钢。

将生铁、熟铁按一定比例混合，高温下，碳元素均匀扩散，最终形成含碳量不超过2%的钢，这就是灌钢工艺的原理。《北史·艺术列传》中记载北齐綦母怀文"造宿铁刀，其法烧生铁精以重柔铤，数宿则成刚"，这是有关灌钢工艺过程的最早记载。

从《北史》记载中还可以看到，当时人们已经认识到淬火速度对钢铁性能的影响。史载綦母怀文制作宿铁刀时，"浴以五牲之溺，淬以五牲之脂"。牲畜尿液中含有盐分，比水的冷却速度快，淬火后的钢具有较高的硬度。牲畜脂肪冷却速度慢，淬火时能提高钢的韧性。

创始于魏晋南北朝时期的灌钢技术，是中国冶金史上的一项独创性发明。灌钢的工艺过程大致为，将熔化的生铁与熟铁合炼，生铁中的碳份会向熟铁中扩散，并趋于均匀分布，且可去除部分杂质，而成优质钢材。灌钢技术在宋以后不断被改进，减少了灌炼次数，以至一次炼成。自明代灌钢技术进一步发展后，其工艺自清至近代仍很盛行。在坩埚炼钢法发明之前，灌钢法是一种最先进的炼钢技术。

（四）器械制作

中国古代在机械方面有许多发明创造，在动力的利用和机械结构的设计上都有自己的特色。许多专用机械的设计和应用，如指南车、地动仪和被中香炉等，均有独到之处。

战国时期流传的《考工记》是现存最早的手工艺专著，其中记有车轮的制造工艺，对弓的弹力、箭的射速和飞行的稳定性等都做了深入地探索。明末清初宋应星编著的《天工开物》，记载了不少有关机械制造和产品性能的情况，反映出当时的制造业的生产技术水平。

1. 运输机械

（1）辕车

轮子是人类最伟大的发明之一，它在人类科技史上的地位可与用火相提并论。相传，中国最早的车诞生于夏代，但考古发掘中发现的最早的车辆实物都属于商代。辕是指车前驾驭牲畜的两根直木。

单辕车是我国最早出现的马车车型。从夏商到秦汉，在长达2000年的时间里，中国的马车一直采用单辕双轮这种基本结构。先秦时期以驾马数量区分贵贱，二马为骈，三马为骖，四马为驷，天子乘坐六匹马拉的车，称"天子驾六"，如史书中提到的秦始皇所乘的金根车。无论马匹多少，车的结构都基本相同。古时乘车尚左，一车最多乘3人，尊者居左，骖乘（陪乘者）居右，御者居中。

西汉中期，双辕车大量出现；东汉时期，双辕车已完全取代单辕车。为保证牵引平衡，单辕车至少需要两匹马才能运转，双辕车则将两辕分别置于马匹左右两侧，只需一匹马就能驱动车辆。虽然双辕车工作原理与单辕车相同，乘行方式却有重大变化。单辕车多为立乘，东汉双辕车基本为坐乘，并且依用途不同出现了斧车、轺车、轩车、辎车、葆车等多种样式。

（2）郑和宝船

最早记载郑和远航活动的是曾跟随郑和三次下西洋的马欢所撰《瀛涯胜览》一书。该书撰于永乐十四年，卷首载："宝船六十三号，大者长四十四丈四尺、阔一十八丈；中者长三十七丈，阔一十五丈。"此宝船尺寸几为孤证，多次被以后的文献所引用。《明史·郑和传》也有同样的记述。按明官尺等于31.1厘米折合成现代长度单位，大者有将近138米长，56米宽。

15世纪初，明代航海家郑和曾经率领庞大的船队七次出海远航，足迹最远到达今天的非洲东部沿岸。

郑和船队多次成功远航，与当时高超的造船技术密不可分。郑和船队船只多达一二百艘，每次出航人数均在2万人以上，平均每艘船要搭载上百人，足见船只吨位之大。

郑和船队消失半个多世纪后，意大利人哥伦布开始了他的首次探险之旅。哥伦布乘坐的旗舰是其中最大的一艘，长度不到郑和船队大型宝船的四分之一。通过以上数据对比，人们不得不叹服中国明代强盛的国力以及当时造船业所取得的巨大成就。

2.日用器具

（1）透光铜镜

透光铜镜从外观上看与普通铜镜一样，但在反射日光或平射的灯光时，铜镜的光影里，就会映出铜镜背面所铸的铭文及图案。这种铜镜被称为"透光镜"。

中国古代学者早就对铜镜的透光效应以及透光现象的成因做过深入地研究，《太平广记》记载，隋朝的王度得到一面古镜，发现将镜面对准日光，镜背上的图案竟然会在日影中出现。宋代周密在其《云烟过眼录》中提到，如果把透光镜对准日光，可以看到纤毫无损的镜背影像。

（2）长信宫灯

长信宫灯是西汉青铜器，出土于河北满城中山靖王刘胜之妻窦绾墓。长信宫灯通高48厘米，人高44.5厘米。灯身由头部、右臂、身躯、灯罩、灯盘、灯座6个部分分别铸造后组成，头部和右臂可以拆卸，便于对灯具进行清洗。灯身刻有铭文共计65字，分别记载了该灯的容量、重量及所属者。"长信宫灯"则取名自灯上的铭文"长信尚浴"。

长信宫灯的造型为一跣足侍女梳髻跽坐，左手执灯，右臂挡风，身着广袖长衫，动作自然而优美地跪坐着，面目端庄，头向前倾，目光专注，神情疲惫而小心翼翼，形象逼真地刻画出侍女的形象。结构设计精巧，右臂实为虹管，可拆卸。在燃烧时，宫女身体中空，气体灰尘可以通过宫女的右臂沉积于宫女体内，不

汉　"宜子孙"七乳透光铜镜

长信宫灯

会大量散逸到周围环境中。灯体设吸烟管，能将烟体导入灯身，灯身可贮水，燃烧时产生的烟气溶于水中，可减少空气污染。灯盘还可以转动，推动开合两片弧形屏板，就可以调节灯光的亮度和照射方向。

长信宫灯不同于以往青铜器皿的繁复厚重，整体轻巧自由，采取分别铸造，再合成一整体的方法，设计精巧，制作工艺水平高，兼具美观和实用价值，在汉代宫灯中首屈一指，被誉为"中华第一灯"。

（3）象牙套球

象牙套球是中国古代的一种工艺品，又称"鬼工球"。它交错重叠，玲珑精致，表面刻镂着各式浮雕花纹。球体从外到里，由大小数层空心球连续套成，外观看来只是一个球体，但层层叠叠，套连相含。其中的每个球均能自由转动，且具同一圆心。象牙套球成品结构之复杂、工艺之精美、制作构思之巧妙远远称绝于其他工艺品种，让人从中看到了技巧的奇特与玄妙。

早在宋代的时候，我国匠人就模仿石雕，创出了镂空花雕，那时候就已经出现了3层象牙套球。

明代著名鉴赏家曹昭在《格古要论》中写道："尝有象牙圆毬一箇，中直通一窍，内车二重，皆可转动，名鬼功毬，宋内院中作者。"简要意思就是说有这么一枚象牙圆球，它中间有很多层，都可以各自转动，所以就叫它做"鬼工球"，取之鬼斧神工的意思。

后来传至清代，因商贸的需求，象牙套球不断被改良，层层交叠，精美绝伦，每层表面刻镂着五花八门的浮雕。其中广州牙雕匠人创作得尤为出色，乾隆时期已经有14层的象牙球，每一层都是精美繁复，刻有花朵、龙凤、山水等，惟妙惟肖，让人不禁啧啧称奇。

1915年夏天，在旧金山举办的"巴拿马万国博览会"，中国象牙套球获得博览会的特等奖。

二、古代四大发明

（一）指南针

指南针是中国古代劳动人民在长期的实践中对磁石磁性认识的结果。作为中国古代四大发明之一，它的发明对人类和文明的发展，起了无可估量的作用。

指南针又称司南，主要组成部分是一根装在轴上的磁针，磁针在天然地磁场的作用下可以自由转动并保持在磁子午线的切线方向上，磁针的北极指向地理的北极，利用这一性能可以辨别方向。指南针常用于航海、大地测量、旅行及军事等方面。

司南是中国古代辨别方向用的一种仪器，是古代劳动人民在长期的实践中对物体磁性认识的发明。对天然磁石的最早记载应该是先秦时代，据《古矿录》记载磁石最早被发现于春秋战国时期的河北磁山一带。东汉王充的《论衡》中说："司南之杓，投之于地，其柢指南。"这句话的意思是：勺状的司南，放在地上，它的勺柄必然自动指向南方。

北宋的"水浮磁针"则是成形的指南针。北宋沈括的《梦溪笔谈》卷二十四记载："方家以磁石磨针锋，则能指南。"这就是把钢针磁化，使其有指南的特性。这是有重大意义的发明，一是用磁石磁化钢针，二是利用磁化的钢针指南。

在中国古代，指南针最早应用于祭祀、礼仪、军事和占卜与看风水时确定方位。最初人们利用磁石的特性，用来找铁矿、做特别的器物、发现身上的铁器等。在唐朝，许多关于堪舆术的专著都记载了"司南"和"指南针"在堪舆术中的应用。

11世纪末12世纪初，中国船舶开始使用指南针导航。北宋《萍洲可谈》："舟师（掌舵者）识地理，夜则观星，昼则观日，阴晦观指南针。"指南针应用在航海上，是全天候的导航工具，弥补了天文导航、地文导航之不足，开创了航海史的新纪元。

中国的磁针和罗盘先后经由陆水两路西传。欧洲人又进一步对这种旱罗盘做了改进，对航海事业产生了积极影响。指南针在航海上的应用对地理大发现和海上贸易有极大的促进作用。

司南

（二）火药

火药由隋唐时期的炼丹家发明，距今已有一千多年。火药的研究开始于古代道家炼丹术，古人为求长生不老而炼制丹药，炼丹术的目的和动机都是不现实的，但它的实验方法还是有可取之处，最后导致了火药的发明。

从战国至汉初，帝王贵族们沉醉于得道成仙和长生不老的幻想，驱使一些方士与道士炼"仙丹"，在炼制过程中逐渐发明了火药的配方。春秋时期，《范子叶然》记载"硝石出陇道"。汉朝的《神农本草经》把药分为三品，硫黄和硝石分别被列入"上品"和"中品"。

隋代时，诞生了硝石、硫黄和木炭三元体系火药。唐初名医兼炼丹家孙思邈发明了"丹经内伏硫磺（黄）法"，用硫黄、硝石，研成粉末，再加皂角子。唐朝中期有个名叫清虚子的道士发明了"伏火矾法"，他用马兜铃代替了孙思邈方子中的皂角，这两种物质代替碳起燃烧作用的。这两种配方，都是把三种药料混合起来，已经初步具备火药所含的成分。《本草纲目》中就提到火药能治疮癣、杀虫，辟湿气、瘟疫。

火药的配方由炼丹家转到军事家手里，就成为中国古代四大发明之一的黑色火药。

北宋时，工程技术史专家曾公亮在其专著《武经总要》中，详细记载了三种火药的配方：火炮火药方、毒药烟球火药方、蒺藜火球火药方。《武经总要》还简明地记述了几种火药的制作方法和原料配比。可以看出，硝石在其中的比重已经超过了硫黄和木炭的总和，已经接近现代黑色火药的比例。紧接着，北宋又创造出使用火药的各种轻重型武器，其中最著名的是"突火枪"，它也成了近代枪炮的原型之一。13世纪时，蒙古军队发兵西征中亚，火药和火炮的技术传到阿拉伯地区，又由阿拉伯人传到欧洲。

中国的火药推进了世界历史的进程，火药成为了结束欧洲中世纪社会制度的重要力量之一。欧洲记载制造火药的配方最早是在1327年。

（三）造纸术

中国古代四大发明之一的造纸术，推动了中国乃至世界文明的发展。造纸术是一项重要的生产工艺，是书写材料的一次革命。纸的发明是中国在人类文化的传播和发展方面所做出的一项十分宝贵的贡献，是中国历史上的一项重大成就，对中国历史也产生了重要影响。

在造纸术发明的初期，造纸原料主要是树皮和破布。当时的破布的主要成分是麻纤维，麻的品种主要是苎麻和大麻（又称火麻、线麻等）。西汉初年，纸已在中国问世。最初的纸是用麻皮纤维或麻类织物制造成的，由于造纸术尚处于初期阶段，工艺简陋，所造出的纸张质地粗糙，夹带着较多未松散开的纤维束，表面不平滑，还不适宜于书写，一般只用于包装。

直到东汉和帝时期，经过了蔡伦的改进，形成了一套较为定型的造纸工艺流程，其过程大致可归纳为四个步骤：第一是原料的分离，就是用沤浸或蒸煮的方法让原料在碱液中脱胶，并分散成纤维状；第二是打浆，就是用切割和捶捣的方法切断纤维，并使纤维帚化，而成为纸浆；第三是抄造，即把纸浆渗水制成浆液，然后用捞纸器（篾席）捞浆，使纸浆在捞纸器上交织成薄片状的湿纸；第四是干燥，即把湿纸晒干或晾干，揭下就成为纸张。

蔡伦在总结前人制造丝织品的经验的基础上，用树皮、破渔网、破布、麻头等作为原料，制造成了适合书写的植物纤维纸，改进了造纸术，才使纸成为人们普遍使用的书写材料，这种纸也被称为"蔡侯纸"。

蔡伦与蔡侯纸

汉代以后，虽然造纸工艺不断完善和成熟，但这四个步骤基本上没有变化，即使在现代湿法造纸生产中，其生产工艺与中国古代造纸法仍没有根本区别。造纸技术的发展主要体现在两个方面：在原料方面，魏晋南北朝时已经开始利用桑皮、藤皮造纸。到了隋唐五代时期，竹、檀皮、麦秆、稻秆等也都已作为造纸原料，先后被利用，从而为造纸业的发展提供了丰富而充足的原料。

造纸术在7世纪经朝鲜传到日本，8世纪中叶传到阿拉伯地区，到12世纪，欧洲才仿效中国的方法开始设厂造纸。

（四）印刷术

印刷术发明之前，文化的传播主要靠手抄的书籍。手抄费时、费事，又容易抄错、抄漏，既阻碍了文化的发展，又给文化的传播带来不应有的损失。印章和石刻给印刷术提供了直接的经验性启示，用纸在石碑上墨拓的方法，为雕版印刷指明了方向。中国的印刷术经过雕版印刷和活字印刷两个阶段的发展，给人类的历史献上

毕昇

了一份厚礼。这两类印刷术的特点是方便灵活、省时、省力，是古代印刷术的重大突破。

在唐朝时就出现了雕版印刷术。雕版印刷术的工艺比较简单，一般是选取纹质细密坚实的木材作原料，锯成一定大小的木板，然后刨平，在其上把要印刷的文字或图像刻成反写阳文（凸字），再刷墨印刷。尽管雕刻费时，但因工艺简单，印出的印刷品清晰，故一直被沿用到清末。除木板外，也有用铜版、石版刻字印刷的。

北宋科学家、政治家沈括曾在《梦溪笔谈》中有一篇文章叫《活板》，其中详细介绍了活板（活字）印刷术的全过程，并将此发明归于北宋刻字工匠毕昇。在北宋庆历年间，毕昇用质细且带有黏性的胶泥，做成一个个四方形的长柱体，在上面刻上反写的单字，一个字一个

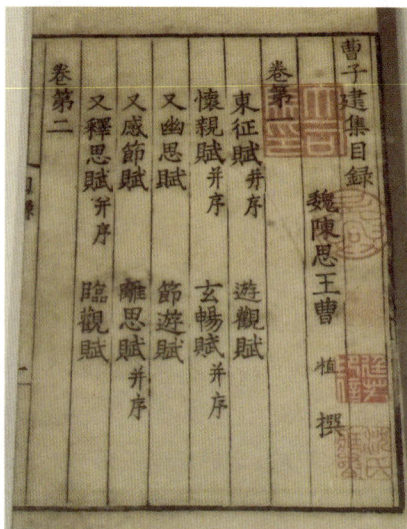

明　铜活字印本《曹子建集》

印，放在土窑里用火烧硬，形成活字。然后按文章内容，将字依顺序排好，放在一个个铁框上做成印版，再在火上加热压平，就可以印刷了。印刷结束后把活字取下，下次还可再用。这种印刷方法虽然原始简单，却与现代铅字排印原理相同，使印刷技术进入了一个新时代。

元代著名农学家与机械学家王祯发明了木活字，并创造出比较简捷的适于汉字复杂特点的转盘排字方法。至于铜版活字印刷术要等到明朝时才趋完美。

大约从12世纪起，中国的雕版印刷术先后传到埃及、伊朗，欧洲在14世纪末也开始采用雕版印刷术。13世纪后活字印刷术也先后传入埃及、伊朗和欧洲。印刷术在欧洲的应用，大大促进了文艺复兴运动，加快了世界进入近代历史阶段的进程。

体验活动

活动名称：活字印刷

活动目标：

1. 知识目标

了解中国印刷术的发展历史，感受中华文化的源远流长及在世界文化史上的地位。

2. 能力目标

在制作中初步掌握基本工具的用法和简单的劳动技术，培养动手能力。

3. 素养目标

培养爱国情操，培养学生的创新精神、探究欲望；在参与过程中培养学生的合作精神和团队精神，提高组织能力。

活动步骤：

1. 材料准备

活字印刷版、胶辊、拓印圆盘、油墨、宣纸、夹具、垫板等。

2. 具体步骤

（1）领取活字印刷工具。

（2）教师介绍活字印刷工具的使用方法。

（3）学生体验活字印刷。

制作活字印刷品：用橡皮泥、胶泥、石膏等试制一些活字，排成喜欢的诗句和格言。然后，蘸上墨印在纸上，体会一下活字印刷的效果。

（4）评比印刷优秀作品。

参考文献
REFERENCE

[1] 张岱年，方克立.中国文化概论[M].北京：北京师范大学出版社，2018.

[2] 汤一介.中国传统文化的特质[M].上海：上海教育出版社，2019.

[3] 何兹全.中国文化六讲[M].北京：北京出版社，2018.

[4] 陈鼓应.道家文化研究（第32辑）[M].北京：中华书局，2019.

[5] 高华平.先秦道家对诸子百家的学术批评[J].华中师范大学学报（人文社会科学版），2020，59(3)：99-110.

[6] 高振农.中国佛教[M].上海：上海社会科学院出版社，1986.

[7] 葛兆光.中国思想史[M].上海：复旦大学出版社，2001.

[8] 钱穆.中国思想史[M].北京：九州出版社，2011.

[9] 安小利，万佳.中国古代小说探赜[M].太原：山西经济出版社，2020.

[10] 陈文新.明清小说名著导读[M].北京：商务印书馆，2018.

[11] 郭预衡.中国古代文学史[M].上海：上海古籍出版社，2011.

[12] 王艳玲.中国传统文化[M].北京：高等教育出版社，2018.

[13] 许纪霖.家国天下[M].上海：上海人民出版社，2016.

[14] 戴勇.舍道应物 澄怀味象 中国花鸟画意象研究[M].北京：北京工业大学出版社，2019.

[15] 傅利民.中国传统音乐研究及传承的相关思考[M].北京：文化艺术出版社，2020.

[16] 郝正全.书法基础[M].西安：陕西师范大学出版社，2018.

[17] 黄允箴，王璨，郭树荟.中国传统音乐导学[M].上海：上海音乐学院出版社，2020.

[18] 孔庆龄，中国传统人物画研究[M].北京：中国书籍出版社，2020.

[19] 李宽松，罗香萍，中国传统文化概论[M].广州：中山大学出版社，2018.

[20] 柳肃.中国古代建筑艺术 [M].北京：中国建筑工业出版社 ,2016.

[21] 聂磊.中国古建筑发展与审美艺术 [M].长春：吉林美术出版社 ,2018.

[22] 钱穆.中国文化史导论 [M].北京：商务印书馆 ,2011.

[23] 孙昌武.隋唐五代文化史 [M].上海：东方出版中心 ,2007.

[24] 汤洪泉.山水画绘画研究　中国山水画文化传承研究 [M].北京：中国纺织出版社 ,2018.

[25] 王沥沥.中国民间音乐艺术　修订本 [M].广州：广东教育出版社 ,2017.

[26] 王琪森.中国艺术通史 [M].上海：上海锦绣文章出版社 ,2012.

[27] 王耀华 ,杜亚雄.中国传统音乐概论 [M].福州：福建教育出版社.2013.

[28] 肖常纬 ,刘小琴.中国民间音乐概述 [M].重庆：西南师范大学出版社 ,2011.

[29] 熊铁基.秦汉文化史 [M].上海：东方出版中心 ,2007.

[30] 徐连达.唐朝文化史 [M].上海：复旦大学出版社 ,2003.

[31] 杨荫浏.中国古代音乐史稿 [M].北京：人民音乐出版社 ,2004.

[32] 姚艺君 ,李月红 ,桑海波 ,等.中国传统音乐基础 [M].北京：人民音乐出版社 ,2013.

[33] 姚瀛艇.宋代文化史 [M].开封：河南大学出版社 ,1992.

[34] 阴法鲁 ,许树安.中国古代文化史 [M].北京：北京大学出版社 ,1991.

[35] 张爱民 ,陈艳.中国民族民间音乐概论 [M].兰州：甘肃人民出版社 ,2010.

[36] 张树英 ,周传家.中国清代艺术史 [M].北京：人民出版社 ,1994.

[37] 张应杭 ,蔡海榕.中国传统文化概论 [M].杭州：浙江大学出版社 ,2016.

[38] 中国艺术研究院.2020 年度中国艺术发展研究报告 [M].北京：文化艺术出版社 ,2021.

[39] 常建华.中国古代岁时节日 [M].北京：中国工人出版社 ,2020.

[40] 常峻.中国礼仪 [M].上海：上海大学出版社 ,2017.

[41] 陈波.中国饮食文化 [M].北京：电子工业出版社 ,2016.

[42] 杜鹃 ,中国酒文化　普及版 [M].北京：时事出版社 ,2019.

[43] 冯骥才.我们的节日·春节 [M].银川：宁夏人民出版社 ,2018.

[44] 江玉祥 ,牛会娟 ,张茜.中国传统岁时节俗 [M].成都：四川人民出版社 ,2019.

[45] 罗栖.礼仪文化十讲 [M].北京：当代世界出版社 ,2018.

[46] 吕建文.中国古代宴饮礼仪 [M].北京：北京理工大学出版社 ,2007.

[47] 孙晓 ,杨再道.民俗大观　上 [M].贵阳：贵州人民出版社 ,2017.

[48] 孙晓 ,杨再道.民俗大观　下 [M].贵阳：贵州人民出版社 ,2017.

[49] 肖东发 ,李正蕊.礼仪之邦　古代礼制与礼仪文化 [M].北京：现代出版社 ,2015.

[50] 徐帮学.民间实用婚俗礼仪通书 [M].北京：气象出版社 ,2007.

[51] 徐杰.中国传统节日 [M].天津：天津人民出版社 ,2019.

[52] 徐潜 ,张克 ,崔博华.中国传统节日 [M].长春：吉林文史出版社 ,2014.

[53] 杨会永.出生礼俗 [M].北京：中国铁道出版社 ,2015.

[54] 尤文宪.茶文化十二讲 [M].北京：当代世界出版社 ,2018.

[55] 于淼.端午节[M].长春：吉林出版集团有限责任公司,2014.

[56] 余云华.拱手·鞠躬·跪拜　中国传统交际礼仪[M].成都：四川人民出版社,2003.

[57] 周丽.中国酒文化与酒文化产业[M].昆明：云南大学出版社,2018.

[58] 周丽霞.中华文化大博览丛书　普天同欢的节庆习俗[M].北京：现代出版社,2018.

[59] 周赟.中国古代礼仪文化[M].北京：中华书局,2019.

[60] 金秋鹏.中国古代科技[M].北京：中国国际广播出版社,2010.

[61] 陈丹阳.中国人应知的古代科技常识[M].北京：中华书局,2020.

[62] 汝信,李惠国.中国古代科技文化及其现代启示　上[M].北京：中国社会科学出版社,2016.

[63] 汝信,李惠国.中国古代科技文化及其现代启示　下[M].北京：中国社会科学出版社,2016.

[64] 王俊.中国古代科技[M].北京：中国商业出版社,2015.

[65] 金秋鹏.中国古代科技史话[M].北京：商务印书馆,1997.

[66] 徐朝旭.中国古代科技伦理思想[M].北京：科学出版社,2010.

[67] 丁海斌.中国古代科技文献史[M].上海：上海交通大学出版社,2015.

[68] 刘洪涛.中国古代科技史[M].天津：南开大学出版社,1991.

[69] 闻人军.考工记译注[M].上海：上海古籍出版社,2008.

郑重声明

高等教育出版社依法对本书享有专有出版权。任何未经许可的复制、销售行为均违反《中华人民共和国著作权法》,其行为人将承担相应的民事责任和行政责任;构成犯罪的,将被依法追究刑事责任。为了维护市场秩序,保护读者的合法权益,避免读者误用盗版书造成不良后果,我社将配合行政执法部门和司法机关对违法犯罪的单位和个人进行严厉打击。社会各界人士如发现上述侵权行为,希望及时举报,我社将奖励举报有功人员。

反盗版举报电话　　(010) 58581999　58582371

反盗版举报邮箱　　dd@hep.com.cn

通信地址　北京市西城区德外大街4号　高等教育出版社法律事务部

邮政编码　100120

读者意见反馈

为收集对教材的意见建议,进一步完善教材编写并做好服务工作,读者可将对本教材的意见建议通过如下渠道反馈至我社。

咨询电话　400-810-0598

反馈邮箱　gjdzfwb@pub.hep.cn

通信地址　北京市朝阳区惠新东街4号富盛大厦1座　高等教育出版社总编辑办公室

邮政编码　100029

资源服务提示

授课教师如需获得本书配套教学资源,请登录"高等教育出版社产品检索信息系统"(https://xuanshu.hep.com.cn/)搜索本书并下载资源,首次使用本系统的用户,请先注册并进行教师资格认证。

联系我们

高教社高职语文教育研讨QQ群: 638427589